中国特色法学教材•法学方法与能力素养系

法律逻辑

（第二版）

张 鹰 徐海燕 著

中国教育出版传媒集团
高等教育出版社·北京

内容提要

本书是为法学专业的学生编写的一本逻辑学教材，在系统讲述逻辑学基础知识的基础上，分析了逻辑知识在相关法学领域的应用。它首先是逻辑学教材，以逻辑学的基本理论为主要内容，注重逻辑学基本理论的完整性，以推理和论证为核心，系统阐述了逻辑学的基本理论和逻辑方法；同时，它又是法学专业领域的一本应用性逻辑学教材，注重结合法学理论和司法实践中的问题进行有针对性的分析，为法学理论和实践问题提供逻辑学角度的思考。

图书在版编目（CIP）数据

法律逻辑 / 张鹰，徐海燕著．--2 版．--北京：高等教育出版社，2023.2
ISBN 978-7-04-059700-4

Ⅰ.①法… Ⅱ.①张… ②徐… Ⅲ.①法律逻辑学-高等学校-教材 Ⅳ.①D90-051

中国国家版本馆 CIP 数据核字(2023)第 008682 号

Falü Luoji

策划编辑 程传省　　责任编辑 可 为　　封面设计 王 鹏　　版式设计 杜微言
责任绘图 李沛蓉　　责任校对 马鑫蕊　　责任印制 高 峰

出版发行	高等教育出版社	网　址	http://www.hep.edu.cn
社　址	北京市西城区德外大街 4 号		http://www.hep.com.cn
邮政编码	100120	网上订购	http://www.hepmall.com.cn
印　刷	河北新华第一印刷有限责任公司		http://www.hepmall.com
开　本	787 mm×1092 mm　1/16		http://www.hepmall.cn
印　张	14.75	版　次	2018 年 11 月第 1 版
字　数	360 千字		2023 年 2 月第 2 版
购书热线	010-58581118	印　次	2023 年 2 月第 1 次印刷
咨询电话	400-810-0598	定　价	39.00 元

本书如有缺页、倒页、脱页等质量问题，请到所购图书销售部门联系调换

物 料 号　59700-00

作 者 简 介

张鹰，中国政法大学副教授，主要从事逻辑学基础理论、法律逻辑学的研究与教学工作。主编了教材《法律逻辑学》，参加编写的教材有《逻辑引论》《逻辑导论》《法律逻辑学案例教程》（担任副主编）等，学术论文有《简析〈监狱法〉的立法技术问题》《论法律规范语词的不一致性》等，译著有《数理逻辑》。

徐海燕，中国政法大学副教授，主要从事逻辑学基础理论、侦查逻辑、中国逻辑史等研究与教学工作。著有《刑事法律与诉讼中的逻辑问题研究与运用》，并发表《学术创新的内涵与思维工具的选择》《孔子仁的概念中的事功含义》等十余篇论文。

第二版前言

当我们在生活中或工作中需要作出可靠的判断时，通常首先要进行论证。我们需要寻找支持我们观点的理由，并建立起理由和观点之间的联系，这是论证的建立；我们还需要对论证进行评价，将好的论证和不好的论证区分开来，以便作出正确的决策。在进行论证的建立和评价时，理性的工具无疑比非理性的工具更值得信赖。正确的推理规则和方法就是进行论证的最可靠的理性的工具，这一内容正是逻辑学研究的对象。逻辑学致力于探究将正确推理与不正确推理区分开来的规则和方法，为其他学科的研究提供理性思考的工具。

法律逻辑学是一门以法律逻辑为研究对象的学科。法律逻辑不是一种特殊类型的逻辑，它的基本原理和知识体系与一般的逻辑是一致的。如果说法律逻辑具有特殊性，是指法律逻辑是逻辑规律在法律领域的特殊应用。

“法律如果要受人尊重，就必须提出理由，而法律论证要被接受，就必须符合逻辑思考的规范。”① 对法律逻辑学的研究表明，逻辑学的基本理论及方法不仅能很好地处理法律领域的问题，且逻辑方法是理性地处理这些问题必须依靠的方法。所以，作为法律人，学习和掌握逻辑学的一般知识及法律领域的特殊知识是非常必要的。但是，要真正认识到逻辑在法律中的应用价值，以及熟练地进行法律推理和论证，必须从系统学习逻辑学的基础知识和掌握运用逻辑知识的专门技能开始，否则就很难理解逻辑在法律思维中的价值。

本书是为法学专业的学生编写的一本逻辑学教材，在系统讲述逻辑学基础知识的基础上，分析了逻辑知识在相关法学领域的应用。它首先是逻辑学教材，以逻辑学的基本理论为主要内容，注重逻辑学基本理论的完整性，以推理和论证为核心，系统阐述了逻辑学的基本理论和逻辑方法；同时，它又是法学专业领域的一本应用性逻辑学教材，注重结合法学理论对司法实践中的问题进行有针对性的分析，为法学理论和实践问题提供逻辑学角度的思考。本书不仅为法学专业的学生提供系统的逻辑学基础知识训练，而且有针对性地为其运用逻辑知识分析法律问题提供思路，从而更进一步深入部门法的学习。本书力求内容充实、重点突出、简明易懂。为了帮助学生系统地把握逻辑学的基本理论、深刻理解和练习重要的逻辑规则和方法，本书各章的内容都由以下部分构成，即本章导读、正文、本章知识结构图、思考题和练习题，并附上了练习题参考答案。

第二版相较第一版做了较大的修改和补充，主要体现在三个方面：首先，本书结构上的特点是以论证为核心展开。逻辑是论证成立的基础，没有逻辑就没有论证。因此，本书各章都是从不同角度对论证进行的阐述，经过整合重组，并对上一版进行了教学适应性调整。其次，本书内容上的特点是以现代逻辑学为主，同时也保留了传统逻辑学有价值的部分，删除了在现代逻辑体系下已经失去意义的内容。最后，本书补充了大量思考题和练习题，以方便

---

① ［美］鲁格罗·亚狄瑟：《法律的逻辑——法官写给法律人的逻辑指引》，唐欣伟译，法律出版社 2007 年版，第 2 页。

学生对各章知识的学习和巩固。

本书由张鹰担任主编，张鹰、徐海燕共同撰写。因作者水平有限，本书可能有许多不足之处及有待深入分析的问题，敬请读者批评指正，以期日后修改提高。

张鹰

2022 年 4 月

前　　言

学习逻辑的目的是应用逻辑，而应用逻辑必须和社会现实紧密结合。在学习过程中要有目的地运用逻辑分析与批判、逻辑推理与论证的能力，自觉培养逻辑理性精神，发现并避免逻辑错误，从而提高正确思维素质和能力，提高发现问题、分析问题、解决问题的思维能力，并为将来从事理论研究和实际工作打下必要的基础。

学习过程中要将理论研究与实例分析结合。本书案例多具有代表性，不仅有经典案例，更多是我们身边平凡生活中的案例，读来亲切自然。本书在体系和内容方面力求体现逻辑学的基础性、工具性、应用广泛性，讲述的是成熟、完善的逻辑体系，力求避免争议内容，着重阐述普遍适用于各个学科和各个思维领域的逻辑分析、逻辑批判、逻辑推理、逻辑论证的基础理论和方法，为正确思维提供基本逻辑工具和方法。同时本书力求体现逻辑学的时代性，体现逻辑理论与案例教学相结合。学生要积极参与案例教学和课堂讨论教学，运用多媒体现代化学习手段，达到师生教学相长，以培养和提高逻辑思维素质与能力。

每章课后布置相应思考题和练习题。学生还要课后多做练习，巩固课堂所学知识，要在平时的学习、生活中运用逻辑，不要把逻辑停留在课堂上，要把逻辑变成思维习惯、生活习惯，经常运用学过的逻辑知识指导自己的思维活动和语言表达，分析身边的逻辑现象、逻辑问题，从而学会灵活运用，真正提高自己的思维能力和表达水平。

本书是作者在对多年教学经验的总结与提炼基础上编著而成。鉴于教材的属性，在具体内容的选择上，注重基础知识，对未成定论或争议较大的观点未加采用，对不适合于本科学习的内容也未加采用。注重理论与案例的结合，所选用的案例都以说明相应的问题为目的，用法律现象、法律适用过程中的实例来彰显法律逻辑的重要作用。法律推理、法律论证在实践中的应用一直是法学理论研究者和法律实践者共同关注的问题。本书的教学目的是帮助学生在法律活动、社会生活中养成运用逻辑分析、处理问题的能力。

本书由徐海燕担任主编，徐海燕、张鹰共同撰写。作者撰稿分工如下：

徐海燕：第一章、第二章、第三章、第四章（第一节、第二节、第四节）、第五章；

张鹰：第四章（第三节）、第六章、第七章、第八章、第九章、第十章。

徐海燕　张鹰

2018 年 3 月

目　　录

第一章　基本概念

【本章导读】

本章阐述了逻辑学中重要的基本概念。逻辑学的研究对象是区分正确推理与不正确推理的规则和方法。论证，就是建立前提和结论之间的推理关系。前提对结论的支持有两种完全不同的方式，因此形成了两种不同的论证方式：演绎论证和归纳论证。这一划分的根据是：演绎论证是以必然性推理为依据的论证，而归纳论证是以可能性推理为依据的论证。

本章第三节简要分析了法律逻辑学的性质和作用。

第一节　推理与论证

一、逻辑学的建立

“逻辑”一词是英语 logic 的音译词。英语 logic 一词来源于古希腊语 λόγος 一词，一般翻译为“逻各斯”。

逻各斯是一个在古希腊哲学中被广泛使用的语词，原意是思想、言词、理性、秩序、规律等。逻各斯作为哲学术语最早见于古希腊哲学家赫拉克利特（Herakleitus）的著作。赫拉克利特认为，万物是永远变动的，而这种变动按照一定的尺度和规律进行。随着古希腊城邦的政治与文化的发展，整个社会演讲、辩论之风盛行，因此许多人对说服性论证的艺术和反驳他人论证的技术产生了极大的兴趣，很多哲人留下了有价值的思考成果，但是在亚里士多德（Aristotle）之前，没有人建立有关论证的系统化理论。亚里士多德是历史上第一个为分析和评价论证而设计系统性标准的人，所以亚里士多德被公认为逻辑学之父。

亚里士多德的主要成就是建立了三段论理论，这是第一个完善的有关论证的理论体系。这一理论的基本的逻辑成分是词项，论证根据词项在前提和结论中的排列方式而被区分为好的和不好的。关于必然性、可能性等概念的模态逻辑的研究、关于非形式谬误的研究也始于亚里士多德。可以说亚里士多德系统性地奠定了逻辑学的基础。

二、逻辑学的研究对象

逻辑学是研究区分正确推理与不正确推理的规则和方法的学科。

当我们在生活中或工作中需要作出可靠的判断时，通常首先要进行论证。我们需要寻找支持我们观点的理由，并建立起理由和观点之间的联系，这是论证的建立；我们还需要对论证进行评价，将好的论证和不好的论证区分开来，以便作出正确的决策。在构建论证的时候，我们是在建立理由和观点之间的联系，运用理性的工具就表现为一个推理的过程。对一个论证的评价，我们需要考虑两点：（1）前提都是真的吗？（2）这一推理过程能够保证所得出的结论是从前提推出的吗？要解决后一个问题，需要有一定的推理规则和方法。正确的推理规则和方法是进行论证的可靠的理性的工具，这正是逻辑学研究的对象。逻辑学的研究致力于探究将正确推理与不正确推理区分开来的规则和方法，为其他学科的研究提供理性思考的工具。

在进行论证时，根据推理规则进行推理并非唯一的方法，比如也可以诉诸权威的观点，或者诉诸情感。人们在作出某种决断时也常常依赖感觉或者习惯而不是慎重的思考。这样决策并非一定导致错误，但如果想作出可靠的判断，理性的工具无疑比非理性的工具更值得信赖。

三、论证概述

一个论证是一组命题，其中一个或多个命题为另一个命题提供支持或相信的理由。作为理由的一个或多个命题是论证的前提，也称为论据，作为论证的结论的命题也称为论题。论证的前提（论据）和结论（论题）之间依据推理规则建立联结关系。也就是说，论证就是建立前提和结论之间的推理关系。有的前提确实支持结论，有的前提并不支持结论。前者称为好的论证，后者称为不好的论证。前提不支持结论的论证是毫无价值的。前提支持结论的论证中，有的是保真的，有的不是。逻辑学分析命题组，考察命题组中作为前提的命题和作为结论的命题以及它们之间的推理关系，并且对这样的推理关系作出评价，将好的和不好的论证区分开，并进一步将好的论证中的保真和不保真的论证区分开。

在实际论证中，论证者关心的是论证的结论是否成立，但逻辑学关注的却是论证本身。具体而言，逻辑学关注的重点不是论证的前提是否为真，而是论证的形式或者说结构，即要确定何种形式能够得到保真的结论，并且考察实际论证中是否得到了保真的结论。因此，逻辑学对于论证的考察是全面的，不仅关注前提为真的论证，也同样关注前提为假的论证。关注的核心不在于前提是否为真，而在于前提和结论的联系是否必然。

论证的结构有的非常简单，有的非常复杂。论证复杂性产生的原因有多种可能，除了具体表述中语言和修辞的原因，对于论证的结构本身而言，有可能构成论证的命题结构复杂，也可能前提之间关系复杂，还有可能前提和结论的关系复杂。

在对论证的分析中，重要任务之一是将前提和结论区分开来。简单的论证只包括两个命题，例如：

【例 1】所有人为的问题都不是不可解决的，所以，空气污染不是不可解决的。

其中，第一个命题是前提，第二个命题是结论。

【例 2】如果一个三角形是等角的，那么它是等边的。这个三角形是等角的。所以，这个三角形是等边的。

这是一个结构完整的论证，前面两个命题是前提，第三个命题是结论。

上述【例 1】和【例 2】都是论证，因为所表达的命题组中的命题之间是推出关系，作为结论的命题声称是由作为前提的一个或多个命题推出的。论证中前提和结论表述的顺序并不是固定的，结论在一个论证中首先出现也很常见。例如：

【例 3】类推定罪应当取消。因为它不符合罪刑法定的刑法基本原则的要求，而罪刑法定原则是刑法保障公民自由和基本权利的基石。

论证包括前提和结论两个部分，所以一个论证至少由两个命题构成，单个的命题不能构成一个论证。如何通过一些语言标准来识别一个语段中是否包含论证，本书将在第二章作详细讲述。

第二节　演绎论证与归纳论证

一、分类标准

任何论证都表达为断言其前提真为结论真提供了根据这样的语句组。但实际上前提对结论的支持有两种完全不同的方式，因此形成了两种不同的论证方式，即演绎论证和归纳论证。这一划分的根据是什么？简言之，演绎论证是以必然性推理为依据的论证，而归纳论证是以可能性推理为依据的论证。

具体而言，演绎论证的特征是，主张前提和结论的联系是确定的。这样的确定性表现为，当前提为真的时候，结论不可能为假。而归纳论证只是说，当前提为真时为结论真提供支持，结论有可能成立。因为每个论证都会对前提支持结论是否具有确定性作出断定，所以，每个论证或者是演绎的，或者是归纳的。如果一个论证声称前提为结论提供必然性的支持，则这个论证是演绎论证；如果一个论证声称当前提为真时，结论有可能为真，则这个论证是归纳论证。

【例 1】所有的金属都具有热胀冷缩的性质，必然地得出铁具有热胀冷缩的性质。

【例 2】铁具有热胀冷缩的性质，铝具有热胀冷缩的性质，铜具有热胀冷缩的性质，有可能得出所有的金属都具有热胀冷缩的性质。

【例 1】声称“必然地得出”结论，所以是演绎论证。【例 2】声称“有可能得出”，所以是归纳论证。

在实践中，并不总是能够清晰地分辨一个论证是演绎的还是归纳的。如果一个论证在结论中有“必然地得出”这一类的语词，如上述【例 1】，则表明这是演绎论证。类似的语词还有“确定地”“肯定地”等。如果在结论中有“有可能得出”等语词，如上述【例 2】，则表明这是归纳论证。类似的语词还有“有理由得出”“很有可能是”等。

但很多论证往往没有这样标志性的语词，这时就需要判断前提和结论之间在推理方面实际的支持力度。如果从前提推出结论严格地符合演绎推理规则，那么这个论证就可判断为演绎论证；如果从前提推出结论并没有严格遵循演绎推理规则，结论只是可能为真，那么就可将其视为归纳论证。如下述两例：

【例 3】所有的柠檬都是酸的，青柠檬是柠檬，所以，青柠檬是酸的。

【例 4】这几个橘子尝起来很甜，所以，这箱橘子都会尝起来很甜。

【例 3】中结论必然地从前提推出，前提如果都是真的，结论不可能为假。所以，此论证应视为演绎论证。而【例 4】中结论并不是严格地从前提推出的，而是从前提推测出的，其真实性只是具有某种程度的可能性。假定前提都是真的，结论只是可能为真。所以，应视其为归纳论证。

有的论证有着典型的形式特征，如前提中包含有典型的联结词，或者具有某种典型的推理结构，表达前提和结论之间的必然的联系，具有这样结构特征的论证就应视为演绎论证。如上述【例 3】的形式就是典型的直言三段论的一种形式。再如下述两例：

【例 5】如果小李是战地记者，那么，他是新闻工作者；如果他是新闻工作者，那么他懂得如何写作。所以，如果小李是战地记者，那么他懂得如何写作。

【例 6】如果小王是律师，那么，他已经通过了国家统一法律职业资格考试。事实上小王是律师。所以，他已经通过了国家统一法律职业资格考试。

上述两例论证运用的推理是以假言命题作为推理的前提或者前提之一，具有典型的假言推理的形式结构，所以，都属于演绎论证。

归纳论证也有一些典型的论证形式，如溯因推理、归纳概括、探求因果联系的方法、类比推理等。本书将在第七章讲述这些典型的归纳论证的方法。

识别一个论证是演绎的还是归纳的是非常重要的，因为不同的论证类型具有不同的形式特征，对它们的评价标准也完全不同。

二、演绎论证：有效性与可靠性

当一个演绎论证声称它的前提的真为它的结论的真提供了必然的支持时，这个声称或者是正确的，或者是错误的。如果是正确的，即它的前提确实为结论提供了无可辩驳的支持，则这个论证就是有效的；否则，即使它的前提是真的也不能为结论提供无可辩驳的支持，则这个论证就是无效的。需要强调的是，在逻辑学的知识体系里，有效性这个术语仅仅适用于评价演绎论证。“有效性”可以定义如下：

一个演绎论证是有效的，当且仅当其前提是真的，则其结论必然是真的。

换言之，这个定义也可以表述为：有效的演绎论证，不可能从真的前提推出假的结论。

演绎论证的特征是声称前提真保证结论真，但并非所有演绎论证都能够达到这个目标。不能做到这一点的演绎论证就是无效的。因为每个演绎论证都或者能够达到或者不能达到这一目标，所以，任一演绎论证或者是有效的，或者是无效的。

【例 7】某案件的犯罪嫌疑人或者是甲或者是乙，经查证，确认并非甲。所以，乙是犯罪嫌疑人。

【例 8】某案件的犯罪嫌疑人或者是甲或者是乙，经查证，确认是甲。所以，乙不是犯罪嫌疑人。

上述【例 7】在前提都是真的情况下，结论不可能为假，所以是有效的；而【例 8】在前提都是真的情况下，结论却未必是真的，所以是无效的。因为这样的前提和结论的真假的联系只与论证的形式有关，所以已经作为推理的规则总结固定下来，作为这一类推理形式遵循的规则。

演绎论证的核心任务就是区分有效论证和无效论证。自古希腊至今，逻辑学家已经发现了很多这样的推理规则，构建了很多种有用的方法。从历史的发展来看，古典逻辑的方法和现代逻辑的方法在有的领域有一定的发展延续性，比如在命题逻辑领域，但在有的领域却是完全不同的，如在词项逻辑或者说类逻辑领域。本书第四章讲述命题逻辑，命题逻辑的阐述主要采用现代逻辑的方法。本书第五章讲述词项逻辑，词项逻辑是古典逻辑的方法。这些不同的方法适用不同的论证类型，各有所长，都可以作为我们区分有效的论证和无效的论证的工具。

需要强调的是，有效性是对演绎论证的评价。如果一个演绎论证的结论是从作为该论证的前提或前提集必然地推出的，则该论证就是有效的。也就是说，有效性指的是论证中命题之间的关联，所以，有效性是论证的性质，不是命题的性质。

真和假是对命题的评价。在论证中作为前提的命题有可能是真的，当然也可能是假的，作为其结论的命题也有可能是真的或者假的。真和假是命题的性质，不能说一个论证是真的或者假的。

一个具体的命题可以是真的或者假的，一个具体的演绎论证有可能是有效的，也可能是无效的。真假命题与有效或无效论证之间的关系很复杂，有多种组合的可能性。

1. 前提和结论都是真命题的论证有的是有效的，有的是无效的。

【例 9】所有的马都是胎生的，所有的白马都是马。所以，所有的白马都是胎生的。

【例 10】所有的哺乳动物都是动物，所有的马都是动物。所以，所有的马都是哺乳动物。

上述两例的前提和结论都是真命题，但【例 9】是有效的，【例 10】是无效的。

2. 前提和结论都是假命题的论证也是既有有效的，也有无效的。

【例 11】所有的柠檬都是黄色的，青柠檬是柠檬。所以，青柠檬是黄色的。

【例 12】所有演员是名人，有的名人是外向的人。所以，所有演员都是外向的人。

上述两例的前提中都有假命题，结论都是假命题，但【例 11】是有效的，【例 12】是无效的。

3. 具有假前提和真结论的论证也是既有有效的，也有无效的。

【例 13】所有两栖动物是胎生的，所有两栖动物是以植物为食的。所以，有的以植物为食的是胎生的。

【例 14】所有哺乳动物都是食草动物，所有猫都是食草动物。所以，所有猫都是哺乳动物。

上述两例的前提都是假命题，结论都是真命题，但【例 13】是有效的，【例 14】是无效的。

4. 有的无效的论证具有真前提和假结论。

【例 15】如果大量提取了地下水，地下水位就会下降。这个地区的地下水位已经下降。所以，该地区一定是大量提取了地下水。

上述论证的两个前提都是真的，但结论完全有可能是假的，因为某个地区水位下降的原因有多种可能性，在这里并不能唯一地确定为大量提取了地下水。所以，这个结论不是由前提必然推出的。

从上述 7 个例子可以直观地看到，有效论证的结论有的是真的（如【例 9】），也有的是假的（如【例 11】）。显然，有效论证并不保证结论为真。另外，无效论证也有可能得到真的结论（如【例 10】）。可见，有效性和结论的真实性的关联并不具有决定性。

有一个组合是需要特别注意的，就是具有真前提和假结论的论证一定是无效的（如【例 15】）。事实上如果从真的前提出发却推出了假的结论，那么这个论证一定是无效的，这正是无效性的定义。

正如前述，一个演绎论证，或者是有效的，或者是无效的。所以，如果论证是有效的，那么一定不会前提是真的而结论是假的。或者说，有效的论证，可以保证从真的前提推出真的结论。

如果一个论证是有效的，并且其前提都是真的，则称此论证为可靠的论证。显然，可靠的论证可以确立其结论的真实性。所以，可靠的论证也可以评价为好的或者说成功的演绎论证。如果论证不是可靠的，也就是说，或者此论证不是有效的，或者其前提并非都是真的。即使其结论是真实的，其结论的真实性也是未经论证的。

具体科学和生活实践的任务是探究论证的前提是否真实，逻辑学并不特别关注这点，其关注的重点是论证是否具有有效性，即构成论证的前提和结论的命题之间是否具有确定的逻辑联系。如果命题之间的联系是确定的，则保证了论证形式的有效性，即使事实上前提是假的，也不会影响这种确定性。所以当研究论证时，我们不应把注意力限制在前提为真的论证上。

三、归纳论证：归纳强度与可信服性

归纳论证的目标是寻求事实的汇集和结论之间的联系，有可能是关于某类对象的一般规律的结果，也有可能是某种因果关系的结果，甚至是一种通过思维的跳跃获得的某种联想。当这样方法被总结出来，用于某个领域如医学、社会学、法学等实践领域时，就可以为实践活动提供某种方法论的指导。

正如前述，不同于演绎论证，归纳论证是以可能性推理为依据的论证。具体而言，归纳论证是说，当前提为真时为结论真提供支持，结论有可能成立。归纳论证的前提对结论的支持弱于演绎论证，归纳论证的方法从理论上说永远达不到必然性的程度，所以不能用有效性来评价归纳论证。对归纳论证的评价是归纳的强或者弱。例如：

【例 16】研究发现，各种粮食作物能进行光合作用，各种水生植物能进行光合作用，各种树木能进行光合作用。这些都是绿色植物，而且没有发现反例。所以，凡绿色植物都能进行光合作用。

【例 17】茅台酒的售价非常昂贵，所以，很可能当地的其他品种的酒售价也都非常昂贵。

上述【例 16】是一个较强的归纳论证，当前提都是真的情况下，结论为真的可能性很高；而【例 17】是一个较弱的归纳论证，尽管它的前提也是真的，但结论为真的可能性很低。一个归纳论证的强或者弱并不是由前提的真或者假所决定的，而是取决于前提对结论的支持程度。前提对结论的支持程度越高，用于具体的论证就更有可能为支持结论的得出寻求到更好的前提。归纳论证的评价标准是归纳强度。归纳强度高的，就是较强的归纳论证，反之，就是较弱的归纳论证。

如果一个归纳论证是强的，并且其前提都是真的，则称此论证是可信服的论证。可信服的论证可以评价为好的或者成功的归纳论证。所以，如果论证不是可信服的，也就是说，或者此论证是弱的，或者其前提并非都是真的。即使其结论可能是真的，其结论的真实性也不是由该论证所支持的。

归纳论证的可信服性并不总是能够达至的。因为，归纳论证都是关于具体的事物之间的关系的论证，具体的对象之间的关系往往非常复杂，并不容易被评价为明显的强或者弱；很多前提的真假是未知的或者不能确定的。

第三节　法律逻辑学的性质和作用

法律逻辑学是一门以法律逻辑为研究对象的学科。法律逻辑不是一种特殊类型的逻辑，它的基本原理和知识体系与一般的逻辑是一致的。如果说法律逻辑具有特殊性，是指法律逻辑是逻辑在法律领域的特殊应用。

法律逻辑的研究以法律推理为核心，包括案件事实的侦查与证实、法律的解释与适用、法庭辩论与法院判决等内容。法律逻辑学的研究不仅具有理论意义，而且具有实践意义，对于正确制定法律、解释法律、适用法律都具有价值。

法律逻辑学的研究表明，法律逻辑方法不仅能很好地处理法律领域的问题，而且表明逻辑方法是理性地处理这些问题必须依靠的方法。所以，作为法律人，学习和掌握逻辑学的一般知识，以及法律领域的特殊知识是非常必要的。但是，要真正认识到逻辑在法律中的应用价值，只有从系统学习逻辑学的基础知识和掌握运用逻辑知识的专门技能开始，否则对于逻辑在法律思维中的价值就很难理解。正如法哲学家伊尔玛·塔麦洛（Ilmar Tammelo）所言："要真正认识到现代逻辑在法律中的应用价值就必须接受足够的现代逻辑训练，掌握应用现代逻辑的专门知识和技能……因此，对于那些对现代逻辑知之甚少且不愿意学习现代逻辑的法律人而言，表明现代逻辑对于法律思维的重要价值将是一件事实上难以完成的工作。"①

本书的知识体系不是严格按照法律逻辑学框架展开的。本书以逻辑学的基本理论和方法为主要内容，结合法律理论和实践中的问题进行有针对性的分析，为法律理论和实践问题提供逻辑的处理方案。本书的目的是，不仅为法学专业的学生提供一套系统的逻辑学基础知识训练，而且为其有针对性地运用逻辑知识分析法律问题提供思路。

【本章知识结构图】

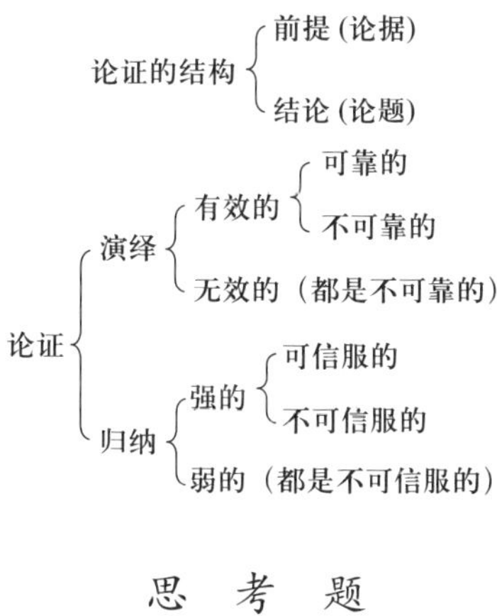

思　考　题

1. 逻辑学的研究对象是什么？

---

① ［奥］伊尔玛·塔麦洛：《现代逻辑在法律中的应用》，李振江、张传新、柴盼盼译，中国法制出版社 2012 年版，第 2 页。

2. 什么是论证？论证是如何构成的？

3. 论证有哪些不同的类型？分类的标准是什么？

4. 如何评价演绎论证？

5. 如何区分有效性和无效性？

6. 如何评价归纳论证？

7. 学习法律逻辑学有什么意义？

练　习　题

一、下述陈述是否正确？请回答“是”或“否”。

1. 实际的论证中，都是先出现前提，后出现结论。

2. 有的论证不是完全有效的，几乎是有效的。

3. 如果演绎论证的前提都为真而结论为假，那么它一定是无效的。

4. 有效的论证其前提可能是假的，结论也可能是假的。

5. 可靠的论证前提一定是真的。

6. 可信服的论证可以有可能假的结论。

7. 可信服的论证一定是归纳上强的论证。

8. 归纳论证有强弱程度的差异。

9. 一个论证可以用“真的”或“假的”评价。

10. 如果一个论证的前提为真且结论也为真，那么这个论证是一个好的论证。

二、识别下列论证中的前提与结论。

1. 凡法皆恶，乃因凡法皆为自由之违背。

2. 本案死者是他杀。因为如果死者背部有多处致命刀伤，则死者是他杀。经查证，本案死者背部确有多处致命刀伤，所以，本案死者是他杀。

3. 数百万年以来，每天都在潮涨潮落。可以预测，未来这一现象还将继续。

4. 对北极熊的研究表明，它们与许多大型野生动物有很多相关特征，这些动物都是濒危的物种。因此，北极熊也可能会灭绝。

5.《战国策·魏策》记载：魏文侯与田子方饮酒而称乐，文侯曰：“钟声不比乎左高。”田子方笑。文侯问曰：“奚笑？”子方曰：“臣闻之，君明则乐官，不明则乐音，今君审于声，臣恐君之聋于官也。”文侯曰：“善，敬闻命。”

6. 良好而充足的睡眠可以提高人体的免疫力。人体的免疫细胞（淋巴细胞、白细胞、B细胞等）的增殖数量和活性会因睡眠不足而大大降低，美国的专门机构研究发现，人如果连续三天只休息6个小时，那么其免疫力降低至只剩原来的20%。

7. 据说有科学家在试图向过去发送信号。有人批评说：“显然，未来科学家永远无法在时间中向过去发送信号。试想，如果他们能这么做到的话，我们现在不是应该已经接收到他们发送的信息了吗？”

8. 太空中所包含的原子的数量是无穷的，促使它们散向各处的力如同驱使它们来到这个世界的力一样也是数量上无穷的。所以我们必须认识到在宇宙的其他部分存在其他的世界，上面有不同的生物。

三、确定以下论证是演绎论证还是归纳论证。

1. 所有白马都是马，所以，有些马是白马。

2. 在一起入室盗窃案的案发现场看到，前后门都是开着的，但是后门锁有撬开痕迹，而前门没有被破坏的痕迹。由此推测，贼是从后门进入从前门离开的。

3. 在非洲进行考察的动物学家们，通过几年的观察，看到狮子吃饱后总是懒洋洋地躺在地上。于是得出结论：所有的狮子吃饱后都懒得动。

4. 如果人类要从事政治、科学、艺术活动，则必须从事物质资料的生产。因为，如果人类要从事政治、科学、艺术活动，则必须要有吃、穿、住等生活资料，而如果人类要有吃、穿、住等生活资料，则必须从事物质资料的生产。

5. 人们发现用不同材料制作、具有不同形状的摆，只要摆的长度相同，他们摆动时振动周期就相同，于是推断，摆长是摆动周期相同的原因。

6. 你可以选择乘坐公交或者骑自行车。不选择乘坐公交，所以，你可以选择骑自行车。

7. 探测器发现了火星上有赤铁矿，科学家由此推断火星上曾经有水。因为地球上也有赤铁矿，而我们知道地球上的赤铁矿通常都是在水的作用下形成的。既然地球上的赤铁矿都是在水的作用下形成的，那么火星上的赤铁矿也应该是在水的作用下形成的。

8. 有的人认为，自古以来，沙漠占地球陆地面积多大，一直是没有变化的。事实上，地球上的沙漠在不断地扩大。智利的北部自 1960 年以来，已有几百平方公里的土地被亚塔卡马沙漠吞噬，撒哈拉沙漠中某些部分每年向南蔓延达 50 公里。在过去 50 年中，有 65 万平方公里的可耕地被吞没。印度有五分之一以上的土地正遭受着塔尔沙漠的蹂躏。在中东、阿根廷、伊朗、南非、中国和美国，一些肥沃的土地，也被沙漠逐渐侵占着。

9. 从该案现场看，可以肯定不是自杀。因为死者身上有多处致命伤，自杀不会有这么多致命伤；从伤痕特征看，应属刀刺伤，如果是自杀，刀具一定在现场或离现场不远的地方，但在现场及附近都没有找到刀具。

10. 王某（某监狱监管干部）等人在审问被监管人俞某的过程中将其拷打致死，构成刑讯逼供罪。根据《刑法》第 247 条规定，司法工作人员对犯罪嫌疑人、被告人实行刑讯逼供或者使用暴力逼取证人证言的行为构成刑讯逼供罪。本案被告人王某等人系监狱监管干部，是司法工作人员，却无视国家法律，对被监管人俞某故意用木棍、竹竿和浸湿打结的麻绳轮番毒打，企图逼取口供，最后导致俞某外伤性休克死亡。其行为显然已触犯《刑法》第 247 条，构成刑讯逼供罪。

四、分析下述法庭判决，指出其中的前提和结论。

某法院的判决：《刑法》第 144 条规定，“在生产、销售的食品中掺入有毒、有害的非食品原料的，或者销售明知掺有有毒、有害的非食品原料的食品的，处五年以下有期徒刑，并处罚金”。2013 年 5 月 4 日起施行的最高人民法院、最高人民检察院《关于办理危害食品安全刑事案件适用法律若干问题的解释》（以下简称《解释》）第二十条规定，“下列物质应当认定为‘有毒、有害的非食品原料’：（一）法律、法规禁止在食品生产经营活动中添加、使用的物质；（二）国务院有关部门公布的《食品中可能违法添加的非食用物质名单》《保健食品中可能非法添加的物质名单》上的物质；（三）国务院有关部门公告禁止使用的农药、兽药以及其他有毒、有害物质；（四）其他危害人体健康的物质。”第二十一条规定，“‘足以造成严重食物中毒事故或者其他严重食源性疾病’‘有毒、有害非食品原料’难以确定的，司法机关可以根据检验报告并结合专家意见等相关材料进行认定。必要时，人民法院可以依法通知有关专家出庭作出说明。”本案中，盐酸丁二胍是在我国未获得药品监督管理部门批准生产或进口、不得作为药品在我国生产、销售和使用的化学物质；其亦非食品添加剂。盐酸丁二胍也不属于上述《解释》第 20 条第 2、第 3 项规定的物质。根据扬州大学医学院葛晓群教授出具的专家意见和南京医科大学司法鉴定所的鉴定意见证明，盐酸丁二胍与《解释》第 20 条第 2 项《保健食品中可能非法添加的物质名单》中的其他降糖类西药（盐酸二甲双胍、盐酸苯乙双胍）具有同等属性和同等危害。长期服用添加有盐酸丁二胍的“阳光一佰牌山芪参胶囊”有对人体产生毒副作用的风险，影响人体健康，甚至危害生命。因此，对盐酸丁二胍应当认定为《刑法》第 144 条规定的“有毒、有害的非食品原料”。

被告单位阳光一佰公司、作为被告单位生产、销售山芪参胶囊直接负责的主管人员——被告人习文有，明知被告单位生产、销售的保健食品山芪参胶囊中含有国家禁止添加的盐酸丁二胍成分，仍然进行生产、销售，因此，上述单位和被告人均依法构成生产、销售有毒、有害食品罪。

【练习题参考答案】

第二章　语　　言

【本章导读】

本章讲述了论证中的语言问题。从逻辑的角度研究论证中的语言问题，要研究识别论证的语言标准，以便将论证和非论证表达区别开来；还要研究论证的规范表达形式，以此为标准重构论证，以便分析论证，将好的论证和不好的论证区分开来；论证是由命题构成的，所以还要研究命题的结构和特征；有的论证中前提和结论的关联在于构成命题的词项而不是命题，所以还要研究有关词项的性质。上述要点就是本章要讨论的主要内容。

本章第五节简要分析了法律概念在法律知识体系中的重要意义。

第一节　语言与论证

一、语言标准

建立论证的过程，也是组织语言进行表达的过程。当论证者是诚实的并且有语言表达能力时，语言与论证具有一致性：表达的语句表达了所表达的命题，表达的论证表达了所论证的推理过程。

要达到论证的目标，不论是口头的还是书面的表达，用于表达论证的语言应该达到一定的标准。这样的标准包括语句的标准以及语句关联的顺序，还有用语简洁、用词恰当等文体因素。语言达到一定的标准，无论对于论证者还是听众或者读者，都是理解所论证内容必要的基础。

从逻辑的角度研究论证中的语言问题，要研究识别论证的语言标准，以便将论证和非论证表达区别开来；还要研究论证的规范表达形式，以此为标准重构论证，以便分析论证，将好的论证和不好的论证区分开来；论证是由命题构成的，所以还要研究命题的结构和特征；有的论证中前提和结论的关联在于构成命题的词项而不是命题，所以还要研究有关词项的性质。上述要点就是本章要讨论的主要内容。

但是，在理解这个范围之外，论证的语言是否达到语言的标准，对于论证的成立却没有决定性的意义。有些论证可能不符合某些语言标准，但论证却是合乎论证标准的；也有些论证虽然符合语言的标准，但是论证却是不可接受的，因为这一论证可能前提与结论缺乏逻辑关联性，也可能前提缺乏论据支持。

二、修辞力

修辞力是与论证的成立无关的因素。修辞力在说服性交流中具有很强的影响力。语言和非语言因素都会影响修辞力。例如，一个充满激情的演讲者的措辞和语调会增加所说内容的修辞力，从而更容易影响听众接受某个论证，而不标准的发音或语法则会降低这种能力；一篇文章的论述具有很明显的感情因素，而这种感情因素增加了话语的修辞力；在有的情况下，论证者运用修辞力以更细微的方式引发听者的心理反应。当我们考虑一个论证的修辞力时，我们就是在问基于这些因素的断言是否确实有说服力。但是需要强调的是，这些因素无关论证的成立。

就像语言标准一样，修辞力无关理性，对于论证的理性可接受度的提高没有影响。修辞力对于说服听众的影响在于人们并非总是基于理性作出判断。有些不成立的论证可能具有很强的修辞力，例如当论证者是一个懂得如何推销想法的、善于运用语言技巧的人。有些具有合理性的论证可能缺乏修辞力，例如论证中的推理过程太过复杂和困难，使得听众因为无法理解而拒绝接受。所以，论证的成立和修辞力是相互独立的。虽然说服听众或者读者接受自己的论证是论证的目标，但是必须用正确的方式进行，不应诉诸情感或者借助语言技巧等，因为这些都偏离了理性。

修辞力虽然对说服对方接受论证具有重要作用，但是修辞力作为说服的艺术不是逻辑学研究的内容，逻辑学关注的是论证的理性接受度。论证的理性接受度依赖于论证中运用的推理是否合乎推理规则。我们需要注意的是推理中的错误和影响论证的误导性因素，从而避免论证的误区。

第二节　识别与重构论证

一、前提指示词和结论指示词

要分析论证中的逻辑问题，首先要识别论证。实际应用中的论证往往并不是用标准的论证格式表述的，这时就需要辨识出实际表达的段落是否包含论证。一个论证，至少包含两个条件：第一，至少有一个作为前提的命题，并且有一个作为结论的命题；第二，作为前提的命题表达论据或者理由，并且断定前提蕴涵结论，或者从前提有理由得出结论。

为了确定一个语段是否包含论证，论据或者理由蕴涵或者支持某个结论这一断言是两个条件中更为重要的。这样的断言既可以是明示的也可以是暗示的。明示的断言通常由一些标志性的指示词来判断。前提指示词如“由于”“因为”“根据”“原因是”“理由在于”“正如……所表明”等，结论指示词如“所以”“因此”“因而”“可得”“故”“这表明”“可推得”“由此可见”等。例如：

【例 1】我思，故我在。

【例 2】很多著名的战役有很周密的计划，诺曼底登陆是一场著名的战役。所以，诺曼底登陆有很周密的计划。

【例 3】因为不允许在国家博物馆使用手机，所以禁止在国家博物馆使用手机。

上述这些前提指示词和结论指示词在论证中不一定出现。当一个语段中的命题之间存在推理关系，但是没有指示词出现，那么就是一个暗示的断言。例如：

【例 4】建造房子的目的是居住而不是观看，让实用性优先于统一性吧！

上述语段中虽然没有前提指示词，也没有结论指示词，但是很明显前一个命题为后一个命题的成立提供了一个理由，两者之间具有推出关系。

不过，一个语段出现了上述指示词，并不意味着一定包含一个论证。例如：

【例 5】2008 年的股市暴跌，原因是许多大银行过度放贷给房地产公司，造成了大量坏账，使投资者失去了投资证券市场的信心。

上述实例中“原因是”后面所陈述的是解释 2008 年股市暴跌的原因，而不是关于这个话题的论证。也就是说，这个语段中关于 2008 年股市暴跌的话题是陈述者默认的事实，而不是想为这是事实进行论证。

一个语段中是否包含论证，最重要的是需要判断语段中的命题之间是否存在推理关系。下面再通过比较一些非论证的典型类型来认识一个语段是否包含了论证。

二、典型的非论证陈述

（一）条件陈述句

条件陈述也称为假言命题，是一种由“如果……那么”这类联结词联结命题而构成的表达句。例如：

【例 6】如果他的行为构成侵权行为，则他应当承担民事责任。

条件命题本身不是论证，因为这样的陈述不满足论证的条件。在一个论证中，至少包含了一个前提，并且断言由此前提蕴涵或者支持一个结论。而在一个条件陈述中，并没有声明前件和后件之间有推出关系。如上述【例 6】，并没有断言“他的行为构成侵权行为”为“他应当承担民事责任”提供支持，它所断言的是这两者之间的条件关系。这样的条件关系具体是怎样的逻辑性质，本书将在第四章讲述。比较下述实例：

【例 7】他的行为构成侵权行为，所以，他应当承担民事责任。

这是一个论证，因为这里的两个命题是各自独立的，并且前一个命题为后一个命题的成立提供支持，两个命题构成推出关系。

虽然条件命题不是论证，但是它可以充当论证的前提或者结论。例如：

【例 8】如果他的行为构成侵权行为，则他应当承担民事责任。他的行为构成侵权行为。所以，他应当承担民事责任。

（二）说明性语句组

说明的一般表达模式是：以一个主题句开始，后面是一个或多个句子来对此主题进行更详细的发挥或者说明。如果目的不是证明主题句而只是发挥它或者详细地说明它，那么就不存在论证。例如：

【例 9】皮肤是人体最大的器官，它具有很多功能：第一，皮肤可以抵抗一定的外力的冲击和挤压，也对电流、光线等物理作用有一定的防护作用，还对酸和碱有一定的缓冲能力，对生物性的损伤也具有防护作用，总之，皮肤对外界具有屏障功能。第二，皮肤可以通过角质层、毛囊皮脂腺和汗管吸收物质，具有吸收功能。第三，皮肤具有冷觉、温觉、痛觉、瘙痒、触觉等感觉功能。第四，皮肤的小汗腺、大汗腺、皮脂腺等都具有分泌和排泄的功能。第五，皮肤具有调节体温的功能。第六，皮肤具有参与糖、蛋白质、脂类、水和电解质以及黑素代谢的功能。第七，皮肤还具有重要的免疫功能。

上述这段话中首先陈述的是主题句，其后的语句都是发挥和补充这个主题句。这段话的语句之间没有推理关系，所以不存在论证。

在一段话中，如果随后的句子目的不只是补充主题句而且还证明它，那么这段话就是论证。例如：

【例 10】皮肤的重要功能之一是屏障功能。皮肤有一定的弹性，可以抵抗外力的冲击和挤压；皮肤的结构对电流、光线等物理作用的损伤，具有一定的防护作用；皮肤表面呈弱酸性，它对酸和碱也有一定的缓冲能力；表皮致密的结构，决定了对生物性的损伤也具有防护作用；此外，皮肤的角质层具有半透膜的性质，它可以防止体内营养物质和电解质的丢失。

这段话首先陈述了主题句，然后其后的句子不仅说明了皮肤的屏障功能具体有哪些，而且还解释了它们为何有此功能。因此，这段话是既有说明又有论证的语句组。

（三）例解

例解是通过若干实例说明主题句所述指的是什么。例解常常容易与论证混淆，因为很多例解中会出现“所以”这样的结论指示词。例如：

【例 11】花青素广泛存在于开花植物中。据初步统计，在 27 个科 73 个属植物中均含花青素。所以，常见的如紫甘薯、葡萄、血橙、红球甘蓝、蓝莓、茄子、樱桃、红莓、草莓、桑葚、山楂、牵牛花等植物的组织中均有一定含量。

上述语段不是论证，因为语句中并没有出现什么内容被证明的断言，所举实例是为了说明花青素在开花植物中存在的广泛性。

（四）简单的非推理段落

简单的非推理段落是不提出问题的一段话，但缺少什么被证明了这样的断言。这样的段落包含了可以作为前提或结论的陈述，但是缺少一个断言。只有根据这个断言，才能明白哪些可能的前提支持了一个结论，或者哪个可能的结论得到了前提的支持。这类段落包括警告、建议、报告等。

警告这一表达形式是想提醒人们注意危险或者有害的情境。例如：

【例 12】前方事故多发地，请注意减速慢行！

这样的陈述没有给出证据加以证明，只是一个警告性的结论，所以不是论证。

建议是就将来某种决定或者行动方向给予想法的表达形式。

【例 13】在决定是否考研之前，我建议你要慎重考虑一下你的职业规划。你未来是打算从事专业研究还是创业？

同样，这只是针对是否考研的一个观点，没有给出理由证明，因此不存在论证。

报告是由传达某个主题或者事件的信息的一组陈述组成。

【例 14】2010 年 8 月 24 日 21 时 38 分 08 秒，河南航空有限公司由哈尔滨飞往伊春的 VD8387 次航班在黑龙江伊春的林都机场坠毁，造成 44 人遇难，52 人受伤，直接经济损失 30891 万元。该事故属可控飞行撞地，事故原因为飞行员操作失误。

这段陈述报告了伊春空难发生的时间、地点、伤亡情况和事故原因，陈述之间是并列的关系，没有推出关系，所以不存在论证。

以上只是列举了一些典型的非论证形式，非论证的表达形式并不限于以上所列举的这些种类。当然，因为逻辑学研究的角度是分析论证，所以关注点在于将论证和非论证分开，辨析是何种非论证形式并不重要。具体的论证中有可能论证和非论证是混合使用的，要分清实际表达中的语段是否论证有时并不容易。判定时主要考虑以下两点：第一，是否存在前提指示词和结论指示词。如果存在两者之一，那么很可能存在一个论证。第二，语句之间的关系。如果语句之间存在推理关系，其中一个或一些是理由，一个是结论，那么就存在一个论证。

三、规范的论证格式

在实际的论证中，前提和结论表述的顺序是非常灵活的，有时结论在论证的开始出现，有时在论证的最后出现。为了便于分析论证，一般需要将实际生活中的论证重新表述，表达为这样的规范格式：将前提放在前面，结论放在后面。如有必要，可以给每一个前提标上数字序号，以方便引用。不过，多个前提在论证中出现的顺序并不重要，对于论证的成立没有影响。可以在结论上方加一条横线，表示接下来的语句是结论。也就是说，横线相当于结论指示词。本节【例 1】重构后的标准论证形式如下：

（1）我思。

（2）故我在。

本节【例 8】重构后的标准形式是：

（1）如果他的行为构成侵权行为，则他应当承担民事责任。

（2）他的行为构成侵权行为。

（3）他应当承担民事责任。

四、补充缺失命题

实际中的论证由于修辞的需要或者仅仅因为表达的随意，常常缺少论证中的关键命题。有的缺少某个作为前提的命题，有的甚至没有明确表达结论。这种情况下，为了分析的需要，在不改变论证者意图的前提下要将省略的部分补充上。例如本节【例 1】，根据前提和结论的推出关系，需要添加一个这样含义的语句："任何思考的都是存在的。"

（1）任何思考的都是存在的。

（2）我思。

（3）故我在。

补充上这个前提后，前提与结论之间的推理关系更加清晰，便于进行论证理论的分析。再如一个缺少结论的论证：

【例 15】我们的事业是正义的事业，而正义的事业是不可战胜的。

上述论证中所暗含的结论是"我们的事业是不可战胜的"，将这个缺失的结论补充上，就构成了一个结构完整的论证：

（1）我们的事业是正义的事业，

（2）正义的事业是不可战胜的。

（3）我们的事业是不可战胜的。

有的论证可能结构比较复杂，由多个论证复合构成，而且省略了必要的前提。例如：

【例 16】科学家在研究中发现，非洲人之间的线粒体 DNA 的差异最大，这表明非洲人线粒体 DNA 中所积累的突变最多。据此，一些科学家推断非洲人种的进化史最长。这些科学家因此认为现代人类起源于非洲。

这时要认识清楚其中的推理关系，就不仅要将缺失的前提补充完整，而且要将其中包含的论证重构为各自独立的论证：

第一个论证：

（1）人之间的线粒体 DNA 差异越大，人体线粒体 DNA 中所积累的突变越多。

（2）非洲人之间的线粒体 DNA 差异最大。

（3）非洲人线粒体 DNA 中所积累的突变最多。

第二个论证：

（1）人体线粒体 DNA 中所积累的突变越多，人种的进化史越长。

（2）非洲人线粒体 DNA 中所积累的突变最多。

（3）非洲人种的进化史最长。

第三个论证：

（1）非洲人种的进化史最长。

（2）现代人类可能起源于进化史最长的人种。

（3）现代人类起源于非洲。

上述实例表明，同一个命题既可以作为前提也可以作为结论。在一个复合的论证中，前一个论证的结论是后一个论证的前提。由此可见，前提和结论是相对的。

省略的论证形式所依赖的未明确陈述的前提也许是没有得到普遍认可的，也许是有争议的，甚至可能就是虚假的。论证者也许为了掩盖这样的有问题的前提而故意不陈述出来，从而避免被质疑。例如：

【例 17】谋杀在道义上是错误的。所以，堕胎在道义上也是错误的。

显然，根据论证中前提和结论的推出关系，这个论证省略了前提“堕胎是谋杀”，而这一命题是否成立是存在争议的。当论证者通过省略问题前提的方式进行论证时，就犯了窃取论题的谬误。本书会在第三章专门对此进行讲述。

第三节　命　　题

一、命题的特征

命题是构成论证的基本单位，是对事物情况的断定。例如：

【例 1】没有事故是偶然发生的。

【例 2】我们反对一切贪污腐败行为。

【例 3】某甲不可能是这个案件的作案人。

【例 4】如果行为人不是出于故意或者过失，则不认为是犯罪。

【例 1】断定了某一类事物所具有的一种性质，【例 2】断定了事物之间的某种关系，【例 3】断定了某一情况的可能性，【例 4】断定了情况之间的条件关系。

尽管命题的类型多种多样，但它们又具有某些共同特征。

第一，任何命题都有所断定。

任何一个命题都是对事物情况的断定，或者肯定了某种情况，或者否定了某种情况，总之，都是有所断定的。如果对事物情况无所断定，则不构成命题。例如：

【例 5】某甲是这个案件的作案人吗？

这个句子提出了一个问题，并没有陈述某甲是这个案件的作案人，也没有陈述某甲不是这个案件的作案人，所以不是命题。又如：

【例 6】抓紧时间啊！

这是一个祈使句，只是向某人提出了一个要求，但没有肯定什么，也没有否定什么，所以也不是命题。

第二，任何命题都是或真或假的。

构成论证的任何命题都要作出事物情况是如此或者不是如此的断定。既然命题是对事物情况的断定，那么就存在主观陈述与客观情况是否相符合的问题。按照符合论的观点，如果命题所断定的情况符合客观实际情况，这个命题就是真的；如果命题所断定的情况不符合客观实际情况，这个命题就是假的。因此，任何命题都是或真或假的。

逻辑学中将命题的真假情况称为命题的真值，简称命题的值。我们所讲述的经典逻辑考虑的命题的真值范围是真假二值。就是说，我们认为，命题或者为真，或者为假，二者必居其一并且只居其一。当命题为真时，它的真值为真；当命题为假时，它的真值为假。例如：

【例 7】金子都是发光的。

是一个符合客观情况的断定，因此是一个真命题，此命题的真值为真。

【例 8】发光的都是金子。

是一个不符合实际情况的断定，因此是一个假命题，此命题的真值为假。

在科学研究或刑侦工作中，经常对某些事物或现象作出假说或假设，这些假说或假设是推测性的陈述，在它们未被检验之前，都是未被断定的陈述。但是，即使这些陈述的真值目前无法确定，但它们仍然具有或真或假的性质，因此是命题。例如：

【例 9】火星上有生命存在。

尽管根据现有科学考察的结果还无法确定这一陈述的真假，但是它断定了“火星上有生命存在”，所以它一定是或真或假的，只是目前它的真假情况是未知的。

基于不同语境，如因人、时间、地点、条件等不同，同一个语句所表达的命题可能具有不同的真值。例如：

【例 10】某甲到法院起诉某媒体：“某媒体侵犯了我的隐私权。”

“某媒体侵犯了我的隐私权”这个陈述对于某甲而言是被断定为真的命题，对于被诉的某媒体而言很可能是不被认可的，因此是被断定为假的命题，但对审理这起案件的法官来说，在他作出判决之前，还是一个没有断定真值的陈述。

逻辑学并不研究某一具体命题事实上的真假，即不研究某一具体命题的断定是否符合客观实际情况。逻辑学研究命题的真值，是为了研究构成推理和论证的命题之间的真假关系。例如，逻辑学不研究“金子都是发光的”和“发光的都是金子”是否符合客观实际情况，即事实上的真假，而是研究这两个命题之间具有怎样的真假关系，并且据此真假关系进行推理或论证。又如，逻辑学不研究“如果行为人不是出于故意或者过失，则不认为是犯罪”这一命题是否为真，而是研究命题中的“行为人不是出于故意或者过失”与“不认为是犯罪”这两个命题之间的真假关系，同样，根据该命题所具有的真假关系的规律进行推理和论证。

二、命题与语句

任何命题都要用语句来表达。命题是语句的意义，语句是表达命题的语言形式。所以，语句和命题是表达和被表达的关系。但是，并非任何语句都表达命题，或者说并非任何语句都断定事物情况。一般来说，陈述句表达命题，前面所举的关于命题的例子都是由陈述句表达的。疑问句中的反问句和某些感叹句则间接地表达命题。例如：

【例 11】难道违法行为不应受到法律制裁吗？

这是一个反问句，表达了“违法行为应当受到法律制裁”这一命题。

【例 12】这个凶手多么残忍呀！

这是一个感叹句，表达了“这个凶手是残忍的”这一命题。大多数疑问句和感叹句以及祈使句因为不表达对事物情况的断定，所以不表达命题。

命题和语句不是一一对应的。同一命题可以用不同的语句来表达。例如，“某甲是有罪的”和“难道某甲不是有罪的吗？”这两个语句表达的是同一个命题。由于语词歧义、结构歧义以及语境等因素，同一语句可能陈述不同的事物情况，表达不同的命题。例如，“他刚做完手术”这个命题，既可以表达“他是医生，刚给病人做完手术”这一含义，也可以表达“他是病人，刚做完手术”这一含义。这个语句表达了两个不同的命题。此时，要明确这个语句是在什么意义下使用的，要明确它陈述了什么事物情况，表达了哪个命题。

明确命题与语句的关系，有助于明确一个语句所表达的命题，有助于用恰当的语句准确地表达命题，这一点对于法律工作者而言尤为重要。

三、命题的结构

任何命题形式都是由常项和变项构成的。

逻辑学是从形式的角度研究命题的。任何命题的形式都是由两种不同的成分构成的：一种是词项或命题，另一种是联结词，联结词是联结词项或命题的。其中，联结词是命题形式结构中不变的部分，具有确定的含义，决定命题的形式特征，所以称为逻辑常项；词项或命题是命题形式结构中可变的部分，容纳命题的具体内容，所以称为逻辑变项。例如：

【例 13】(1) 所有金属都是导体。

(2) 所有植物都是能够进行光合作用的。

(3) 所有违法行为都是有社会危害性的。

以上命题的内容不同，但有一个共同的形式：所有 S 是 P。其中，“所有”“是”是联结词，是命题的逻辑常项；“S”“P”是命题的逻辑变项。这里，“S”“P”指代不同的具体词项所在的空位，称为词项变项。上述每一个具体命题都是“所有 S 是 P”的代入实例，而“所有 S 是 P”是它们共同的命题形式。又如：

【例 14】(1) 如果某甲作案，那么他有作案时间。

(2) 如果过度砍伐森林，那么就会破坏生态平衡。

(3) 如果水温在一个大气压下为摄氏零度，那么水就会结冰。

上述命题的内容不同，但也有一个共同的形式：如果 A，那么 B。其中，“如果……那么”是联结词，是命题的逻辑常项；“A”“B”是命题的逻辑变项，这里，“A”“B”指代不同的具体命题所在的空位，称为命题变项。上述每一个具体命题都是“如果 A 那么 B”的一个代入实例，而“如果 A 那么 B”是它们共同的命题形式。

任何命题都可以进行这样的逻辑分析，将内容抽象掉，形式分析为由常项和变项构成的表达式。命题形式是对一类命题的形式结构进行抽象的结果，是一类命题的共同特征。从命题形式结构方面研究命题的特征、研究命题在不同形式下的真值关系是逻辑学研究命题的角度。

四、命题的种类

对事物情况作断定的命题是多种多样的，可以从不同的角度对命题进行分类。

根据命题中是否包含命题联结词，可以将命题分为两类：简单命题和复合命题。不包含命题联结词的命题，称为简单命题；包含命题联结词的命题，称为复合命题。

【例 15】不断增加的人口是野生动物消亡的原因。

【例 16】如果要拯救野生动物和野生地区，那么人类的需求必须得到满足。

【例 15】没有包含命题联结词，是简单命题。【例 16】包含了命题联结词“如果……那么”，是复合命题。

复合命题中，根据命题联结词的不同，可以将复合命题分为负命题、联言命题、选言命题、假言命题和等值命题。

根据命题中是否包含模态词，可以将命题分为模态命题和非模态命题。包含模态词的命题，称为模态命题；不包含模态词的命题，称为非模态命题。

【例 17】传统化石能源会枯竭是必然的。

【例 18】宇宙中其他星球可能有生命存在。

【例 17】命题中包含了“必然”这一模态词，断定了情况发生的必然性，【例 18】命题中包含了“可能”这一模态词，断定了情况发生的可能性，所以都是模态命题。

根据命题中是否包含规范词，可以将命题分为规范命题和非规范命题。包含规范词的命题，称为规范命题；不包含规范词的命题，称为非规范命题。

【例 19】人应该信守承诺。

【例 20】公共场所禁止吸烟。

【例 19】命题中包含了“应该”这一规范词，【例 20】命题中包含了“禁止”这一规范词，这两个命题的特征在于断定了某种行为规范是应该的还是禁止的，所以都是规范命题。本书会在第六章讲述有关模态命题和规范命题的推理规则。

第四节 词　　项

一、概念、词项与语词

（一）概念与语词

语词是指词、词组一类的语言成分。语词在语言中的应用体现在：语词是对象的指称或概念的表达。在不同的语境中，语词有时表达名称，有时表达概念。

语词是对象的指称，是指语词通过对一个对象的某个特征的描述而指称这个对象。“指称”的意思是某个语词和某个对象之间存在一种对应关系，我们将这个语词指代给这个对象，使这个语词成为这个对象的名称。例如，我们用“杨树”“松树”等指称某种具体的树木，用“树”指称树这个类，这些都是对象的名称。

对象的名称可以分为专有名词和普通名词。专有名词简称“专名”，例如“金星”“苏格拉底”；普通名词简称“通名”，例如“恒星”“人”。人们通过给事物命名来区分不同的事物，以便清楚所指的对象。所以，名称就是用来指称对象的。

概念是反映对象的特有属性的思维形态。客观事物具有各种各样的属性。有些属性是不同类别的事物所共有的，例如，“盗窃罪”和“交通肇事罪”是两种不同的犯罪行为，但它们有一个共同特征，都是“犯罪行为”，都是“触犯刑法并应受刑罚处罚的行为”。这种属性是一般属性。而有些属性却是一类事物所独有，他类事物都不具有的，例如“以非法占有为目的，秘密窃取公私财物数额较大或者多次盗窃公私财物”的属性只能由“盗窃罪”所具有，而“违反交通运输管理法规，因而发生重大事故，致人重伤、死亡或者使公私财产遭受重大损失”的属性则只能由“交通肇事罪”所具有。这种属性就是特有属性。特有属性将“盗窃罪”和“交通肇事罪”两种不同的犯罪行为区分开来，也和其他的犯罪行为区分开来。

人们把握了一类事物的特有属性，就形成了关于该类事物的概念。认识一个事物仅仅停留在其一般属性上是不够的，只有把握了它的特有属性，才能把这类事物与其他事物区分开来，才能知道该事物之所以为该事物的根据，才能真正认识这个事物。概念并不反映客观事物的所有属性，而只反映客观事物的特有属性。例如，《中华人民共和国刑法》（以下简称《刑法》）第 93 条第 1 款规定：“本法所称国家工作人员，是指国家机关中从事公务的人员。”这段法条只是揭示了“国家工作人员”是在“国家机关中从事公务的人员”这样的特有属性，而没有揭示也没有必要揭示这类人的性别、年龄、文化程度等其他属性。因为这些属性还不足以也不可能将“国家工作人员”和其他身份的人员区分开来。

概念是思维形式中最基本的构成单位，是组成命题的基本要素，是抽象的、不能物化的东西，无法对它进行直接的研究，因此，概念要通过语词表达出来。概念之间的关系最终仍是语词之间的关系，对概念的研究离不开对表达概念的语词的研究。

（二）词项与语词

直言命题的主项和谓项称为词项。

【例 1】法院是审判机关。

上述命题中，“法院”是命题的主项，“审判机关”是命题的谓项，它们都称为词项。将命题分析为由主项和谓项构成的结构，是逻辑学分析命题结构的一种方式。

事物的名称或概念是词项的内容，语词（词或词组）则是词项的表达形式。所以，对概念和语词的关系的分析，最终归结为词项和语词关系的分析。

凡词项都要通过语词来表达，但词项和语词并非一一对应的关系。词项是对语词的抽象，只表达语词的逻辑内容。这种抽象表现在两个方面：

第一，词项是抽象掉了非逻辑意义的语词。

日常语言是具体的，意义丰富的。作为表达日常语言的最小单位的语词不仅有逻辑方面的意义，也有其他方面如情感、语气等意义。例如，“月球”和“月亮”这两个语词，所指称的对象是相同的，都是指地球唯一的卫星，但所使用的语境是不同的，在科学领域一般用“月球”一词，而在日常生活中一般称之为“月亮”；再如，“牺牲”和“毙命”两个语词，都是指人的生命结束，但两者的感情色彩完全不同，一个褒义，一个贬义。但这些意义都与逻辑无关。如果两个语词所指的对象是同一的，或者意义是一样的，那么它们在逻辑上就是同一个词项。

第二，词项是确定了含义的语词。

语词大多是多义的，在不同的语境中，一个语词的意思可以是不同的。例如，“人”这个语词可以泛指单个的人，也可以特指某一个人，还可以指人的群体即人类。下面两个语句的语法结构相同，但“人”这个语词的意思却不同：

【例 2】（1）人是由猿进化而来的。

（2）人是有理性的。

句子（1）中的“人”指的是人类，而句子（2）中的“人”指的是一个个具体的个体的人。可见，尽管两个句子中的语词是一样的，但所指是不同的，所以这两个命题中的“人”是两个不同的词项。在由语词到词项的抽象过程中，当把语词的含义固定下来，语词就抽象为词项。

经过上述两方面的抽象，语词就只剩下逻辑方面的意义，也就称为词项了。总之，词项是一个逻辑概念，表达语词的逻辑意义。词项的含义是确定的，形式化的。这样的抽象对于逻辑分析是非常重要的。

二、词项的逻辑意义

（一）内涵和外延

词项在逻辑上的意义表现在两个方面：一是每个词项都指称、对应一个或一些确定的对象，二是每个词项都表示所指称对象的特有属性。

词项的外延是指词项所指称的对象。我们可以把一个词项所指称的全部对象看成是一个集合，所以外延也可以称为外延集。例如：“人”的外延，就是古今中外所有的人；“偶数”的外延，可以用集合表示为$\{0,2,4,6,8,\cdots\cdots\}$。

词项的内涵是一个词项所指称对象的特有属性。例如：“人”的内涵是“能制造和使用工具进行劳动、并能运用语言进行交际的动物”；偶数的内涵是“可以被 2 整除”。

内涵和外延是词项所具有的两个基本特征，明确了词项的内涵和外延，就明确了这个词项的逻辑意义。例如，要理解民法上的“不可抗力”这个概念，一方面要清楚什么样的情况属于不可抗力，即要清楚它的内涵：人所不能预见的、不能避免并且不能克服的客观情况。另一方面要清楚哪些情况属于不可抗力，也就是要明确其外延：因自然原因的地震、洪水等自然灾害及社会原因的战争、封锁、禁运、动乱、罢工等。

（二）内涵决定外延

词项的内涵决定了其外延，即它的全体成员的范围。“等边三角形”的内涵是“由三条等长的直线所围成的平面图形”，它的外延是所有那些具有这一性质的对象的类。任何具有这一性质的对象一定是该类的成员。

然而，反过来说却不对，词项的外延并不决定其内涵。例如，“等边三角形”与“等角三角形”的外延完全相同，但是二者的内涵却不相同，由“等边三角形”的外延并不能得到“等角三角形”的内涵。

因此，词项可以具有不同的内涵但外延相同，而具有不同外延的词项却不可能有同样的内涵。

（三）限制和概括

当给一个词项的内涵增加性质时，即它的内涵增加了，它的外延范围会变小；反之，给一个词项的内涵减少性质，即它的内涵减少了，则它的外延范围会变大。

例如，从“人”这一词项开始，对其增加“当代的”“成年的”“女性的”等性质：每增加一种性质，相应词项的外延都会减少，“当代的人”的数量少于“人”的数量，“成年的当代的人”的数量更少，“女性的成年的当代的人”的数量最少。

如果反向操作，从内涵较多的词项开始，逐步减少其包含的性质，即该词项的内涵减少了，则它的外延范围会变大。例如，从“盗窃罪”到“侵犯财产罪”，再到“犯罪”：盗窃罪的内涵是“以非法占有为目的，秘密窃取公私财物数额较大或者多次盗窃公私财物的犯罪行为”；侵犯财产罪的内涵是“侵犯公私财物所有权的犯罪行为”；犯罪的内涵是“触犯刑法应当受到刑法处罚的行为”。随着内涵逐渐减少，外延逐渐增大。这三个法律概念的外延关系如图 2-1 所示：①

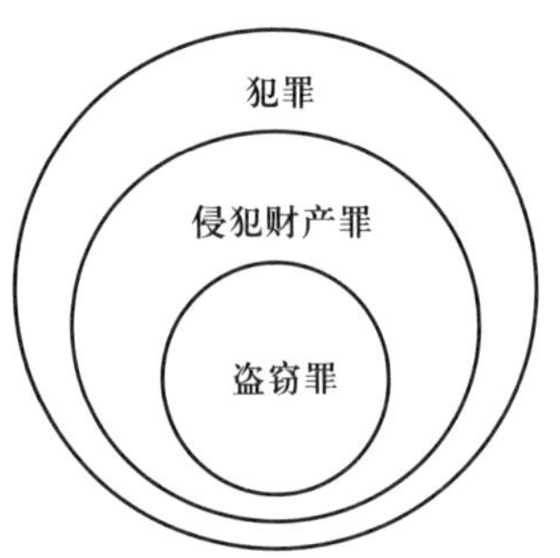

图 2-1　概念外延关系的欧拉图解

那么是否可以得出这样的结论，词项的内涵和外延之间的反变关系是词项的普遍性质呢?事实并非如此。因为存在这样的情况：增加一个词项的内涵而其外延范围不发生变化。例如，“等边三角形”和“等边且等角三角形”的外延完全相同，尽管后一个词项比前一个词项的内涵增加了。特别是，有的词项外延是空的，其内涵所述属性的对象不存在。例如，《西游记》中的孙悟空是一个具有猴子的外表、会七十二变、帮助唐僧西天取经的艺术形象，我们清楚这一词项的内涵，但是它的外延并不存在。对于这样的词项，无论怎样增加它的内涵，它的外延都不会有任何变化。

准确地说，具有属种关系的词项之间才存在这样的内涵和外延之间的反变关系。词项的内涵和外延之间的反变关系是对词项进行限制和概括的逻辑基础。根据这种反变关系，我们

---

① 用一个圆圈表示一个概念的外延集这种图解的方法是瑞士数学家欧拉（Leonhard Euler）创立的，故称之为欧拉图解。

可以对具有属种关系的词项进行限制和概括。

一个词项的内涵如果具有多种属性，则可以将其分析为两种或更多的属性。也就是说，如果将被分析的词项看作是类，则可根据其具有的属性将其包含的元素分为若干子类。例如，三角形的类可以划分为三个非空子类：等边三角形、等腰三角形和不等边三角形。被划分为子类的类是属，子类是种。理论上作为种的子类还可以进一步分为更小的子类，在这个层次上，种成了属。所以，“属”和“种”的含义是相对的，同一个类可以是它的子类的属，也可以是它的所从属的更大类的一个种。对于属种关系，可以定义为：

如果词项 S 的外延包含了词项 P 的全部外延，并且 S 的外延大于 P 的外延，即 $S \not\subset P$ 但 $P \subseteq S$，则 S 和 P 之间就是属种关系。显然，“S 和 P 是属种关系”与“P 和 S 是种属关系”是一回事，如图 2-2 所示：

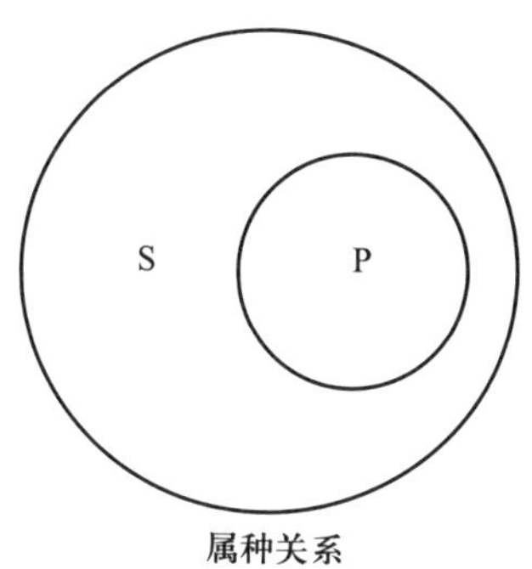

图 2-2　属种关系的欧拉图解

具有属种关系和种属关系的两个词项中，外延较大的词项称为属词项，外延较小的词项称为种词项。种词项具有属词项的共性，又具有和其他种词项相区别的特有属性。正是因为具有共性，所以种词项的外延包含在属词项的外延之中；因为具有特有属性，各个种词项又各自区别开来。例如，“盗窃罪”和“侵占罪”都属于侵犯财产罪，因此都具有侵犯财产罪的性质，都是侵犯财产罪的种概念；但它们又都具有各自的特有属性，因此是不同的种概念，具有不同的罪名。

词项的限制就是通过增加词项的内涵以缩小词项的外延，使一个词项从外延较大的属词项过渡到外延较小的种词项的方法。也就是说，词项的限制，是由类到类所包含的元素，或者由大类到它所包含的小类。如上述实例中，从“犯罪”到“侵犯财产罪”，再到“盗窃罪”，就是对法律概念进行限制的过程。

词项的限制可以连续进行，限制的极限是单独词项。因为单独词项指称的对象只有一个，所以是外延最小的词项，因此无法再进行限制了。

对词项进行限制的主要意义在于，可以使词项指称的对象更为清楚、准确。显然，从属词项限制到种词项，外延更小，所指更为明确。

【例 3】《刑事诉讼法》第 107 条规定：送达传票、通知书和其他诉讼文件应当交给收件人本人；如果本人不在，可以交给他的成年家属或者所在单位的负责人员代收。

这段法条中，用“成年”对“家属”加以限制，构成“成年家属”，这样指称的对象更为清楚，表述更为准确。

词项的概括就是通过减少词项的内涵以扩大词项的外延，使一个词项从外延较小的种词项过渡到外延较大的属词项的方法。词项的概括和词项的限制正好相反，是对具有属种关系的词项间的反向操作。也就是说，词项的概括，应该由元素到元素所属的类，或者由小类到包含它的大类。例如，从“投毒罪”到“危害公共安全罪”，从“侵权行为”到“违法行为”，都是对法律概念进行概括的过程。

词项的概括也可以连续进行，概括的极限是论域，因为论域是讨论问题时外延最大的属词项。哲学范畴是某一领域内最大的类，所以，外延概括到哲学范畴，就不能再进行概括了。

对词项进行概括的主要意义在于，有助于认清词项所归属的论域。因为对词项概括的过程，就是由种词项向属词项过渡的过程，即对种词项进行归类的过程。通过对词项的层层概括，可以使我们认识到被概括词项与它所属的属词项共有的性质。

【例 4】某案件盗窃的不是财物，而是“技术秘密”，那么构成盗窃罪吗?

这里，首先要弄清楚“技术秘密”是否属于刑法上的“盗窃罪”所指的“物”这一客体。我们要思考关于“技术秘密”的问题，就应思考它所具有的更为一般的性质，即它属于“信息”，而“信息”可以归为一种特殊的“物”。通过这样的逐层概括，即可使我们思考清楚“技术秘密”所具有的最一般的性质。

三、词项的种类

根据不同的标准，可以将词项进行不同的分类。通过不同的分类，可以从不同的角度认识词项的性质和特征。

（一）单独词项和普遍词项

根据词项外延的大小，即指称的对象数量的不同，将词项分为单独词项、普遍词项和空词项。

单独词项是指其外延指称某一特定对象的词项。例如：“中国”“2008 年 5 月 12 日”“世界上最高的山峰”“中华人民共和国宪法”等，这些词项的外延都是只包含一个对象，所以都是单独词项。单独词项所指称的外延范围相当于集合中的单元集。

普遍词项是指其外延指称一个对象的类的词项。例如：

【例 5】大学生都是青年人。

上述实例中的“大学生”和“青年人”都是包含多个对象的类，所以都是普遍词项。普遍词项所指称的外延范围相当于集合中的多元集。

一个特殊的种类是空词项。空词项的外延没有元素，或者说其内涵所述的属性的对象不存在。例如前述“孙悟空”就是一个有内涵但没有外延的空词项。再如“过失放火罪”也是空词项，因为不存在“过失放火罪”这样的犯罪行为，这个词项的外延没有任何元素。在刑法中，“过失”是指过失犯罪，“放火罪”则是故意犯罪，不存在这样一种行为，它既是过失犯罪，又是故意犯罪。所以，词项“过失放火罪”的外延没有元素。空词项所指称的外延范围相当于集合中的空集。

（二）集合词项和非集合词项

大部分普遍词项可以在两种不同的意义上使用：既可以在集合意义上使用，也可以在非集合意义上使用。在集合意义上使用的词项称为集合词项，也称为词项的“汇集式”用法；

在非集合意义上使用的词项称为非集合词项，也称为词项的“分布式”用法。①

集合词项的外延以该词项所指称的类作为元素。非集合词项的外延以该词项所指称的类所包含的任意个体作为元素。如本节【例2】：

（1）人是由猿进化而来的。

（2）人是有理性的。

（1）中的词项“人”是在集合意义上使用的，因为它所谓“由猿进化而来的”，所指是“人类”，而不是组成人类的任意个体；（2）中的词项“人”是在非集合意义上使用的，因为它所谓“有理性的”，所指是人类中的任意个体。再如：

【例6】（1）自然数无穷无尽。

（2）自然数是有理数。

（1）中的“自然数”是集合词项，因为它所谓“无穷无尽”是指“自然数”是无穷集，是“自然数”这个集合的性质；（2）中的“自然数”是非集合词项，因为它陈述了自然数集是有理数集的子集，每一个自然数集的元素都是有理数集的元素。

（三）肯定词项和否定词项

根据词项是否含有否定词，将词项分为肯定词项和否定词项。

肯定词项是不含否定词的词项。它肯定词项所指称的对象具有某种属性。例如“成年人”“正常死亡”“有效合同”等。

否定词项是含有否定词的词项，其所指称的对象具有某种属性。否定词项总是与肯定词项相对应而言的，例如与上述肯定词项相对应的否定词项是“未成年人”“非正常死亡”“无效合同”等。

当具体使用一个词项的时候，总是在一个确定的对象范围内，这个确定的对象范围称为论域。例如，当谈到“成年人”和“未成年人”的时候，是在“人”这个论域内；当谈到“合法”和“不合法”时，是在“行为”这个论域内；当使用“偶数”和“奇数”时，是在“自然数”的论域内；而使用“有理数”和“无理数”时的论域则扩大到了“实数”。也就是说，肯定词项和它相对应的否定词项共同构成一个类，这个类就是这两个词项共同的论域。

明确词项的论域有助于正确理解词项的外延。特别是否定词项，如果论域不明确，就无法清楚地知道词项所指称的对象范围。

严格地说，一个词项是单独的、普遍的、还是空的，是集合词项还是非集合词项，是肯定词项还是否定词项，都不能抽象地确定，要在具体的语境中考虑。因为大多数语词是多义的，因此当我们运用语词表达词项时，会用同一个语词表达多个词项，以致这些不同词项的语言形式却是一样的，所以只有在具体的命题中才能确定它们的外延，才能辨别它们是何种词项。

---

① ［美］欧文·M. 柯匹、卡尔·. 科恩：《逻辑学导论》（第13版），张建军、潘天群、顿新国等译，中国人民大学出版社2014年版，第179页。

四、定义

（一）定义的用途和结构

定义是对词项的含义加以解释或者说明的表达式。

当我们在论证中使用的词项含义模糊不清时，通过定义可以最小化这种模糊，消除由此引发的争议，或者使论证双方可以在共同的意义上使用同一语词或者概念。定义既可以通过揭示词项的特有属性来明确内涵，也可以通过指明词项所包含的对象范围来明确外延。

【例7】（1）刑法是关于犯罪和刑罚的法律。

（2）大辟是我国隋朝以前对死刑的通称。

（3）根据犯罪的主观方面，犯罪分为故意犯罪和过失犯罪。

（1）揭示了“刑法”这一法律概念的特有属性，明确了刑法的内涵，从而将刑法和其他法律概念区分开来；（2）说明了“大辟”这一语词的特定含义，从而明确了大辟这一概念的意义；（3）将“犯罪”这一属概念划分为故意犯罪和过失犯罪两个种概念，增加了概念的内涵，从而使犯罪概念的含义更加丰富、具体。

定义由被定义项、定义项和定义联项三个部分组成。

被定义项是含义需要解释或者说明的词项。如上例（1）中的“刑法”，（2）中的“大辟”，（3）中的“犯罪”。被定义项通常用 Ds 表示。

定义项是用来解释或者说明被定义项含义的表达式。如上例（1）中的“关于犯罪和刑罚的法律”，（2）中的“我国隋朝以前对死刑的通称”，（3）中的“故意犯罪和过失犯罪”。定义项通常用 Dp 表示。

定义联项联结被定义项和定义项，表明被定义项与定义项之间的定义关系。通常用“是”“即”“就是”“是指”“当且仅当”等表示，在数学、逻辑学等形式化较强的学科中，定义联项通常用“=df”表示。

标准的定义的公式是：Ds 就是 Dp 或者 Ds=dfDp。

定义是一种常用的逻辑方法。人们在表达思想、交流观点、辩论问题时，常常需要明确所使用语词或者概念的含义或所指。在科学研究工作中，常常要使用定义方法来建立和巩固新的概念和术语。在立法工作中，往往需要对所提出的法律概念进行解释。实际上，定义贯穿了每一部法典的始终。

（二）定义的方法

根据定义明确的是词项的外延还是内涵，可以将定义分为外延定义和内涵定义两种。

1. 外延定义

外延定义是解释或说明被定义词项的外延。

指出被定义词项所指称的对象可以说是最直接有效的外延定义。例如，根据《刑事诉讼法》第108条第（6）项的规定：

【例8】刑事诉讼中的近亲属包括夫、妻、父、母、子、女、同胞兄弟姊妹。

有些语词的含义在日常语言的交流中不需要加以解释，而在法律活动中，为保证对法律条文的理解没有歧义，经常需要对所使用的语词的含义加以说明。例如，“父母”是日常语言中的一个常用的语词，人们在日常交流中是不需要加以解释的，而在法律条文中经常需要对这样的语词加以说明。如我国《民法典》作了这样的说明：

【例 9】本编所称父母，包括生父母、养父母和有抚养关系的继父母。

如果要定义的是普遍词项，因为外延的范围太大，甚至数量是无穷的，所以要指出所有对象是不可能的，这种情况下也可明确词项的部分外延，把不能或不需要明确的部分省略，只将需要的对象列举出来，并在后面加上“等”或省略号，以示未尽。

【例 10】行政处罚的种类有警告、罚款、没收违法所得、没收非法财物、责令停产、停业、暂扣或吊销许可证、执照等。

根据需要只列举出部分外延虽然是实用的，但是作为定义其含义是不完全的。

对于普遍词项，还可以通过将词项所指对象的外延分类的方式明确，也就是通过子类来定义。

【例 11】人民法院分为最高人民法院、地方各级人民法院、专门人民法院。

因为词项具有多种属性，选取不同的属性，就会得到不同的子类。因此，同一个词项可以得到多个不同的外延定义。例如，根据以下几个方面的属性明确“法律”的外延：

【例 12】（1）根据法律规定的内容不同，法律可以分为实体法和程序法；

（2）根据法律制定的主体和适用范围不同，法律可以分为国际法和国内法；

（3）根据法律创立和表现形式不同，法律可以分为成文法和不成文法；

（4）根据法律的效力范围，法律可以分为一般法和特别法。

通过这样分类的方法定义外延，虽然外延的列举是全面的，但是缺陷也是很明显的，因为很难达到充分刻画被定义词项的目的。例如：

【例 13】节肢动物包括三叶虫亚门、螯肢亚门、甲壳亚门、六足亚门、多足亚门等五个亚门。

虽然通过上述定义明确了“节肢动物”的全部的子类，但是关于“节肢动物”这一词项的含义仍然没有得到明确，因为对它的理解还需依赖对它的子类的定义。

外延定义也可用于简化语言表达。在法律条文中，当提及一个新的对象，对其描述的表达式又比较冗长时，就需要对其规定一个简称以便其后提及。例如：

【例 14】我国 2016 年《中外合资经营企业法》在提及“外国公司、企业和其他经济组织或个人”时规定，“以下简称外国合营者”。

上述法规将“外国合营者”规定为“外国公司、企业和其他经济组织或个人”的简称，相当于对一个新的法律概念“外国合营者”规定了一个定义。

2. 内涵定义

内涵定义是解释或说明被定义词项的内涵。词项的内涵是指词项所指谓的对象的特有属性。

内涵定义主要有两种类型：语词定义和属加种差定义。

在日常语言中大多数语词的含义不是唯一的，为了避免歧义，需要明确语词在不同领域的准确含义。在某些特定的情形下，人们需要对某些原有的语词的含义作出精确的规定。法律活动的严肃性要求法律概念的建立和使用都应非常精确。因此，一般需要对用于表述法律概念的语词加以解释。例如，《民法典》第 40 条关于“失踪人”的规定：

【例 15】公民下落不明满二年的，利害关系人可以向人民法院申请宣告该自然人为失踪人。

日常使用中，“失踪人”不需定义一般人都可以理解，但法律意义上的“失踪人”需要给出精确定义以便适用。

日常语言中的一些意义含混的语词，直接用于法律规范就会产生歧义，造成适用上的不明确。例如，汉语中的“以上”“以下”“以内”“届满”等可以理解为包括本数，也可以理解为不包括本数。对此，《民法典》第1259条规定：

【例16】民法所称的“以上”、“以下”、“以内”、“届满”，包括本数；所称的“不满”、“超过”、“以外”，不包括本数。

有些词的含义一般情况下是明确的，无须解释，但在某些特定的场合下却需要加以规定。例如，“发明”是一个人们熟知并经常使用的词，但在某些法律条文中却需要作出具体规定。国务院于1993年颁布的《发明奖励条例》曾对“发明”一词的含义作了如下规定：

【例17】本条例所说的发明是一种重大的科学技术新成就。它必须同时具备下列三个条件：(1) 前人所没有的；(2) 先进的；(3) 经过实践证明可以应用的。

条例对“发明”一词的解释是就特定场合所作的规定，而不是该词一般通行的解释。

随着社会的变化与发展会不断出现新的语词，这就需要对其规定一个确定的含义，以便人们在语词的使用过程中有共同的理解。例如，教育部于2006年在其官方网站发布了《中国语言生活状况报告（2006）》，列出了171条汉语新词语选目，如“灰色技能”“裸考”等，很多语词的确切含义一般人并不清楚，所以需要对它们加以解释。

规定的语词定义所规定的语词，在一定时期内可以看作是一种规定，人们按照这个规定来使用这个词。当这个词成为通用词以后，对其词义的解释就可被看作语词说明的语词定义了。例如，在时代发展的过程中新出现的一些语词，如“内卷”“佛系”“数字人民币”等都已经成为通用词汇了，对其含义的解释已由出现时的规定转化为说明了。

属加种差定义是内涵定义中应用最广泛的一种。本节在下面对这一方法的特征及正确定义的规则进行较为详细的分析。

五、属加种差定义

（一）定义的特征

属加种差定义可以用公式表示为：

被定义项 = df 种差 + 邻近属

属加种差的定义用于定义普遍词项。如前所述，一个词项的内涵如果具有多种属性，则可以将其分析为两种或更多的属性。也就是说，如果将被分析的词项看作类，则可将具有多个元素的类根据某种属性将其包含的元素分为若干子类。由于一个类就是具有某些共同性质的对象的汇集，所以给定的属的所有元素都具有某些共同性质。这个属可以分成不同的种或子类，因此每个种或子类的所有元素都具有更进一步的共同属性，而这些共同属性却不为任何其他种或子类的元素所共有。这些属性可以将它们与该属的任何其他种的元素区分开来。那些用来区分它们的属性叫作“种差”。如本节【例7】(1)：

刑法是关于犯罪和刑罚的法律。

就是属加种差定义，其中，“刑法”是属，“关于犯罪和刑罚”是种差。

一个词项的属往往是多层次的。给词项下定义时，一般是选择被定义项最邻近的属。但“邻近的属”是相对而言的，选择哪个外延较大的词项作为属，要根据定义的具体要求而定。

而种差应该选择那些可以把被定义项所反映的事物与该属的其他种事物区别开来的特有属性。选择种差时应考虑两点要求：第一，运用种差把被定义项与邻近属中的其他种区别开来；第二，运用种差增加邻近属的内涵以缩小邻近属的外延，使被定义项外延与定义项外延范围相同。

（二）定义的类型

由于事物的属性是多方面的，对同一事物从不同的角度去看，就可以形成不同的特有属性。因而在不同的科学领域，人们可以从不同的方面揭示被定义项所反映对象的特有属性，从而形成不同的种差，建立不同的定义。

根据种差不同特征，可以将属加种差定义分为四种不同的类型：

1. 性质定义。种差是事物的性质特征。

【例 18】宪法是规定国家性质、政治制度、经济制度、国家机构以及公民的基本权利和义务等重要内容的根本大法。

2. 发生定义。种差是事物发生、形成的特征。

【例 19】犯罪中止是指在犯罪过程中，自动放弃犯罪或者自动有效地防止犯罪结果发生的行为。

3. 功用定义。种差是事物的功能特征。

【例 20】主犯是组织、领导犯罪集团进行犯罪活动的或者在共同犯罪中起主要作用的罪犯。

4. 关系定义。种差是事物间的关系特征。

【例 21】中华人民共和国领海的外部界线为一条其每一点与领海基线的最近点距离等于 12 海里的线。

属加种差定义虽然是常用的定义方法，但也有一定的局限性，对于最大类概念就不能用这种方法下定义。因为最大类概念外延最广，没有比它外延更大的属概念。如哲学范畴就不能用这种方法下定义。对某些单独概念，也不适合用属加种差定义。有的单独概念所反映的个体事物具有多重属性，难以找到种差来刻画。

（三）定义的规则

通过属加种差方法构建一个好的定义绝非容易的事情。不仅需要具备所定义词项的相关知识，还要能够从获得的知识中选取适当的属，识别出最有价值的种差。通过属加种差构建定义的过程需遵循以下五条规则。

1. 定义不能循环。这条规则要求：定义项中不能直接或间接地出现被定义项。因为被定义项本身的内涵是不清楚的，需要通过定义来明确。如果定义项中直接或间接地出现被定义项，等于用被定义项来说明被定义项自身，这样被定义项的内涵并没有得到揭示。违反这一要求导致的错误是“循环定义”。

一个结构正确的定义，被定义项不能在定义项中直接出现，违反这一要求的错误称为直接循环定义。定义项中直接包含被定义项，通常表现为只是改变了被定义项的语词表达结构。

【例 22】贪污罪就是因为贪污而构成的犯罪。

通过这个定义，我们得不到关于贪污罪的任何特定的知识。

直接循环定义的错误是容易察觉的，而间接循环定义的错误则具有一定的隐蔽性。它的形式是用语词 B 来定义语词 A，而语词 B 又终要回到 A 来定义。

【例 23】所谓孳息是从原物产生出来的收益的物质形态；所谓原物就是产生孳息的物。

“孳息”和“原物”这两个法律概念的定义是互相依存的，用原物为孳息下定义，又用孳息为原物下定义，结果是这两个概念的内涵都没有揭示出来。

2. 定义既不能过宽也不能过窄。这条规则要求：定义项所陈述的范围与被定义项所陈述的范围应当相同，即定义项的外延和被定义项的外延应该相等。违反这一要求导致的错误是“定义过宽”或“定义过窄”。

如果定义项的外延所包含的对象范围大于被定义项的外延范围，表明该定义中寻找的种差不准确，没有找到将该定义中的词项与其他词项区分开来的特有属性，这样的种差还包括了不属于该定义范围的其他对象。这种错误称为“定义过宽”。

【例 24】刑法是关于违法行为的法律。

定义项“关于违法行为的法律”的外延不仅包括刑法，还包括民法、行政法等其他法律，范围大于“刑法”的外延。这一定义并没有揭示出刑法的特有属性。

如果定义项的外延小于被定义项的外延，这表明该定义中寻找的种差也不准确，该种差只为该定义中部分对象具有。这种错误称为“定义过窄”。

【例 25】刑法是关于犯罪的法律。

刑法不仅是“关于犯罪的法律”，也是“关于刑罚的法律”。这个定义中的定义项“关于犯罪的法律”，外延小于被定义项“刑法”的外延。这样的定义，对刑法的特有属性的揭示是不完整的。

3. 定义应当用肯定形式。这条规则要求：给肯定词项下定义要用肯定命题表达。因为定义的目的就是要说明被定义项具有何种含义，而不是说明它不具有何种含义。就绝大多数词项而言，其不具有的含义是非常多的，举出再多的不具有的含义，也不能说明它具有的含义是什么。违反这一要求导致的错误是“定义离题”。

【例 26】累犯不是初次犯罪的人。

这样的定义并不能使我们真正了解累犯的含义。

不过，这一要求并不是绝对的。如果被定义项是否定词项，其本身就是以缺乏某种属性为特征，所以定义项中就必然要出现否定词。

【例 27】非正式解释就是在法律上没有约束力的解释。

4. 定义必须用明确清晰的语言表述。这条规则要求：

（1）定义应当用含义清晰、明确的语词表达，不应使用含混、有歧义的语词。定义的目的是解释被定义项的含义，含混的语言不能解释清楚词项的含义，有歧义的语词会引起误解。这些情形都会导致被定义项的含义没有得到解释。违反这一要求导致的错误称为“定义含混”。

【例 28】探究就是由人控制和指导的转换。

上述关于“探究”的定义中，出现在定义项中的语词“转换”的含义是不明确的。通过这样的定义，我们并没有得到关于“探究”的更清晰的解释。

（2）不应用比喻作为定义。比喻虽然富有形象性和启发性，但它不能直接、准确地揭示出被定义项的特有属性。比喻不是定义。违反这一要求导致的错误称为“用比喻代定义”。

【例 29】数学是科学中的皇后，而哥德巴赫猜想是皇冠上的宝石。

这样的比喻虽然形象地说明了数学在科学中的地位和哥德巴赫猜想在数学中的重要位置，但是我们并不能因此得知数学是关于什么的科学，以及哥德巴赫猜想又是关于什么问题的假说，通过这样的比喻，我们对于数学和哥德巴赫猜想这两个词项的含义仍然一无所知。

第五节　法律概念的意义

美国法学家博登海默（Bodenheimer）说：“法律概念乃是解决法律问题所必需的和必不可少的工具。没有限定严格的专门概念，我们就不能清楚地和理性地思考法律问题。没有概念，我们便无法将我们对法律问题的思考转变为语言，也无法以一种可理解的方式把这些思考传达给他人。如果我们试图完全否弃概念，那么整个法律大厦将化为灰烬。”①

1. 法律规范是一套规则体系，也是一套概念体系。要正确理解法律规范，就要正确理解法律概念。

法律规范的适用范围、构成要件和法律效果，都是通过法律概念来表述的。因此，要正确掌握法律，必须先正确掌握法律概念。例如，《消费者权益保护法》第 55 条前半句规定：

【例 1】经营者提供商品或者服务有欺诈行为的，应当按照消费者的要求增加赔偿其受到的损失。

其适用范围，是用“消费者”“经营者”“合同”这些概念表述的；其构成要件，是用“欺诈”“行为”“欺诈行为”等概念表述的；其法律效果，是用“赔偿”“损害赔偿”“惩罚性赔偿”等概念表述的。因此，要正确理解和掌握该条，就要先正确理解和掌握上述这些法律概念。

法律规范是一套概念、原则、制度和理论的体系，其基础是一整套有严密逻辑关系的概念。掌握了这套概念体系，并且掌握了每一个法律概念的内涵和外延，就掌握了法律规范的体系。实践表明，法官在裁判中、律师在处理案件中、学者在分析案例中，如果出现失误，往往源于没有准确理解法律概念或者发生了概念混淆。

在司法实践中，司法人员援引法律必须准确理解法律规范自身的含义，对法律条文的理解和适用不能随心所欲，既不能主观地加以扩大，也不能缩小。例如：

【例 2】我国《刑法》第 6 条第 2 款规定：凡在中华人民共和国船舶或者航空器内犯罪的，也适用本法。

要准确适用这一规定，必须准确理解“浮动领土”这一概念。按照这一规定，如果是在一列行驶在俄罗斯领土上的国际列车上发生的刑事案件，就不能算是我国的浮动领土，当然也不能适用我国刑法，否则就是对法律作了主观扩大的解释。

我们必须准确地理解法律概念的内涵及所指称的对象范围，做到规范使用法律概念。例如：

---

① ［美］E. 博登海默：《法理学——法哲学及其方法》，邓正来、姬敬武译，华夏出版社 1987 年版，第 465 页。

【例 3】中国人民银行负责人指出，“商业银行”称谓不得滥用，“房屋银行”“土地银行”“绿色银行”等称谓违反了我国商业银行法。

之所以出现这样的误用，就是因为没有准确地理解我国商业银行法中对“商业银行”这一概念内涵和外延的界定。

2. 法律概念是通过语词来表达的，要准确把握法律概念，就要准确把握表达法律概念的语词的含义。

法律概念不同于日常语言使用中的一般概念，法律概念一般有其专门含义。法律概念也是通过语词来表达的，要准确把握法律概念，就要准确把握表达法律概念的语词的含义，注意和日常语言使用上的区别。某些语词在法律概念和自然语言中都使用，但其含义不完全相同。例如，“人”一词在民法中的含义，就不同于自然语言中所指称的“人”。它在民法中，不仅包括自然人，也包括法人及其他主体。对于法律适用对象来说，在适用和遵守法律时，必须以法律所规定的“人”来理解。某些语词的含义在法律概念和自然语言中完全不同。作为法律概念，在制定、运用和研究法律的语境下，其含义与语词原有的含义无关。例如，“第三人”在日常语境中，是依一定序列而确定的某个人；在法律语言中则专指与法律行为、诉讼标的有关联的第三方。某些语词在自然语言中已经不再使用或不常用，但它却被赋予一个新的法律含义，只在法律的语境中使用。例如，“标的”一词的原意是靶子、目的，但是这些含义均已退化，表达这些含义时不再使用“标的”这个词。“标的”现在只作为法律概念使用，指合同当事人双方权利和义务共同指向的对象，如货物、劳务、工程项目等。

法律规范是司法工作的依据，因此，在法律条文的陈述中，法律概念的内涵和外延必须明确、确定，法律规范的严格性要求，法律语词与它所表达的概念之间应是一一对应关系，既不能混同也不能相互替换。法律规范的语词表述如果不清晰明了、严谨一致，就会造成法律理解与适用上的困难，甚至会严重影响法律的权威性。因此，立法者所使用的法律规范语词应具有严格的确定性、一致性，既不能出现一个语词对应不同的概念及多个语词对应一个概念的情况，更不能出现语词与概念的混乱杂构。以我国《反间谍法》中的“公民”与“个人”的区别使用为例：

【例 4】(1) 任何公民和组织都应当保守所知悉的有关反间谍工作的国家秘密。

(2) 任何个人和组织都不得非法持有属于国家秘密的文件、资料和其他物品。

在此语境下，上述条款中的“公民”和“个人”在含义上没有实质性的差别。如果两个不同的语词表达的是同一个概念，那么用词应该统一起来，以免引起不必要的猜测和误解。所以，立法者应严格界定法律规范语词的含义，达到法律规范语词的含义确定一致。具体地说，就是同一法律概念的表述应用同一语词，不同的法律概念要避免使用同一语词。若同一法律、法规或不同法律、法规中使用同一语词，如无特别理由，应作同一解释；若同一法律概念使用了多个不同语词表述，则应加以统一。这就要求立法者要对法律规范语词的内涵和外延进行准确的分析和界定，以保证法律规范自身确定、一致。

3. 法律概念的表述必须清楚明确，如果不明确，就会造成实施上的困境。

例如，1995 年全国人民代表大会常务委员会《关于惩治违反公司法的犯罪的决定》关于职务侵占罪的规定是：

【例 5】公司董事、监事或者职工利用职务或者工作上的便利，侵占本公司财物，数额较大的，处五年以下有期徒刑或者拘役；数额巨大的，处五年以上有期徒刑，可以并处没收财产。

由于“工作上的便利”这样的规定过于宽泛，导致司法人员对某公司的公共卫生清洁工窃取该公司财务部门的计算机的行为定性的时候发生疑惑：该清洁工能进入公司是利用了“工作上的便利”，他所犯的是盗窃罪还是职务侵占罪？1997 年修改《刑法》时，将关于职务侵占罪规定的“或工作”删去，仅保留了“利用职务上的便利”。经过这样的修改，明确了职务侵占罪的概念。这样，司法人员在上述案例中便可清楚地将该行为排除职务侵占罪的外延。

法律概念需要根据客观情况的变化不断修正完善。例如，2018 年 10 月 26 日第十三届全国人民代表大会常务委员会第六次会议决定对《刑事诉讼法》作出第三次修正。其中将 1996 年修正的该法第 42 条：

【例 6】证明案件真实情况的一切事实，都是证据。

修改为现行的第 50 条：

【例 7】可以用于证明案件事实的材料，都是证据。

对比修改前后的关于“证据”的两个定义：从“一切事实”修改为“材料”，证据的外延更大；从“证明案件真实情况”修改为“可以用于证明案件事实”，证据的表现形式更多；把对证据的审查交给司法机关，公民只需提交材料而无须自己去辨别真伪，对公民的保护力度加大。

【本章知识结构图】

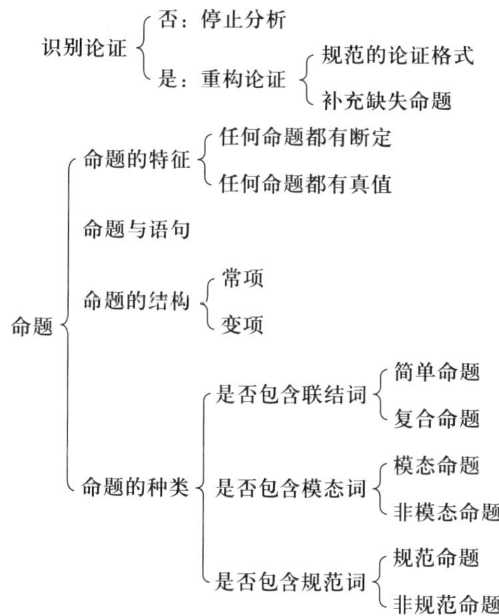

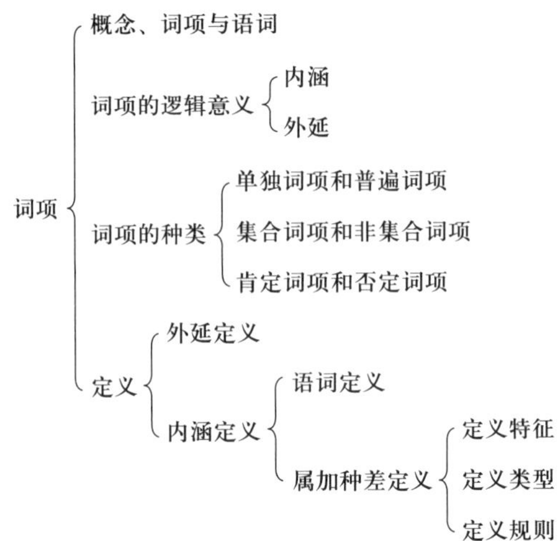

思考题

1. 如何识别一个语段是否包含论证？
2. 如何重构一个论证？
3. 命题的特征是什么？
4. 命题的逻辑结构是什么？
5. 命题的分类方法有哪些？
6. 什么是词项？词项和语词是什么关系？
7. 词项的逻辑意义是什么？
8. 可以从哪些角度对词项进行分类？
9. 什么是定义？定义的方法有哪些？
10. 属加种差定义的规则有哪些？违反这些规则会犯什么错误？

练习题

一、下述陈述是否正确？请回答“是”或“否”。

1. 任何包含论证的语段一定包括一个理由和由该理由所支持的断言。
2. 包含有“因为”“由于”“因此”“所以”等指示词的语段总是论证。
3. 条件陈述不是论证。
4. 因为有的命题的真值无法确定，所以并非任何命题都是或真或假的。
5. 所有命题的形式都可以分析为常项和变项的结构。
6. 空词项有内涵但没有外延。
7. 单独词项可以有集合意义和非集合意义两种不同的用法。
8. 一个定义，如果不是循环定义，就是正确的。
9. 因为比喻的方式非常形象生动，所以可以用比喻作为定义。
10. 定义都是关于词项的含义而非具体事物的解释或者说明。

二、下述语段哪些是论证，哪些不是论证？如果是论证，请指出其结论。

1. 任何长度单位被平方后都成了面积单位。因此，平方尺、平方米、平方公里都是面积单位。

2. 耕作开始时，其他技艺就随之出现。因此农民是人类文明的奠基者。

3. 狮头鹅的头部顶端和两侧具有较大黑肉瘤，肉瘤可随年龄增长而增大，形似狮头，故称狮头鹅。

4. 如果被教唆的人没有犯被教唆的罪，对于教唆犯，可以从轻或者减轻处罚。

5. 如果 x 能被 9 整除，x 就能被 3 整除。已知 x 能被 9 整除。所以，x 能被 3 整除。

6. 有袋类动物的共同特征是都用育儿袋养育后代。所以，袋鼠、袋狼、袋鼬都是有袋类动物。

7. 如果限制干细胞研究，那么未来的治疗将无法实现。如果未来的治疗无法实现，那么得了绝症的人还会像现在一样充满绝望。所以，如果限制干细胞研究，那么得了绝症的人还会像现在一样充满绝望。

8. 对待文化遗产应采取批判继承的态度。对待文化遗产的态度，要么是全盘继承，要么是虚无主义，要么是批判继承。全盘继承，不分精华和糟粕，不能推陈出新，文化不能发展；虚无主义，割断历史，违背文化发展的规律，文化同样不能发展；只有批判继承，才符合物质辩证发展的法则，扬弃糟粕，吸取精华，促进文化繁荣。

三、将下述论证中缺失的命题补充上，使论证成为完整的论证形式。

1. 地震是可以预报的。因为地震是一种自然现象，是有规律的。

2. 因为已经发生的罪行不能被取消，所以，惩罚罪行不是因为罪行已经发生，而是为了不发生新的罪行。

3. 政府竟然认为冰是一种“食物制品”，这就意味着南极洲是世界上最主要的食物生产基地之一了。

4. 某辩护人为被告人辩护说：“被告人伤害被害人不是故意的，因为被告人与被害人素不相识、彼此无仇。”

5. 一位富翁相信金钱万能，认为世界上的一切都能用金钱买到。在一次晚会上，萧伯纳正在专心地想自己的心事，这位富翁走过来说：“萧伯纳先生，我想出一美元，来打听您在想什么。”

萧伯纳回答说：“我想的东西不值一美元。”

富翁好奇地问：“那么您究竟在想什么呢？”

萧伯纳回答道：“我想的就是您！”

6. 歇洛克·福尔摩斯在他的一次著名的侦探活动中，得到一顶旧毡帽。虽然福尔摩斯不认识帽子的主人，他还是告诉了华生医生关于这顶帽子的主人的许多事情，其中之一就是此人的智力水平较高。

照例华生医生看不出福尔摩斯的这一断定有什么根据，所以他要求证明。作为回答，福尔摩斯把毡帽往头上一扣，它滑过额头架在鼻梁上，“这是一个立体容积的问题”，他说，“一个脑袋这么大的人，里面必定有货”。

四、分析下列命题形式，指出其中哪些是逻辑常项，哪些是逻辑变项。

1. 所有恒星都是自身发光的天体。
2. 有法不依，则有法亦同无法。
3. 有些动物是夜行动物。
4. 一切物体都不是静止的。
5. 如果他有一个好律师，那么他会被宣判无罪。
6. 只有通过更多的争辩，才能获得更多的认同。
7. 上海是人口密度很大的城市，深圳更大，但是香港最大。
8. 判决不当，或者是事实认定错误，或者是法律适用错误。

五、指出下列各语句中，标有横线的词项是单独词项还是普遍词项。

1. 人民法院是国家的审判机关。
2. 联合国有 100 多个成员国。
3. 亚洲是面积最大的洲。
4. 动物是人类的朋友。
5. 每个学生每学期限选八门课。
6. 没有人能够完全辞达其意，也很少有人能够辞尽其意。

六、指出下列各语句中，标有横线的词项是集合词项还是非集合词项。

1. 人贵有自知之明。
2. 书是知识的海洋。
3. 鲁迅的小说不是一天就能读完的。
4. 鲁迅的小说最长不过 3 万字。
5. 法学专业的学生未来就业范围很广。
6. 中华人民共和国公民在法律面前一律平等。

七、指出下列定义是外延定义还是内涵定义。

1. 共同犯罪是指二人以上共同故意犯罪。
2. 1 升定义为边长为十分之一米的立方体的容量。
3. 根据解释主体和法律效力的不同，将法律解释分为正式解释和非正式解释。
4. 本法所称司法工作人员，是指有侦查、检察、审判、监管职责的工作人员。
5. 诉讼代理人是指以当事人的名义，在一定权限内，代理当事人进行诉讼活动的人。
6. 诉讼代理人可以是法定代理人，可以是指定代理人，也可以是委托代理人。
7. 著作权包括下列人身权和财产权：发表权、署名权、修改权、保护作品完整权、使用权和获得报酬权。
8. 著作权法所称作品，指文学、艺术和科学领域内，具有独创性并能以某种有形形式复制的智力创作成果。
9. 论理解释就是按照立法精神，联系有关情况，从逻辑上所作的解释。论理解释分为三种，即当然解释、扩张解释和限制解释。
10. 刑事诉讼证明是指国家公诉机关和诉讼当事人在法庭审理中依照法律规定的程序和要求向审判机关提出、运用证据阐明系争事实，论证诉讼主张的活动。

八、分析下列属加种差定义有何逻辑错误。

1. 基础是指那种作为基础的东西。
2. 累犯是非初次犯罪的人。
3. 失败是成功之母。
4. 国际法不是国内法。
5. 法院是国家的司法机关。
6. 刑法是关于刑罚的法律。
7. 所谓分析，就是分析事物的矛盾。
8. 诚实就是不欺骗的品质。
9. 伪善是邪恶对美德表达的敬意。
10. 原因是指导致某种结果的东西，结果是指由某种原因引起的东西。

【练习题参考答案】

第三章　非形式谬误

【本章导读】

本章讲述了非形式谬误。谬误是指有缺陷的论证模式。谬误的产生，或者源于论证中所运用的推理的错误，或者源于论证中语言表达的错误。通常可以将谬误分为形式的和非形式的。形式谬误仅影响演绎论证。相较于形式谬误，非形式谬误是更为常见也更为复杂的谬误。非形式谬误可能影响演绎论证，也可能影响归纳论证，总是使论证不能为结论提供理性的支持。所以，识别非形式谬误也是逻辑学非常重要的任务。要识别谬误，将谬误分类是有价值的方法。这里讲述的分类方法，分类的根据是论证的结构，谬误种类选择的目标是帮助识别日常生活及法律论证中常见的非形式谬误，将非形式谬误分为相干性谬误、不当归纳谬误、预设谬误、含混谬误等四大类。

第一节　研究谬误的意义

一、谬误概述

谬误是指有缺陷的论证模式。谬误的拉丁术语是“推不出”（non sequitur）。

建立可靠的论证或者提供可信服的论证是逻辑学的任务。但是，实际的论证有可能因不满足有效性和可靠性等演绎论证的规则而出错，也可能因不合乎可信服性和归纳强度等归纳论证的原则而出现问题。

为此，逻辑学不仅要建立正确论证的规则，还要研究有缺陷的论证模式，识别谬误的种种表现。谬误值得研究，不仅因为凡是谬误都不能支持其结论，而且因为谬误往往具有误导性。这样的误导性有可能是难以察觉的，如果不深入分析，可能会认为这样的论证没有问题。深入思考可以帮助我们形成清晰的认识，提高思维的敏感度，发现其中的问题，使我们不易受到错误论证的误导。

二、形式谬误与非形式谬误

谬误或者源于论证中所运用的推理的错误，或者源于论证中语言表达的错误。通常可以将谬误分为形式谬误和非形式谬误。

形式谬误是发生在如下论证中的一种错误：这些论证看起来是某种有效推理形式的实例，但实际上并不符合有效式的形式特征，都是违反推理规则的，所以是无效的。如果一个论证违反推理形式规则，就是在错误地进行推理，这样的错误论证称为论证中的形式谬误。例如下面这个论证：

【例 1】如果死者是服砒霜中毒死亡的，那么尸体内一定有砒霜的残余物质。

现查明本案死者尸体内有砒霜的残余物质。

所以，本案死者一定是服砒霜中毒死亡的。

尽管上述推理中的案件死者事实上有可能死于砒霜中毒，但这一点不能由上述推理必然推出。这个推理的形式是演绎推理中典型的形式谬误，经常出现在不同的论证场合。为了标识和预防同样的错误，将这种错误命名为肯定后件式。根据这样的形式，即使推理的前提都是事实，也不能保证结论是符合事实的。

在宽泛的意义上，所有推理形式上的错误都可以称为谬误。这样的谬误，只要通过检查论证中运用的推理形式就可以识别出来。需要强调的是，形式谬误仅影响演绎论证。在运用演绎推理进行论证时，凡是不符合演绎推理有效式的推理形式都是形式谬误，对这类谬误的识别，只需分析论证中的推理形式。本书在第四章和第五章中会详细讲述这些典型的形式谬误。

不过，相较于形式谬误，非形式谬误是更为常见也更为复杂的谬误。非形式谬误可能影响演绎论证，也可能影响归纳论证，总是使论证不能为结论提供理性的支持。非形式谬误的发生可能是因为没有能够正确理解和运用事物之间联系的知识，也可能由于对语言的错误运用。所以，要识别这样的谬误，不仅需要考察论证的形式，还需要考察论证的内容。例如下述实例：

【例 2】自然数是无穷无尽的，

1 是自然数。

所以，1 是无穷无尽的。

如果忽略论证中“自然数”的两次出现含义的不同，这个推理是符合推理规则的。但是如果考察推理的内容，会发现第一个前提中“无穷无尽的”是自然数的整体性质，是“自然数”集合意义的使用；而第二个前提中的“1”指的是具体的自然数，是“自然数”非集合意义的使用。使用的意义不同，则这两个前提中的“自然数”实质上是两个不同的词项。这个论证的错误就是使用语言含混所导致的推理错误。要识别这样的论证错误，就必须分析论证的内容。

自古至今，论证者为了达致某种目标，创造了花样繁多的各种非形式谬误。有的谬误通过引发对方的情感如恐惧、同情等激发对方接受结论；有的谬误利用对方思维的惰性，如盲目崇拜权威或者明星，从而引导对方不加思考地接受结论；有的谬误将某种观点和观点持有者的品行相捆绑，从而促使对方接受某个结论。这些谬误往往非常有迷惑性，对正确论证很有破坏力。如果了解这些错误的模式，就会容易识别论证中的错误，少受错误论证的误导，或者自己在建立论证时能够对可能出现的谬误有所警觉。所以，识别非形式谬误也是逻辑学非常重要的任务。亚里士多德在《辩谬篇》中指出：“在某个特殊领域里有知识的人，其职责就是避免在自己的知识范围内进行荒谬的论证，并能够向进行错误论证的人指出错误所在。”[①] 逻辑学家弗雷格（Frege）认为，逻辑学家的任务之一就是“说明由语言带来的主体思维方式上的陷阱”。所以，我们一方面要研究正确论证的规律、规则，另一方面也要对错误的论证有清楚的认识和了解。

---

① 苗力田主编：《亚里士多德全集》第 1 卷，中国人民大学出版社 1990 年版，第 552 页。

要识别谬误，将谬误加以分类是有价值的方法。早在古希腊亚里士多德时期，逻辑学家们就开始尝试对各种非形式谬误进行分类。亚里士多德本人在《辩谬篇》中详细讨论了 13 种非形式谬误，并把它们分为两类：6 种关于言辞的谬误和 7 种超出言辞的谬误。以后不同历史时期的许多逻辑学家区分出了更多的谬误，但对谬误分类的研究也更加困难。

由于识别非形式谬误需要分析语言中的含混或者歧义，以及需要依赖相关的具体知识，所以非形式谬误比形式谬误更加难以识别；非形式谬误的表现非常复杂多变，很难用一个统一的标准进行分类；另外，一个具体的论证可能会包含多个谬误，这也增加了分类研究的困难。这里讲述的分类方法，分类的根据是论证的结构，谬误种类选择的目标是帮助识别日常生活及法律论证中常见的非形式谬误，将非形式谬误分为相干性谬误、不当归纳谬误、预设谬误、含混谬误等四大类。

第二节　相干性谬误

相干性谬误的表现形式多变且复杂。在该类谬误中，论证所依据的前提与其意图支持的结论不相干，但却被构造成相干的。前提与结论不相干，那就不构成对结论的支持。在这样的论证中，前提与结论虽然没有逻辑上的联系，但是却可能有心理方面的联系，论证者主要通过影响人的情绪来达到论证的目的。

相干性谬误主要表现为诉诸暴力、诉诸人身、诉诸情感、诉诸众人、稻草人、转移话题等。

一、诉诸暴力

在论证中，论证者威胁、强迫他人接受其论点，所谓“强权即真理”，就是诉诸暴力的表现。这种威胁或强迫显然和理性无关，因此用威胁、强迫的方法来强迫他人接受其结论很难算是一种论证。诉诸暴力有可能对他人造成身体上的伤害，也可能对他人造成心理上的伤害。诉诸暴力所依赖的暴力不一定是武力，也可能是言语的威胁，甚至可能是某种暗示。

【例 1】秦末赵高要作乱，恐怕群臣不听从他，就献给秦二世一只鹿，硬说是马，让左右的人回答。左右的人很怕赵高，有的沉默不语，有的随之称马来阿谀他。

赵高为了强化自己的权威，通过暴力威胁强迫他人接受自己的荒唐结论。“指鹿为马”是典型的诉诸暴力的实例。

【例 2】鲁迅在《略谈香港》一文中，曾谈到这样一个事实：

“在香港时遇见一位某君，是受了高等教育的人。他自述曾因受屈，向英官申辩，英官无话可说了，但他还是输。那最末是得到严厉的训斥，道：‘总之你是错的，因为我说你错！’”

在理屈词穷的情况下，英官只得以权压人，强迫他人接受判决。

在网络时代，出现了一种新的诉诸暴力的形式即网络暴力。当一个人遭遇网暴时，虽然没有与施暴者面对面交流，但仍然能够通过网络语言感受到威胁和恐惧。如果通过网暴的方式强迫他人接受某种结论，就构成了诉诸暴力谬误。

通过诉诸暴力威胁、强迫他人接受结论，这个所谓的论证不仅推理过程不具合理性，而且推理的前提实际上也是缺失的。

二、诉诸人身

在论证中，不是针对立论者的论点进行论证，而是针对立论者的品行、出身、职业、外貌、地位等与论题无关的因素进行评价、攻击。这一谬误也称为“反对那个人的论证”，论证针对的不是立论者的论题，而是立论者。诉诸人身谬误主要表现为诽谤和背景谬误。

【例 3】北宋邵伯温假托苏洵之名，写了一篇攻击王安石的文章《辨奸论》。他的论题是：王安石是奸臣。本应列举奸佞不轨的论据来进行论证，但作者对此不着一字，却攻击王安石“衣臣虏之衣，食犬彘之食，囚首丧面”。

这种对王安石的人身攻击，与“王安石是奸臣”这一论题的真假没有逻辑上的关联，因此是不相干的论据。这种通过攻击、诋毁他人人格的方式不仅不能达到论证的目的，而且犯了诽谤的谬误。

【例 4】托马斯·杰斐逊在《独立宣言》中说：“我们认为，所有人生来平等，造物主赋予了他们若干不可剥夺的权利，包括生存权、自由权和追求幸福的权利，这些真理是不言而喻的。”萨缪尔·约翰逊博士对此讥讽道：“我们听到，奴隶主中有人大声呼喊‘自由’，这是什么感觉?”

显然，萨缪尔·约翰逊（Samuel Johnson）博士的意思是，托马斯·杰斐逊（Thomas Jefferson）作为一个奴隶主，并没有遵守他自己宣称的高尚原则，所以，他关于平等和自由的言论是不成立的。这个论证是错误的，因为论证者本人的背景如何无关论题的真假。即使立论者本人没有遵循他所宣称的道德准则，这也不能证明他所宣称的原则是虚假的。质疑立论者的背景不能推翻论题本身，只是一种人身攻击，即背景谬误。

通常情况下对他人进行人身攻击是谬误，是因为对某人的攻击与此人所提论证没有客观上的联系。然而，如果某人提出某一论断，该论断为真将会支持某结论，那么在某些情况下，通过质疑此人证词的真实性来怀疑该结论就具有合理性。

【例 5】在法庭上，李某作证说他亲眼看见嫌疑人杀了被害人。但是，李某此前 3 次法庭作证都已被确认是伪证，而且他与嫌疑人有很深的宿怨。所以，李某的证言是不可信的。

这个论证不是谬误。因为这个论证的结论不是主张否定李某的结论，而是通过证明李某作为证人曾经多次说谎而主张李某的证言不可信。这是一种人身攻击，但在这里具有合理性。因为可信性常常和真实性相关联，证明了证人存在偏见或者具有说谎的动机，那么他的证词的可信性就大打折扣了，从而严重地动摇了证词的真实性。证明证人证言不可信，也可以通过展示出证词中的不一致达到，从而表明有些证词一定是假的；也可以通过表明证词被采纳将给证人带来巨大的收益来削弱证词，这是强调证人的背景，这也是法庭论辩中允许的，不应视为背景谬误。

三、诉诸情感

在论证中，不是致力于提供证据及合理论证，而是通过激发他人的感情，促使他人共情，进而相信自己，最终达到促使他人接受自己主张的目的。以可怜的言词激起他人的怜悯心，以慷慨激昂的演讲激起他人的热情，以危言耸听引起他人的恐惧感，如此等等，都是诉诸情感的表现形式。

【例 6】美国一个名叫达洛的律师在一次法庭辩护中说：“我在这里并不想仅仅因为吉德个人请求你们，我是为那许许多多知名的和不知名的，死去了的和活着的，曾在地球上创造了大量财富的而倍遭富人们蹂躏和掠夺的穷人们，请求你们。我为这些请求你们，它们日出而作，日落而息，世世代代贡献出了他们的生命、力量和劳动，使他人富有、生活愉快，我要为现代财富的创造者——劳动妇女们——请求你们，要为活着的和尚未出世的孩子们请求你们。”

吉德（Gide）做了什么？他的行为是否无罪？达洛（Dallow）只字未提，却通过情绪化的长篇大论，以图博得法官和陪审团的同情。

爱国主义情感可以凝聚人心，激发民族自豪感。爱国主义是一种高尚的情感，但是如果通过激发爱国主义来操纵听众，以达到影响公众相信某个信念的目的，就是一种非理性的论证。希特勒的演讲激发德国民众达到一种狂热状态，可以说是诉诸情感谬误的典型。

如果演讲者意图通过煽情的演讲让听众相信某信念，那么该论证就是犯了诉诸情感的谬误。不过，如果演讲者和听众都有共同的信念，而演讲者演讲的目的是激发听众行动的热情，则与诉诸情感谬误无关。

诉诸情感的宣传是广告商们喜欢的策略。很多广告宣传的策略是将某个产品与消费者喜欢或者向往的美好事物相联系：麦片与健康相联系、红酒与浪漫相联系、汽车与成功相联系等。这些打动人心的联系都是广告商通过不断重复的画面和言词灌输给公众的心理联想，这是一种诉诸情感的操纵，而不是基于理性的论证。

为了某项研究设计调查问卷时，如果表述问题的语词含有某种情感引导倾向，不论是积极的引导还是消极的引导，那么调查者就很有可能得到他预期的答案，这样的结果是，调查报告的客观性就丧失了。因此，在设计调查问卷时，应该尽量避免使用负载情感的语词。不过，实际操作时要完全避免这样的谬误是困难的，需要保持思维的敏感性。

所有犯了诉诸情感谬误的论证都应被拒斥，因为其前提所提供的理由只是在情感因素上给结论提供支持。而我们在论证中应该时刻保持清醒的意识，即理性是论证建立的唯一途径。

四、诉诸众人

在论证中，援引众人的意见、观点或信念进行论证，既然多数人都是这样说的，那么这是对的。事实上多数人这样认为未必这就是事实，以此为前提进行论证是不可信服的。这样的论证是犯了诉诸众人谬误。例如：

【例 7】现在大家都在节食减重，所以你也应该节食减重。

上述实例中结论的得出是利用人们的从众心理进行的论证，称为从众谬误。这种谬误是诉诸众人谬误的常见表现。从众谬误的一般结构是：大家都相信如此或者都是如此这般做的，所以你也应该如此。论证者利用的是人们对群体的盲从而达到影响人们接受结论的目的。

【例 8】《韩非子》里有则“三人成虎”的故事：庞恭陪魏国太子去赵国作人质，临行前为避免魏王日后听信旁人谗言，特意问魏王：“现在有一个人说闹市上有虎，您信吗?”魏王说：“当然不信，闹市里怎么有虎呢?”又问：“如果两个人说有虎您相信吗?”魏王仍表示说不信。再问：“那么，有三个人说闹市上有虎，您信不信呢？”魏王就答道：“要是有三个人都那样说，那我就信了。”

“三人成虎”正是以众人的看法作为自己看法的表现，犯了从众谬误。

【例 9】孔子弟子曾参住在费城时，当地一个与他重名的人杀了人。一个人跑来对曾母说：“曾参杀了人！”曾母很了解自己的儿子，说：“我的儿子不会杀人！”她继续织布，不为此言所动。又有一个人跑来对曾母说：“曾参杀了人！”曾母照样织布，不予理睬。而第三个人又跑来说：“曾参杀了人！”这时曾母害怕了，弃梭越墙而逃。

诗人李白说：“曾参岂是杀人者？谗言三及慈母惊！”曾参母亲错在为众人之言所惑，从而失去了正常的判断力，同样是从众谬误的表现。

诉诸传统是诉诸众人谬误的另一种表现，即将某种行为已经成为传统作为依据，从而得出结论说应该如此。例如：

【例 10】端午节吃粽子这个传统已经流传上千年了，所以我们应该一直坚持这个传统。

某种行为已经以某种方式进行了很长时间，仅有这一个理由并不能成为以后继续如此的依据。事实上，历史上也有很多传统中断了流传的先例。

诉诸虚荣也是诉诸众人谬误的一种表现，即将人们热爱、追捧、赞美的对象与某个著名人物联系起来，从而得出结论说你也应该如此。

【例 11】母亲对孩子说：如果你想像大力水手一样充满力量，那就要像他一样多吃菠菜！

母亲为了劝孩子多吃蔬菜，劝说的理由是大力水手充满力量的原因是因为大量吃菠菜，为了成为像大力水手一样的人，你也应该如此。

无论是从众谬误、诉诸传统谬误还是诉诸虚荣谬误，都是利用人们心理上的一种对归属感的追求，缺乏独立思考的勇气，认为遵从众人所想是安全的、不会出错的。这些谬误的种种表现，与前述诉诸情感谬误同样，仍然是论证中理性缺失的结果。

五、稻草人

在论证中，将对方的论题歪曲为另一个更容易驳倒的论题，然后再针对新的论题进行反驳，宣称对方原来的论题被驳倒了，这就犯了稻草人谬误。这样的论证，论证者犹如扎了一个稻草人将其击倒，然后宣称击倒了真实的人。论证者把原来的论题换成另一个完全不相干的论题，这种情形是比较少见的。常见的情形是，把原来的论题换成另一个表面上近似的论题。

【例 12】《世说新语》中记载了王羲之与谢安的一段争论：谢安崇尚清谈。王羲之说：“夏禹治国勤苦，以至于手足胼胝；文王日夜不顾饮食。现在，我们四方都筑着堡垒，每人都应该多为国效力，但是现在却盛行清谈，废弃务实，舞文弄墨，妨害大事，这恐怕不是当前所适宜的。”谢安反驳说：“秦孝公任用商鞅，而后两代就灭亡了，难道也是崇尚清谈所导致的灾祸吗？”

王羲之的论题是“清谈会误国”，而谢安将其改变为“误国都是由于清谈”，然后以此为前提推出秦两代就灭国也是由于清谈，但是此结论与实际不符（秦孝公任用商鞅变法，显然不是清谈），由此就否定了“误国都是由于清谈”。这一番论证，看似谢安反驳了王羲之的观点“清谈会误国”，实则反驳的是一个与此形似但意义完全不同的论题。

【例 13】在法庭上，律师的辩护意见是“李某不构成贪污罪”。公诉人反驳说：“第一，被告人李某生活开支较大，收支悬殊，经济来源可疑；第二，被告人作为本部门的业务主管，贪污销售款有极为方便的条件；第三，被告人经常发牢骚，说自己的工资太低。综上所述，李某完全可能犯贪污罪。”

这里，公诉人并没有针对律师的论题“李某不构成贪污罪”反驳，而是不经意间将论题改变为了一个形似但实质不同的论题“李某完全可能犯贪污罪”。这个改变后的论题的论证显然要比原论题容易多了。

【例 14】甲：我认为在新能源还不能完全取代传统能源之前，经济发展还要依赖传统能源。

乙：传统能源对环境已经造成严重污染，如果大力发展传统能源，就会继续破坏大气臭氧层，进一步加剧气候变暖，导致海平面继续上升，最终人类会失去生存的陆地。

上述对话中，甲的观点是“目前经济发展还要依赖传统能源”，而乙将甲的真实观点扭曲为另一个不同的论题，即要“大力发展传统能源”，然后将这个新的观点可能导致的后果推到极端。这样的反驳有可能对听众产生影响，但是原论题并没有被反驳。

这样的论证谬误在社会生活、政治领域的争论中非常常见。主张对方的观点是完全错误的、没有辩护余地的，这样过于极端的论证很难做到让人信服；但是将对方的观点改变，然后针对改变后的论题进行论证，论证在这样的场景下会导致一个极端的结果，而这个极端的结果是一般人都会反对的，从而似乎赢得了辩论。但这样的成功对于反驳原来的论题是没有意义的，因为它针对的是一个新的、与原论题不相干的论题。

六、转移话题

当论证者将谈论的话题转变为另外一个不同但又微妙相干的话题，从而将受众的注意力转移时，就产生了转移话题的谬误。这样的论证表现为：论证者或者得出关于这个不同话题的一个结论，或者仅仅假设某个结论已经建立起来。这样做的结果是，使讨论偏离了论证的主题，论证者似乎赢得了论战。

转移话题谬误还有一个有趣的名称——红鲱鱼。据说有人为了保护狐狸免受捕猎者的追杀，在树林里挂上猎人们平时训练猎犬用的熏鲱鱼，熏鲱鱼浓烈的气味与狐狸的味道混杂在一起，干扰了猎犬的嗅觉，使猎犬无法准确辨别狐狸的踪迹而不知所措。这样故意的误导性线索一般都称为红鲱鱼。

为了避免被察觉改变了话题，论证者常常把话题改变为与原先话题有微妙联系的话题。

【例 15】不断有人强调蔬菜水果农药残留对身体的危害性。但是，蔬菜水果中的营养元素是维持我们身体健康必不可少的。胡萝卜富含胡萝卜素，番茄富含番茄红素，樱桃富含维生素 C。

【例 16】某保护动物协会到某地海鲜市场宣传关注动物权利。一个售卖活禽的摊主抱怨说：“无家可归的人呢？为什么这些关心动物的人不把他们的精力用在关心那些没有地方住、没有食物吃的人们呢？”

【例 17】有人提出城市养鸽妨害城市卫生，但是众所周知，鸽子是和平的象征，是人类的友好使者，在科学研究、国防通讯、航海急救等方面，都能为人类作出贡献。

这三个实例中都存在转移话题的谬误。在【例 15】中，原先的话题是“蔬菜水果农药残留对身体的危害性”，但是论证者把这个话题转换为蔬菜水果富含人体必需的营养元素。这两个话题内容上确实具有相干性，但又是完全不同的内容。在【例 16】中，原来的话题是倡议关注动物权利，但是论证者把这个话题改变为要关注无家可归的人。在【例 17】中，原来的话题是城市养鸽妨害城市卫生，但是论证者将话题转变为关于鸽子的其他方面的价值，但这些都和城市卫生问题无关。三个实例中的论证者都没有得出关于原话题的结论，但是却通过将受众的注意力转移到其他话题上，制造赢得论战的假象。

在法庭辩论中，如果论辩双方不针对同一论题展开辩论，而是你说你的、我说我的，就构不成一场法庭辩论。

【例 18】某律师出庭为杨某伤害致死案辩护。律师提出三点辩护意见：第一，杨某的犯罪是出于义愤。第二，杨某的罪行轻微。法医检验结果表明，致受害人死亡的损伤行为与杨某的行为无直接关系。第三，请求法庭在量刑上从轻判处。接着，公诉人并没有针对律师的辩护意见展开辩论，而是详细分析刑法所规定的故意犯罪的特征，继而谈直接故意杀人和间接故意杀人的区别。

公诉人这样的答辩，并没有针对律师的辩护意见展开，而是将论题转移到了其他话题上，双方的观点没有真正交锋，当然解决不了实质问题，使法庭辩论完全失去了意义。

转移话题谬误和稻草人谬误很容易混淆。这两种谬误都会产生转移受众注意力的效果，都将论证偏离了原来的论题。但是，它们各自达到目标的方式是不同的：在稻草人谬误中，论证者从歪曲对方的论题开始，然后通过将被歪曲的论题驳倒来达到目的；在转移话题谬误中，论证者忽略对方的论题，不经意间就将话题改变为另一个不同的话题。也就是说，我们需要区分的是论证者是驳倒了一个歪曲后的论题还是仅仅改变了话题。

第三节　不当归纳谬误

这一谬误的产生，不是因为前提与结论在逻辑上不相干，而是由于前提与结论之间的逻辑联系不足以为结论提供可信服的支持。在这类谬误中，前提至少提供了少许证据以支持其结论，但是这样的支持太弱，人们基于理性的态度是不会接受其结论的。与相干性谬误同样，不当归纳谬误也常常以情感因素作为结论的根据。

不当归纳谬误主要表现为诉诸不当权威、诉诸无知、轻率概括、虚假因果、不当类比等。

一、诉诸不当权威

在复杂或专业性很强的论证中，引用专家意见或者某个领域的权威观点是通常的做法，是合理的。但是专家的判断不能作为最终的证明，因为不同专家的意见有可能是相互冲突的；即使专家意见是一致的，他们仍然可能出错。

如果在论证中仅仅宣称引用了某个专家的意见，或者诉诸的专家在某个领域并不具有权威资格，就会产生诉诸不当权威的谬误。

【例 1】刘博士在公共论坛上经常发表反对发展生物基因工程的言论。因为刘博士是经济学领域的著名专家，所以我相信他的观点是正确的。

这一论证的结论是关于生物学领域的，所引述的专家意见却是经济学领域的。由于一位经济学家不太可能同时是生物学家，所以，这个论证犯了诉诸不当权威的谬误。

【例 2】意大利物理学家伽利略在其著作《关于托勒密和哥白尼的两大世界体系的对话》中，讲到一位经院哲学家的推论。这位经院哲学家坚信人的神经会合在心脏。有一次，一位解剖学家请他去看人体解剖。他亲眼看到了人的神经是会合在大脑，而不是在心脏。解剖学家说："现在您该相信了吧！"这位经院哲学家说："您这样清楚明白地使我看到了这一切。假如在亚里士多德的著作里没有与此相反的说法，即神经是从心脏中产生的，那我一定会承认这是真理了。"

这位经院哲学家即使在事实面前，也仍然坚信亚里士多德的观点，可谓诉诸不当权威到了极点。

当然，并不是说所有诉诸权威都是谬误。例如：

【例 3】为了预防龋齿，中华口腔医学会建议用含氟牙膏刷牙。所以，用含氟牙膏刷牙是预防龋齿的好办法。

虽然该实例是诉诸权威来支持结论，但是中华口腔医学会是牙齿健康方面的权威机构，该学会在相关领域的意见是值得听取的，因此引用相关领域专家的意见不是诉诸不当权威。事实上，我们知道的绝大部分科学知识都是通过专业人士的研究获得的。

当我们在为支持某个结论而援引专家意见时，要避免诉诸不当权威谬误，一方面应该辨识引用的专家是否确实是相关专业领域的专家，另一方面还要考虑专家提出某种意见的理由。一个专家只有在其已经建立威信的领域的主张才是值得我们关注的，比如一个仅仅因为艺术成就而闻名的画家就全球变暖问题所提的观点没有权威性，某个物理学家关于谷物种植的观点也是不值得相信的。对于论证者来说，区分真假专家的能力很重要，这通常是区分合理的采纳权威意见和诉诸不当权威谬误的立足点。

二、诉诸无知

在论证中，以某个命题没有被证明为假，就断定它为真，或者以某个命题没有被证明为真，就断定它为假，都是诉诸无知谬误的表现。这样的谬误常常出现在超越人类理性能够确定的认识领域。

【例 4】没有人能证明世界上没有鬼神存在，所以鬼神是存在的。

【例 5】目前没有任何证据证明转基因食品是不安全的，所以转基因食品是安全的。

上述两个实例中用来支持结论的唯一理由就是缺少相反证据。显然，缺少相反证据并不能构成任何断言的肯定性证据。这样的论证就犯了诉诸无知的谬误。事实上在各个领域都有很多论题还没有被证明为真或者为假，对于这样的论题，正确的做法应该是不作断言，留待以后出现新的证据再作判断。再如：

【例 6】甲：我认为王某是有罪的。

乙：你有证据吗？

甲：你能证明王某无罪吗？

乙：我不能。

甲：所以证明我的看法是对的！

上述实例中，甲认为乙不能证明王某无罪，所以就证明王某有罪，也是犯了诉诸无知谬误。

特别需要强调的是，诉诸无知并非在任何论证中都是谬误，例外的场景是刑事审判法庭。我国《刑法》第 3 条规定："法律明文规定为犯罪行为的，依照法律定罪处刑；法律没有明文规定为犯罪行为的，不得定罪处刑。"这一规定就是对无罪推定原则的表述。根据这一规定，在刑事审判中，在证明一个犯罪嫌疑人有罪之前，应该假定他是无罪的；如果不能证明犯罪嫌疑人是有罪的，应该判定他是无罪的。法学家贝卡利亚这样论证了无罪推定的理论构想："在法官判决之前，一个人是不能被称为罪犯的。只要还不能断定他已经侵犯了给予他公共保护的契约，社会就不能取消对他的公共保护……因为，在法律看来，他的罪行并没有得到证实。"①

诉诸无知在这里不应看作论证的规则，而应看作刑事审判原则。采用这一原则的理由是，法律应该最大限度地保护公民的基本权利，而判处无罪者有罪远比开释有罪者对公民权利的侵犯更为严重。所以，在刑事审判中的诉诸无知是无罪推定原则的体现，不是谬误。

三、轻率概括

在论证中，从某类中一个或少数几个对象具有某个特征，得出此类的所有对象都具有该特征的结论，就犯了轻率概括的谬误，也称以偏概全的谬误。

【例 7】盖茨、乔布斯、戴尔、扎克伯格都是没有完成大学学业就辍学创业的，他们都在事业上取得了巨大的成功。可见，辍学创业比接受完整的大学教育更容易获得成功。

上述结论的得出依据的样本是几个事业非常成功的名人，看起来具有很强的示范效果。但是，这样的样本对于得出概括性的结论还是样本太少，而且缺乏随机性。这样从很少的几个实例的特征就概括为一个非常大的类的特征，很有可能是错误的，因为这样的实例很可能是某个类里的特例。我们在生活和工作中常会总结经验，这就要用到归纳概括，但在这个过程中需要非常谨慎。当选取的对象或者数量太少，或者不典型，抑或不随机，就违反了归纳推理的原则，就会犯轻率概括的谬误。

【例 8】孟子《生于忧患，死于安乐》："舜发于畎亩之中，傅说举于版筑之中，胶鬲举于鱼盐之中，管夷吾举于士，孙叔敖举于海，百里奚举于市。故天将降大任于是人也，必先苦其心志，劳其筋骨，饿其体肤，空乏其身，行拂乱其所为，所以动心忍性，曾益其所不能。"

上述论证中，孟子想论证的是"天将降大任于是人也，必先苦其心志，劳其筋骨……"，论据是舜、傅说、胶鬲、管夷吾、孙叔敖、百里奚等都是公认的成功者，在他们成功之前都曾经历过各种人生的磨难或者低谷。这个归纳论证犯了和【例 7】同样的错误，都是从很小的样本概括得出一个一般结论，这个结论中所断言的范围远远超出了前提所述。事实上对于这样轻率概括得出的结论是非常容易反驳的，只要举出一个或若干个反例即可。

归纳推理的逻辑特征是什么，如何进行可信服的归纳论证？本书会在第七章做详细分析。

① ［意］贝卡里亚：《论犯罪与刑法》，黄风译，中国大百科全书出版社 1993 年版，第 36 页。

四、虚假因果

如果论证的结论依赖并不存在的、想象出来的因果关系，就犯了虚假因果的谬误。因果关系是普遍的，但不是任意的，而是存在于特定的事物之间。论证中如果任意指认因果关系，就会导致虚假因果谬误。这类谬误的表现形态复杂多变，主要表现为以时间先后为因果、强加因果、因果倒置、滑坡谬误等。

以时间先后为因果谬误表现为：未经考察就简单地认为某个发生在前面的事件是某个发生在后面的事件的原因，而事实上两个事件并没有因果关系。日常生活中，当我们看到两个事件总是相继发生时，我们就很容易认为先发事件是后发事件的原因，这是一种很自然的心理联想。比如原始人观察到小鸟在林中鸣叫之后太阳升起，就得出结论说小鸟鸣叫是太阳升起的原因。两起事件相继发生，并不足以确定二者有因果联系，这样论证就犯了以时间先后为因果谬误。再如下述案例：

【例 9】某地凌晨，一女子从一过街天桥坠落，又被一辆超速驶过的汽车碾过，当场死亡。办案人员作出初步判断：驾驶员违反交通法规超速驾车行为与该女子死亡结果之间具有因果关系。

如果警方不进一步调查取证，以此作为追究驾驶员构成交通肇事罪的证据，就过于草率，犯了以时间先后为因果谬误。后经警方缜密调查后发现，该女子落地时颅骨骨折，坠地当场死亡。驾驶员虽然超速驾驶，但碾压过去的是“尸体”而不是还活着的伤员，因此，驾驶员的行为不构成交通肇事罪。

如果简单地、未经调查研究就将两个毫无关联的事物联系在一起，为事物的发生寻求解释，就犯了强加因果谬误。这样的论证看似荒谬，但却很普遍，很多是以迷信的方式广泛流传。比如听到乌鸦叫，就认为要有霉运；听到喜鹊叫，就认为会有好事登门。这样论证的依据仅仅是心理联想。

【例 10】希伯来人观察到健康的人身上有虱子，有病发烧的人身上没有虱子，便认为虱子能使人身体健康。

事实是当一个人发烧时，虱子会觉得不舒服，就会离开病人。因此，应该说身体不健康是因，虱子离开身体是果，而不是相反。这是犯了因果倒置的谬误。

当一个论证的结论依赖一个所谓的连锁反应链，而且没有合理的理由认为这一系列连锁反应会实际发生的时候，就会发生滑坡谬误。

【例 11】一旦允许医生辅助病人通过药物缩短其生命，就会有越来越多的医生给病人提供药物辅助其自杀，然后就会有医生主动建议病人通过自杀的方式解决病痛，接下来就会有医生主动杀人了。所以，我坚决反对允许医生为病人辅助自杀。

按照滑坡谬误，只要从给定的前提出发，就一定会产生沿着某个方向不断发展、并越来越恶化的后果。因为反对某一提议，论证者通过一系列的推导，证明这一提议会将我们置于一个导致灾难的滑坡之上。但是这种灾难性的连锁关系并不会得到普遍认可。这种论证经常被用来为维持现状做辩护。

虚假因果谬误往往很有吸引力，因为确定两个现象之间是否有因果联系并不是容易实现的过程。如果从原因到引发结果需要经过很长的时间，就更难以在实际观察和研究中确定事物之间的因果联系。例如确定摄入反式脂肪酸与冠心病的关联的研究。冠心病的发生是一个长期的逐步积累的过程，要确定反式脂肪酸对心脏的不良影响，需要相关领域的专家经过实验分析和长期的大规模人群观察、数据积累才可能实现。

五、不当类比

这种谬误发生在进行类比论证时。类比论证结论的得出依据的是两个事物或者两种情境之间存在相似性。不当类比谬误发生在论证中所类比的两种事物或情境没有强到足以支持结论的时候。论证者抓住事物表面上的相似，将两个事物或情境进行类比，由此得出论证者所希望得出的结论。

【例 12】古代的神学家为了证明地球是宇宙的中心，太阳围绕地球运转，他们这样论证：人们总是移动火把去照亮房屋，而不是移动房屋去靠近火把，所以，应该是太阳围绕地球运转以照亮地球，而不是相反。

星球运行的规律和生活中的场景很难说有什么相似性，这样的类比过于牵强。

【例 13】告子曰："性犹湍水也，决诸东方则东流，决诸西方则西流。人性之无分于善不善也，犹水之无分于东西也。"

孟子曰："水信无分于东西，无分于上下乎？人性之善也，犹水之就下也。人无有不善，水无有不下。"

孟子和告子在论辩中都将人性和水流相类比，但是却得出了完全相反的结论。将人性和水流相类比的合理性是什么？分别将同样的两个对象进行类比，结论却大相径庭，这正说明上述类比中的两个对象缺乏可类比性。

类比论证要求类比的两个事物或情境之间具有可类比性，即类比论证结论的得出应具有合理性。问题是：何种类比具有合理性，何种不具有合理性？例如：

【例 14】培根：在人类历史的长河中，真理因为像黄金一样重，总是沉于河底而很难被人发现；相反地，那些像牛粪一样轻的谬误倒漂浮在上面到处泛滥。

培根的这个类比看起来非常巧妙，对认识很有启发性。但是作为论证，这个类比具有合理性吗？具体而言，就是真理和黄金、谬误和牛粪具有可类比性吗？真理、谬误具有像黄金、牛粪一样的物理性质吗？如果没有，那么上述类比的合理性何在？

类比论证所要求的类比的合理性在理论上有清晰的标准吗？遗憾的是并没有。休谟认为，"在上述三种关系中，类似关系是错误的最丰富的根源"。① 类比论证的理论和评价是逻辑中最复杂、最难以评价的类型之一。有关类比论证的理论会在本书第七章做详细分析。

第四节　预设谬误

论证者无论是未经审慎的思考，或者有意为之，都有可能假设某些未经证明的或无根据的前提为真，当掩盖在论证里的这些可疑假设对支持结论非常关键时，论证就会产生谬误，这类谬误称为预设谬误。也就是说，预设谬误中的前提预设了结论中要证明的内容。

---

① ［英］休谟：《人性论》（上册），关文运译，商务印书馆 1991 年版，第 76 页。

预设谬误主要表现为窃取论题、复杂问语、虚假选言等。

一、窃取论题

窃取论题谬误发生在这样的情形中：论证的至少一个前提的可被接受依赖结论的成立。也就是说，在这样的论证中，至少有一个前提预设了结论，因此这个前提不能作为接受结论的理由。窃取论题谬误主要表现为这样三种情形：遗漏一个可能假的关键前提、重述一个可能假的前提作为结论或者运用循环推理，由此论证者建立一种前提为结论提供了充分支持的假象。

遗漏一个可能假的关键前提这种情形是窃取论题谬误中最常见的形式，这种形式是通过省略论证中一个可能为假的关键前提来制造一种无须任何其他证据就可以支持结论的错觉。

【例 1】显然，欺骗是不道德的，所以，表达含蓄也是不道德的。

这个论证的结论“表达含蓄也是不道德的”的得出，除了表述出来的前提，还省略了一个关键前提：“表达含蓄是欺骗”。没有这个前提，结论无法推出，或者说，这个前提是暗含在结论中的。完整的论证是：

欺骗是不道德的，
表达含蓄是欺骗。

所以，表达含蓄也是不道德的。

“表达含蓄是欺骗”这个重要的前提如果真实性没有确立，那么这个论证就无法证明它的结论。但是，在窃取论题谬误的大多数情况中，这正是这些前提没有被陈述出来的原因。论证者不能确定它们的真，便通过“当然”“很明显”这样一些修辞的手段，将遗漏关键前提这个论证缺陷掩盖了。

窃取论题谬误的第二种表现形式是，重述一个可能假的前提作为结论。这样的论证的结论仅仅是在语言表述上稍有不同地重述一遍可能为假的前提。

【例 2】没有不能诉诸实践的知识，因为不能诉诸实践的根本不能算作知识。

上述论证中前提和结论表达了相同的意义，只是语言表达稍有不同。

欧洲中世纪的经院哲学家托马斯·阿奎那（Thomas Aquinas）曾这样论证：

【例 3】“铁之所以能压延，是因为铁有压延的本性。”

法国喜剧作家莫里哀（Molière）的剧作《假病人》中，有一段关于医学学士阿尔冈答辩的情节：

【例 4】博士问：请问你，是什么原因和道理，可使鸦片引人入睡？

阿尔冈回答：由于它本身有催眠的力量！

【例 3】论证说因为铁有压延性，所以铁能压延，【例 4】论证说鸦片有催眠的力量，所以鸦片能催眠，论证的前提和结论都只是简单重述。

窃取论题谬误的第三种表现形式是论证中包含循环推理，而处于推理链条起点的前提很有可能是假的。例如，17 世纪法国哲学家笛卡尔（Descartes）曾经这样证明神的存在：

【例 5】我的神的观念是非常清晰的。神是尽善尽美的，无所不包的，因此也包含了“存在”的性质；说尽善尽美的神缺乏这一重要性质——即说他“不存在”——是自相矛盾的，因此神是存在的。

该证明的论题是“神是存在的”，论证的起点是“神是尽善尽美的，无所不包的”，然后推知神也包含“存在”这一性质，所以神是存在的。这样的循环推理是没有说服力的，因为作为论证起点的命题的真实性包含在结论中，如果结论不成立，前提也就不成立。有的循环推理可能涉及一个很长的推理链条，命题之间以一种微妙的关系相互关联，但从前提到结论构成一个循环，前提真依赖结论真，而结论的成立又依赖于前提。

在司法实践中，办案人员如果不认真进行调查研究，实事求是地分析案情，而是凭主观猜测，将自己主观倾向的可能性猜测作为结论，并以此结论去拼凑证据，对证据的真实性不做审查，就是犯了窃取论题谬误。

窃取论题谬误的所有情形都表现为论证者运用某种语言的技巧来达到一种错觉：不充分的前提为结论提供了充分的支持。需要特别指出的是，如果没有制造这种错觉，就不会产生这种谬误。例如：

【例 6】天空是蓝色的并且云朵是白色的。所以，云朵是白色的并且天空是蓝色的。

【例 7】违法行为不是合法行为。所以，合法行为不是违法行为。

【例 8】联合国总部在纽约。所以，联合国总部在纽约。

在【例 6】【例 7】中，前提和结论虽然是不同的命题，但是所陈述的内容是相同的，仅仅是不同的表述，而【例 8】的前提和结论是同一个命题。这三个推理都是有效式，并且前提是真的，所以论证是可靠的。它们都没有出现谬误，因为在论证中并没有制造出使不充分前提为结论提供充分支持的假象。有关【例 6】和【例 8】的推理规则将在本书第四章讲述，有关【例 7】的推理规则将在本书第五章讲述。

从上述实例可以看出，前提中包含了结论的推理一般都是有效的，这一点是明显的。那些在论证中遗漏了关键前提的谬误论证在关键前提被添加上之后就成了有效的形式，如【例 1】。而前提和结论的简单重述在逻辑上也是有效式，如【例 2】。窃取论题谬误的主要问题在于，它们一般都是不可靠的，而这个不可靠性被刻意掩盖了。

二、复杂问语

预设谬误最为常见的表达形式是，以预设隐藏在问句中的某些断言为真的方式提出问题。面对这样的问题，不论给予肯定的回答还是否定的回答，后果都是肯定了问题中的预设。这样的问题就是复杂问语，以这样提问的方式诱使对方做出肯定或否定的简单回答，就犯了复杂问语谬误。

【例 9】全球气候变暖是当今我们面临的最大谎言吗？

如果对这一问题回答是“是的”，那么意味着你赞同这一问题中所表达的观点“全球气候变暖是当今我们面临的最大谎言”；如果你的回答是“不是”，那么意味着你也赞同“全球气候变暖是谎言”这一观点，只是可能不赞同是“最大谎言”。显然，这个问题实际上是由两个问题构成的：

全球气候变暖是谎言吗？如果是谎言，那么它是当今我们面临的最大的谎言吗？

黑格尔在《哲学讲演录》中曾谈到复杂问语：

【例 10】“有人问梅内德谟，他是否停止打他的父亲了。人们要想使他陷入困境，不管他的回答是‘是’还是‘否’，在这里都是危险的。如果说‘是’，那么就是打过父亲，如果说

‘不是’，那就是还在打父亲。梅内德谟回答道：‘我既没有停止，也没有打他。’这是一个两方面的回答。”

因此，虽然事实上复杂问语表现出来的是一个问题，但是却包含一个隐藏的论证。这样的论证通常会使回答者掉入陷阱：承认他原本可能不愿意承认的事情。

在审讯中，故意使用复杂问语是变相诱供或套供。例如，审讯人员问某死亡案件犯罪嫌疑人：

【例 11】“你对被害人是否早就怀恨在心？”

这是一个复杂问语，其中包含了预设：“本案死者是被害死亡。”对此问题，不论回答“是”还是“不是”，都意味着犯罪嫌疑人承认了“本案死者是被害死亡”这个预设，也就暗含着犯罪嫌疑人是知情人。

再如，关于某犯罪嫌疑人是否参与了某起犯罪活动，办案人员尚未证实，其本人也没有承认。在这种情况下，如果审讯人员提问：

【例 12】“你愿意揭发你的犯罪同伙的罪行吗？”

这也是一个复杂问语，其中包含预设：“你参与了这起犯罪。”对于这样包含一个未经证实的预设的简单回答，不论是“愿意”还是“不愿意”，都意味着承认了这个预设，即承认自己参与了共同犯罪。这样承认的结果未必符合事实。所以，这种审问的方式无益于查清案情，反而会给审讯工作带来麻烦。

一个复杂问语至少隐藏了两个问题，复杂的可能会隐藏更多。提问者在问话中把两个以上的问题合并为一个问题，诱使对方作为一个简单问题来回答。例如：

【例 13】问：昨晚当你们在酒吧喝酒时，你用酒瓶打伤了李某，又用水果刀扎伤了吴某对吗？

答：不对，我们昨晚在一个饭馆吃饭。

这样一个问句中实际上包含了三个不同的问题。当多个问题被伪装成一个问题而提出来时，回答者对其中的任何一个问题做出肯定或否定的回答，都会同时承认了其他的问题。所以，对于复杂问语，既不能简单地做肯定回答，也不能简单地做否定回答，而是要先将问题分为几个不同的问题，再对它们分别予以回答。

在讨论公共问题或者商议为某项动议作出决策时，要对问题进行审慎的分析，排除隐藏在复杂问题之中可能的错误。其中，首先要排除的就是包含复杂问语的问题，这是讨论问题的优先原则。这一原则称为分开问题动议：将复杂问题动议拆解为单一问题动议，然后一事一议。

在辩论中，当面临对问句做出“是”或“否”回答的强烈要求时，都应警惕这样的问题是暗含预设的，即复杂问语。

三、虚假选言

当论证者提出一个用选言命题“或者……或者……”表达的前提，强调这两个选项所表达的情形是仅有的两种可能的选择，并且其中一个选项是要排除的，剩下的那个选项就是他想要得出的结论。这样的论证就犯了虚假选言谬误。这种谬误也称为非黑即白的谬误。显然，在黑与白这两种颜色之外还存在其他多种颜色，并非只能在两种颜色中二选一。

这样的论证在日常争论和广告商的宣传中很常见。

【例 14】孩子请求母亲："你或者同意我去参加露天音乐会，或者我将不再上学了。你肯定不愿意我退学吧，所以，还是同意我去参加露天音乐会吧!"

上述论证中，选言命题中的选项显然不是仅有的选择，但是论证者却试图传达这种印象。实际上这样的选项有可能都是不符合实际的。在虚假选言谬误中，论证者诱使对方相信他提供了全部的可能性选择。

【例 15】在林肯和道格拉斯关于废除奴隶制的辩论中，道格拉斯反对给黑人和白人平等的权利。他说："这就意味着白人要和黑人一起生活，一起睡，一起吃，要和黑人结婚，否则就是不可理解的。"林肯反驳道："我反对这种骗人的逻辑，说什么我不想要一个黑人女人做奴隶，就一定得娶她做妻子。二者我都不要，我可以听凭她自便……"

林肯在辩论中敏锐地抓住了道格拉斯的错误，指出这种错误的实质在于认为白人和黑人的关系只有两种选择，而这样的选言前提是荒谬的、不合实际的。

就大部分情形而言，最好警惕有人断言一个选言命题只有两个极端选项。这样的选言命题作为论证的前提极有可能导致虚假选言谬误。

第五节 含混谬误

这一谬误的产生，源于语言表达的含混。在论证过程中，由于思维不清晰或者有意为之，语词或者短语在前提中具有一种意义，但在结论中却有另一种不同的意义。当结论的得出依赖这样的变化时，就构成了含混谬误。

含混谬误主要表现为歧义、双关、合成、分解等。

一、歧义

自然语言中的语词常常具有多义性。一般情况下，如果注意语境和依赖经验，是能够将它们的不同意义分辨出来的。当人们有意或无意地混淆一个语词的不同意义时，就是在歧义地使用这个语词。如果论证的结论依赖某个语词或者短语被明确或隐晦地在两种不同意义上使用，这个论证就犯了歧义谬误。

【例 1】《吕氏春秋》载：有个齐国人，他所侍奉的主人遇难而死，而他侥幸逃生。一次，他在路上遇到了一个老朋友。朋友问他："你怎么没有死?"齐人说："侍奉他人都是为了取利，死是无利的，所以我不死。"朋友说："你还能见人吗?"齐人说："你认为我死了反倒能见到人啦?"

依传统观念，仆人应忠实于主人，主人遇难而仆人逃之夭夭是不义的。因此，老朋友认为那齐人无颜见人，齐人却将"见人"故意曲解为"见到人"，以此为自己的行为辩护。

【例 2】《庄子·秋水》：庄子与惠子游于濠梁之上。庄子曰："鲦鱼出游从容，是鱼之乐也。"惠子曰："子非鱼，安知鱼之乐?"庄子曰："子非我，安知我不知鱼之乐?"惠子曰："我非子，固不知子矣；子固非鱼也，子之不知鱼之乐，全矣!"庄子曰："请循其本。子曰'汝安知鱼乐'云者，既已知吾知之而问我。我知之濠上也。"

“汝安知鱼乐”中的“安”的含义是“怎么”，而“我知之濠上也”中的“安”的含义却在不经意间改为了“在哪里”。经过这样词义的改变，庄子回避了争论中的问题。

有一种歧义谬误是因错误运用具有相对性意义的语词而产生的。

【例 3】蚂蚁是动物，所以，大蚂蚁是大动物。

“大”这个词就是一个具有相对性意义的语词，就是说它在不同的语境下具有不同的意义。“大”的蚂蚁和“大”的大象是非常不同的类别，它们各自有各自的使用范围。有些论证形式对于不是相对性意义的语词有效，而代入相对性意义的语词后就无效了。如“黑色的”不是相对性意义语词，代入上述论证“蚂蚁是动物，所以，黑色的蚂蚁是黑色的动物”无疑是有效的。

类似地，“小”“高”“冷”“好”“坏”“容易”“困难”“富有”等都属于这样具有相对性意义的语词。论证中出现这类语词时需要特别注意。

为了避免歧义谬误，需要仔细审查论证中表达的语词是否存在多义语词或短语，并确保多义语词在论证中的每一次出现都在相同的意义上使用。

二、双关

有的语句由于词序结构松散或者复杂或者不清晰而可以在多种不同意义上理解。

【例 4】这是张三的画。

这句话可以理解为“这是张三画的画”“这是张三拥有的画”“这是张三的画像”等多种不同的意思。

这样的语句，就是所谓一语双关的表达。如果结合具体的语境，这样的意义含混不清的问题一般是可以清除的。在论证中，如果结论的得出依赖这样的一语双关，就犯了双关谬误。例如：

【例 5】《吕氏春秋·察传》记载，当鲁哀公听到“乐正夔一足”这句话，感到很惊讶，问孔子：“乐正夔只有一只脚，真的吗？”孔子说：“从前舜想用音乐向天下老百姓传播教化，就让重黎从民间举荐了夔而且起用了他，舜任命他做乐正。夔于是校正六律，谐和五声，用来调和阴阳之气。因而天下归顺。重黎还想多找些像夔这样的人，舜说：‘音乐是天地间的精华，国家治乱的关键。只有圣人才能做到和谐，而和谐是音乐的根本。夔能调和音律，从而使天下安定，像夔这样的人一个就够了。’所以说‘一个夔就足够了’，不是‘夔只有一只足’”。

在上例中，由于鲁哀公不了解舜所言“乐正夔一足”的具体语境，所以没有能够正确理解这句话原本所表达的意思。

在所有双关语句中，含混或不清晰可以通过重构该语句或者结合语境而得到消除。在论证中，为了发现并且避免双关谬误，必须仔细检查论证的前提，警惕有双重意义的语句。如果发现前提有歧义，无论是混乱的句式还是词序，必要时都要重构该前提以消除不清晰。

三、合成

合成谬误有两种不同的表现形式。

第一种合成谬误表现为：由断言整体的部分具有的属性为真，得出断言该整体也具有这一属性为真。

【例 6】因为电脑的每一个组成部件都消耗很少电力，所以整台电脑都消耗很少电力。

虽然组成电脑的部件具有“消耗很少电力”这一性质，但部分的性质未必是整体的性质，整台电脑消耗的电力可能远大于各个组成部分。整体的每个部分具有的属性，整体未必具有，这样的谬误是很明显的，但并非合成谬误都是这么明显，有时很有误导性。例如：

【例 7】因为眼睛、手、脚和我们身体的每个部分都具有某种特别的功能，所以可以推知：一个人也具有某种特别的功能。

组成人体的每个部分都有某种特别的功能，由此推知人也像其组成部分一样具有某种特别的功能，这也是从部分具有的属性推广到整体也具有，属于合成谬误。

第二种合成谬误表现为：由关于某个词项的非集合意义的断言为真，得出这一词项的集合意义的断言也为真。

【例 8】这家植物园里的每种植物都是珍稀的，所以，这家植物园是珍稀的。

前提中“植物是珍稀的”是在植物的非集合意义上的使用，而从总体上来说，即集合意义上，这一性质未必是植物园所具有的。

需要指出的是，并不是所有这样的由部分拥有的性质推知整体也拥有，或者由词项的非集合意义推知集合意义都是不合实际的。

【例 9】这台机器的每个组成部分都是有重量的，所以，这台机器也是有重量的。

【例 10】这片树林里的每一棵树都是红色的，所以，这片树林是红色的。

上述【例 9】从组成机器的部分拥有的“重量”这一属性推知机器的整体也拥有，【例 10】从树的个体具有“红色的”这一性质推知个体所属的类也具有。这样的推理是合理的。所以，这类论证的合理性取决于属性从部分或个体到整体或类的推导是否合乎实际。

这样的不确定性正说明合成谬误是非形式谬误，不可能仅仅通过考察论证的形式就可以发现是否存在谬误。发现这样的谬误需要考察事物的实际性质及论证时的语境。

四、分解

分解谬误是合成谬误简单的反向操作。在分解谬误中，存在与合成谬误相同的错误，只是方向正好反过来。分解谬误同样也有两种表现形式：一种分解谬误是由断言对一个整体为真推知断言对部分也为真，另一种分解谬误是由断言一个词项在集合意义上的使用为真推知其非集合意义上的使用也为真。

【例 11】海洋占地球表面积的 60%，所以太平洋占地球表面积的 60%。

对于海洋的整体而言，如果“占地球表面积的 60%”的表述是真的，而对于太平洋而言就显然是假的了。

托马斯·卡莱尔（Thomas Carlyle）谈到沃尔特·惠特曼（Walt Whitman）时说：

【例 12】惠特曼是一位伟大的诗人，因为他来自一个伟大的国家。

从国家的性质推广到国家里的个体，这样的推理是由词项的集合意义的使用推到非集合意义的使用。显然，词项在集合意义上的性质在非集合意义上未必具有。

【本章知识结构图】

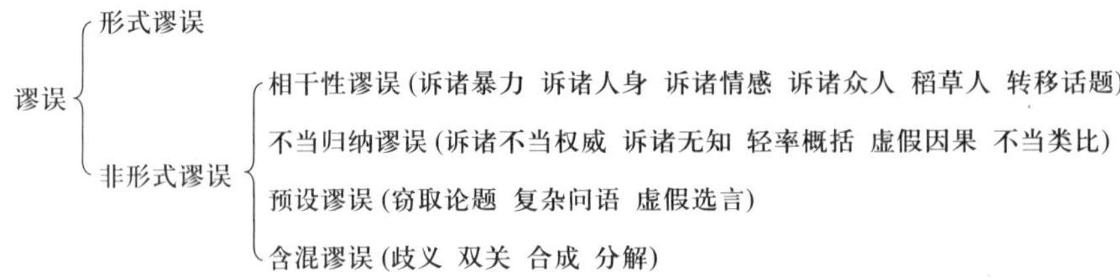

思考题

1. 什么是谬误？
2. 什么是形式谬误？什么是非形式谬误？
3. 什么是相干性谬误？相干性谬误有哪些主要表现形式？
4. 什么是不当归纳谬误？不当归纳谬误有哪些主要表现形式？
5. 什么是预设谬误？预设谬误有哪些主要表现形式？
6. 什么是含混谬误？含混谬误有哪些主要表现形式？

练习题

一、下述陈述是否正确？请回答“是”或“否”。

1. 在诉诸暴力谬误中，论证者攻击对方的身体。
2. 如果论证者试图通过指出证人说了谎而使得法庭证词无效，则这个论证者犯了人身攻击谬误。
3. 在稻草人谬误中，论证者首先把对方的论点歪曲为另一个论点。
4. 在转移话题谬误中，论证者试图转移对方的注意力。
5. 如果论证者引用著名专家的意见来支持其结论，并且专家的这个陈述属于专家的专业范围，那么这个论证者没有犯诉诸不当权威的谬误。
6. 在诉诸无知谬误中，论证者责备对方无知。
7. 在刑事审判中的无罪推定原则不是诉诸无知的谬误。
8. 轻率概括的谬误总是表现为从个别到一般。
9. 以时间先后为因果是虚假因果谬误的一种表现。
10. 如果一个论证者的结论依赖对事件的一连串反应，并且有理由相信这个反应链将会发生，那么这个论证犯了滑坡谬误。
11. 不当类比谬误依赖两个事物或两种情形之间的想象的相似性。
12. 歧义谬误源于陈述中的语法错误。
13. 对于复杂问语不能简单地回答“是”或“否”。
14. 虚假选言谬误提出了两种不太可能的选择却说这是仅有的选择。
15. 窃取论题谬误中的前提和结论不相干。
16. 合成谬误是从整体推到部分。

二、分析下述论证中是否存在相干性谬误，如果存在，请指出谬误的名称。

1. 马上请我们协会保护是你最好的选择。如果不这样做，你的店铺被砸了，货品被抢了，那损失就大了。

2. 亿万富翁投资者巴菲特说，富人应该多交税。我想提醒巴菲特先生的是，他可以随时把他的财产交到联邦财政部。

3. 第二次世界大战末期，盟军领导人在波茨坦会晤，商议欧洲战后的利益分配。为了确保苏联的影响力，斯大林的装甲师在东欧做了周密的布局。当被告知教皇提出了一个不同于苏联的方案之后，斯大林轻蔑地说："教皇手中握有几个师？"

4. 律师在为孙某抢劫案辩护时说："孙某家庭非常贫困。他的妻子没有工作，全家的生活都要依赖他。儿子上学需要钱，妻子看病也需要钱。如果孙某被判刑入狱，谁来照顾有病的妻子和可爱的孩子呢？为了不毁掉这个家庭，请法庭考虑从轻判处。"

5. 一位球迷说："湖人队今年恐怕没有足够的优秀球员来赢得NBA的总冠军。"另一位球迷不满地说："瞧你那水平，有什么资格谈论湖人队的输赢？"

6. 据时尚杂志预测今年的流行色是海洋蓝，所以，你买衣服也应该选择海洋蓝色的。

7. 有人认为政府不应过度干预经济。很明显，持有此观点的人是无政府主义者。但是，如果没有了政府，就没有了法律体系，就没有了社会保障，也没有了国防。没有人想要一个这样的结果。所以，这样的观点是荒谬的。

8. 有人认为在手机上过度看小视频是造成学生阅读能力下降的原因。但是，现在通过手机可以方便地看到各种题材的小视频，这些小视频给我们提供了丰富的资讯和娱乐。

9. 在法庭上，张三作证说他亲眼看到李四放火烧了那栋大楼。但是，张三此前多次说谎，而且曾经还因诈骗被判刑入狱。另外据了解，张三上月和李四发生过激烈的争吵，张三发誓要报复。所以，张三的证言是不可信的。

10. 某超市入口贴着一张告示："凡携带宠物进入超市者，罚款50至100元"。有顾客质疑："根据有关法规，罚款规定的制定和实施必须由专门机构进行，你们怎么可以随便罚款呢？"工作人员答："罚款本身不是目的。目的是通过罚款，来教育那些缺乏公德意识的人。"

11. 这本书是本年度畅销书排行榜第一名，所以一定值得阅读。

12. 有媒体记者求证：据说农业部自己的幼儿园是不食用转基因食用油的。农业部总经济师、新闻发言人毕美家回应：农业部的幼儿园、食堂所采购的原料都是来自普通的超市和农产品批发市场。

三、分析下述论证中是否存在不当归纳谬误，如果存在，请指出谬误的名称。

1. 斯泰宾在他那本《有效思维》一书中，对当时英国社会普遍不讲逻辑的现象进行了详细的分析和批评。因为他是伦敦大学一位著名的逻辑学教授，所以我相信他的著作有参考价值。

2. 杨教授是物理学领域的权威。最近他经常发表有关传统文化的见解，我认为他的观点可以作为专业研究的专家意见。

3. 许多科学家相信，在宇宙中除地球外存在居住着高级生命的星球。他们认为，在宇宙的演化中，大约有十万分之一的概率，会形成像地球这样的具备生命产生条件的星球。可是，仅凭概率并不能证明这样的星球真的存在，因为有一定概率出现的事件未必一定发生。实际上人类从未发现有关外星人存在的任何证据。可见，关于外星人和居住着高级生命的星球存在的看法，不过是某些科学家为满足其好奇心而编造的虚假的科学神话。

4. 甲：我们并不是宇宙中唯一的生物。我坚持认为在广阔的宇宙中有其他生物的存在。

乙：你有证据吗?

甲：我没有。但是你有证据可以证明宇宙中没有其他生物吗?

乙：我也没有。

甲：哈哈！这就证明我是正确的。

5. 我认识的几个重庆人都喜欢吃火锅。由此我推测重庆人都喜欢吃火锅。

6. 我散步的时候听到乌鸦叫，然后我的脚就扭了，看来乌鸦真的会带来霉运。

7.《祝福》中，鲁四老爷知道祥林嫂的死讯后说：“不早不迟，偏偏要在这时候——这就可见是一个谬种!”

8. 董仲舒为了证成其“天人合一”理论，在《春秋繁露》中这样论证：

“天以终岁之数，成人之身，故小节三百六十六，副日数也；大节十二，副月数也；内有五藏，副五行数也；外有四肢，副四时数也；乍视乍瞑，副昼夜也；乍刚乍柔，副冬夏也。”

9. 在《战国策·魏策四》中讲述了一个故事：有人问一南辕北辙的人：“你到楚国去，为什么朝北走呀?”此人答曰：“我的马好”“我的钱财多”“我的车夫本领也高呀!”

10. 1934 年，汪懋祖借口“此生或彼生”这一文言表达要比“这一个学生或那一个学生”的白话表达“省力”，断言文言文优越，并建议中小学课本改用文言文。对此，鲁迅写文章反驳道：这五个字，除了上面的一种意思外，“至少还可以有两种解释：其一，这一个秀才或是那一个秀才（生员）；其二，这一世或是未来的别一世”。“文言比起白话来，有时的确字数少，然而那意义也比较的含糊。”最后，鲁迅说：“我就用主张文言的汪懋祖先生所举的文言文的例子，证明了文言文不中用了。”

11.《汉书》：“天无二日，国无二主。”

12. 要警惕动物权利保护主义者的那套说辞。如果接受他们宣传的猫啊狗啊什么的都有权利这套理论，接下来就是猪啊牛啊的权利。那将意味着我们以后都不能吃猪肉牛肉了。然后就该考虑虫子的权利了，这意味着蔬菜水果也吃不到了。最终人类将陷入前所未有的困境。

13. 由于现有证据既不能证明被告人的犯罪行为，也不能完全排除被告人实施了被追诉犯罪行为的嫌疑，则从诉讼程序和法律上推定被告人无罪。

14. 19 世纪早期，英国农业部门的一份调查报告显示，对于被调查的农民来说，勤劳的人都至少拥有一头奶牛，而懒惰的人就没有奶牛。调研者得出如下结论：通过给予每人一头奶牛的方式，可以全面提高生产力，并且可以提高懒惰农民的生产积极性。

四、分析下述论证中是否存在预设谬误，如果存在，请指出谬误的名称。

1. 宇宙是有限的。因为宇宙围绕地球这个中心运行，而宇宙之所以以地球为中心运行，是由于宇宙是有限的。如果宇宙不是有限的而是无限的，那么宇宙为什么竟然在一昼夜就能围绕它的中心运行一周呢?

2. 你现在还经常对你的父母发脾气吗?

3. 一位父亲问他女儿的男朋友：“你是否试图向我隐瞒你的吸毒史?”

4. 在一部喜剧电影中，几个贼争论如何对几个价值连城的珍珠分赃。其中一人递给他右边的人两颗，又递给他左边的人两颗，然后说："我留下三颗。"他右边的人问："你怎么留下三颗？"他回答："因为我是头儿。"右边的人又问："噢，但是，你怎么是头儿呢？"他又回答："因为我的珍珠多。"

5. 郎咸平一次在某大学演讲中说：我们的企业不要追求做大做强。

一个大学生问：难道要做小做弱吗？

6. 你赞同这个灾难性的、会给经济带来毁灭性打击的权宜之计吗？

7. 我们所有人都不能成为著名的人，因为我们所有人都不能为人所周知。

8. 刘某被指控犯盗窃罪。在法庭辩论中，刘某的辩护人指出："刘某构成盗窃罪的证据不足。因为现场留下的自行车不能作为刘某作案的证据。"公诉人论证说："现场丢下的自行车是刘某的，这证明刘某是嫌疑人；正因为刘某是嫌疑人，所以，不容置疑现场丢下的自行车就是赃物。"

9.《列子・说符》中的疑邻偷斧的故事：有个人丢了一把斧子。他怀疑是邻居家的儿子偷去了，便观察那人，那人走路的样子，像是偷斧子的；看那人的脸上的表情，也像是偷斧子的；听他的言谈话语，更像是偷斧子的。不久后，丢斧子的人在挖他的水渠的时候发现了斧子，第二天又见到邻居家的儿子，就觉得他言行举止没有一处像是偷斧子的人了。

10. 请问你反对这位专家提出的会大幅提高医疗价格、造成病人就医困难的改革建议吗？

五、分析下述论证中是否存在含混谬误，如果存在，请指出谬误的名称。

1. 每一个跑的东西都有脚，河流在跑，所以，河流有脚。

2. 问："你家的狗为什么不生跳蚤？"

答："因为狗只能生狗。"

3. 一些青年请海明威讲授写作技巧。大家洗耳恭听，海明威说："我的写作技巧是……"台下鸦雀无声。

海明威接着说："从左往右写。"

4. 几个人讨论马。第一个人说，我见过一匹 10 000 斤重的马。第二个人说，我见过一匹 10 厘米长的马。第三个人说，你们是开玩笑吧，哪里有重达万斤的马？更不会有 10 厘米长的马！第一个人回答道："我说的是河马！"第二个人回答道："我说的是海马。"

5. 某网友问：你对这次的新闻热点问题怎么看？

某博主答：我用手机看。

6. 一次灯节，司马光夫人说："我要去看花灯。"司马光却说："家里这么多灯，何必出去看。"司马光夫人又说："我还要看游人。"司马光说："家里这么多人，何必出去看。"

7. 病人：医生，我的脑袋在两个地方痛！我该怎么办呢？

医生：不要去那两个地方。

8. 这个围栏的每一部分都是白色的，所以整个这个围栏也是白色的。

9. 书是知识的海洋，所以这本书是知识的海洋。

10. 这部机器的每个部分都很轻，所以这部机器很轻。

六、分析下述实例，指出论证中存在的谬误。

1.《十五贯》中知县过于执断定"熊友兰和苏戌娟通奸谋杀尤葫芦"。过于执一看到苏戌娟，就这样说："看她艳如桃李，岂能无人勾引？年正青春，怎会冷若冰霜？她与奸夫情投意合，自然要生比翼双飞之意，父亲拦阻，因之杀其父而盗其财，此乃人之常情。这案情就是不问，也已明白十之八九了。”

2. 在一起故意伤害案的法庭辩论中，辩护人为被告人丁某辩护说：“丁某与被害人王某无冤无仇，他没有伤害被害人的故意，因此不构成故意伤害罪。”

公诉人答辩道：“被告人自己交代说：‘王某和我关系好，可是那天他突然当着众人呼我的绰号，侮辱了我的人格，我就是要教训教训他。’还有，在场的证人赵某作证说：‘丁某在动手打王某之前说，看你还敢不敢这么喊，今天要好好教训你一下。’被告人自己的交代和证人证言不是很清楚地证明了丁某构成了故意伤害罪吗？如果真像辩护人所说的这样，那么无冤无仇地伤害他人的强奸犯，无冤无仇地伤害他人的抢劫犯，岂不都是没有伤害他人的故意而不构成故意犯罪？”

【练习题参考答案】

第四章　命题逻辑

【本章导读】

命题逻辑以复合命题为研究对象，研究论证中前提与结论的联系依赖复合命题的逻辑结构的推理规则。命题逻辑的首要任务是研究复合命题的逻辑结构。复合命题的结构特征是将命题分析为联结词结构。基本的联结词有五种，由此构成了五种基本的复合命题：负命题、联言命题、选言命题、假言命题和等值命题。基本的复合命题可以结合为结构更复杂的多重复合命题。复合命题是真值函项命题，复合命题的真值完全由其组成部分的真值决定。命题逻辑的另一重要任务是研究将有效论证和无效论证区分开的技术手段。有两种不同的方法可以达至此目标：一个是语义证明，一个是形式证明。语义证明是运用真值表判定，形式证明是运用自然演绎法证明。

第一节　命题逻辑概述

一、命题逻辑的研究对象

本章分析演绎论证中以命题推理规则为依据的论证。演绎论证的理论主要有两大目标：一是解释论证中前提和结论之间的关系，二是提供区分有效论证和无效论证的技术。有两大理论分支以此为目标：一个是古典逻辑，也称为词项逻辑，我们会在第五章讲述；另一个称为现代逻辑，也称为符号逻辑。命题逻辑属于现代逻辑这一分支。

命题逻辑以复合命题为研究对象，研究论证中前提与结论的联系依赖复合命题的逻辑结构的推理规则。

复合命题的结构特征是将命题分析为联结词结构。复合命题是由联结词联结若干命题所构成的命题。例如，“小明获得了胜利”和“小明参加了辩论赛”这两个命题在不同的联结词作用下可以形成不同的复合命题：

【例1】(1) 小明获得了胜利并且小明参加了辩论赛。

(2) 小明获得了胜利或者小明参加了辩论赛。

(3) 如果小明获得了胜利，那么小明参加了辩论赛。

(4) 小明获得了胜利当且仅当小明参加了辩论赛。

在复合命题中，把命题联结起来的联结词称为命题联结词。语言中的连词表达联结词。被联结词联结起来的命题称为复合命题的支命题，简称支命题。也就是说，复合命题是由联结词联结若干支命题构成的。不能分析为复合命题的命题，称为简单命题。也就是说，简单命题是不包含任何其他命题作为其分支的命题，复合命题是包含其他命题作为其分支的命题。例如，上述【例1】中 (1)-(4) 都是复合命题，其分支“小明获得了胜利”和“小明参加了辩论赛”都是简单命题。

需要强调的是，这里的简单命题和复合命题的分类根据是“是否包含命题联结词”，而不是命题的结构是否“简单”。有的简单命题的结构可能很复杂，但是如果不能分析为联结词结构的复合命题，那么就不属于本章要研究的逻辑结构。因此，凡是不能分析为联结词结构的命题，在这里都归入简单命题。

命题逻辑研究的论证都至少包含一个复合命题。如下面这个论证：

【例 2】如果张三犯了罪，那么张三应该受到刑罚处罚。

张三犯了罪。

所以，张三应该受到刑罚处罚。

上述论证的第一个前提是复合命题。命题逻辑研究的论证也可能前提和结论都是由复合命题构成的。如下述论证：

【例 3】如果一个国家不遵守国际法，那么未来将爆发战争；

如果未来爆发战争，那么普通民众会遭受苦难。

所以，如果一个国家不遵守国际法，那么普通民众会遭受苦难。

上述【例 2】和【例 3】论证中结论的得出都依赖于复合命题所陈述的前提和结论的逻辑关系，所以，对这一类论证的研究，就在于研究论证中的复合命题的逻辑性质。

二、复合命题的真值

每个命题，不论是复合命题，还是复合命题的支命题，都是有真假的。经典逻辑考虑的命题的真值范围是真假二值，就是说，命题或者为真，或者为假。一个真命题的真值为真，一个假命题的真值为假。然而，一个具体的命题究竟为真还是为假不是逻辑学所要考虑的。逻辑学所要考虑的是命题之间的真假关系，也就是支命题的真假与复合命题的真假之间的关系。逻辑学所研究的联结词也不同于自然语言中的连词，是抽象掉了连词的其他种种非逻辑意义的联结词。

在自然语言中，连词的意义是多方面的，不仅有逻辑方面的，也有其他方面的。

【例 4】（1）他取得了优异成绩并且考上了重点大学。

（2）他考上了重点大学并且取得了优异成绩。

这两个命题的意义是不同的。这说明连词表达了所联结的命题之间时间顺序方面的意义。又如：

【例 5】（1）如果 2+2=4，那么雪是白的。

（2）鲁迅是文学家并且金属是导体。

在日常生活中我们不会表达这样的命题，因为两个支命题之间没有任何关联。这说明连词对所联结的命题有内容方面的要求。

在自然语言中，连词所表达的命题之间的意义不止这些，还有语气、条件、因果等多方面的意义。但这些都不是我们所关注的。在逻辑学中，我们只关注连词所表达的命题之间在真假方面的联系。连词所表达的命题在真假方面的联系就是连词的逻辑意义。

为了排除非逻辑因素的干扰，我们需要对研究对象作一些抽象。这是一种科学的抽象，进行这样的科学抽象是科学研究的必经程序，任何学科都需要这样做。例如，几何学要研究点、线、面的性质，但几何学中的点是没有大小的点、线是没有粗细的线、面是没有薄厚的面，这些都是经过科学抽象的结果，并不是现实世界的存在物；物理学要研究摩擦系数为零的光滑表面，要研究真空状态，这些也是经过科学抽象的，不是现实世界的真实状态；同理，在逻辑学中，经过科学的抽象以后，我们要研究的命题也不是日常的具体语句，而是只有真假而没有内容的"命题"，连词是只反映命题真假方面的联系而抛弃了其他内容的"联结词"。从此，我们的眼里就只有真命题和假命题两种命题，而不再考虑命题的具体内容了；联结词也只反映命题在真假方面的联系，而不再反映其他方面的联系了。例如，本节【例 4】中的联结词"并且"只表达支命题之间的真值关系，而不反映它们之间的时间顺序方面的意义；如果忽略【例 5】的两个命题中支命题之间内容上的关联性，这样的表达也不再感觉不自然。

当我们对所研究的对象进行科学的抽象以后，就可以使我们关注于所要研究的对象，排除掉其他无关因素的干扰。

三、复合命题的形式

（一）逻辑联结词

只反映命题真假关系的连词称为逻辑联结词，或者真值联结词。逻辑学的研究成果表明，命题之间只存在五种基本的逻辑关系或者真值关系。相应地，共有五种不同的复合命题形式。在自然语言中，表达这五种基本逻辑关系的逻辑联结词对应的句式是："并非……""……并且……""……或者……""如果……那么……"和"……当且仅当……"。我们分别设定了符号"¬""∧""∨""→"和"↔"来表示这五种基本联结词，分别称为否定词、合取词、析取词、蕴涵词和等值词。

上述"¬""∧""∨""→"和"↔"这五个符号属于人工语言。用人工符号语言替代自然语言，一方面是为了表述方便，更重要的意义在于，这些联结词虽然读作"并非""并且""或者""如果、那么""当且仅当"，但它们已经不表示自然语言中这些连词的全部含义了，而是只表示这些连词的逻辑含义，即支命题与复合命题在真值方面的联系。用符号表示，可以使含义更加明确，不产生歧义。自然语言的表达往往因意义丰富而使精确的逻辑分析变得困难：语句可能是模糊而多义的，比喻的表达可能会引起误导，论证的结构可能是含混的，混杂了情感的表达可能会影响论证的成立，等等，这些问题在上一章已做详细论述。转化为人工语言，逻辑关系可以被精确地表述出来，上述困难中的大部分都能被克服。本章将采用这种现代符号语言进行推理和论证的分析。

命题联结词是复合命题形式中的常项部分。

（二）命题变项

复合命题的支命题的值有可能为真，也有可能为假，是命题形式中可变的部分，称之为命题变项。我们一般用符号 A、B、C、D……表示任意命题变项，用 p、q、r、s、t……表示某个具体的简单命题。

（三）命题形式

有了命题变项和逻辑联结词，我们就可以把复合命题的逻辑结构从具体的命题中抽象出来。例如：

【例 6】（1）并非小明获得了胜利。

（2）小明获得了胜利并且小明参加了辩论赛。

（3）小明获得了胜利或者小明参加了辩论赛。

（4）如果小明获得了胜利，那么小明参加了辩论赛。

（5）小明获得了胜利当且仅当小明参加了辩论赛。

如果用“p”表示命题“小明获得了胜利”，用“q”表示命题“小明参加了辩论赛”，这五个复合命题的形式就可以表示为：

（1）$\neg p$，（2）$p \wedge q$，（3）$p \vee q$，（4）$p \rightarrow q$，（5）$p \leftrightarrow q$。

这种符号串称为命题形式，或者命题公式。因为它只反映命题之间在真值上的联系，所以又称为真值形式。上述五个命题形式是五个基本的命题形式的代入实例，这五个基本的命题形式表示为：

（1）$\neg A$，（2）$A \wedge B$，（3）$A \vee B$，（4）$A \rightarrow B$，（5）$A \leftrightarrow B$。

它们分别称为否定式、合取式、析取式、蕴涵式和等值式。这五个命题形式各自的代入实例都具有各自形式上的共同特征，共同的形式特征意味着具有共同的逻辑性质。例如【例 4】（1）和（2）、【例 5】（2）以及【例 6】（2）是命题形式“$A \wedge B$”的四个代入实例，意味着它们具有共同的逻辑性质；【例 5】（1）和【例 6】（4）是命题形式“$A \rightarrow B$”的两个代入实例，意味着它们具有共同的逻辑性质。如果一个复合命题可以通过使用命题符号对某一形式的命题变项进行替换而得到，那么该复合命题就具有这样的命题形式。所以，$\neg p$、$\neg(p \wedge q)$、$\neg((p \vee q) \rightarrow r)$都是否定式，因为它们都可以通过使用命题符号对$\neg A$中的 A 进行替换而得到。本章将在下一节对五种基本命题形式的特征和性质做详细的分析。

第二节　复合命题形式

一、五个基本的联结词

（一）否定词

否定词作用于某个命题构成否定式，表达否定式的命题称为负命题。

负命题陈述对某个命题的否定。在自然语言中，表达对一个命题的否定通常可以在某个命题前加上“并非”“不是”这样的表示否定的词，也可以在某个命题后加上“这是假的”或“这是不成立的”等表示否定含义的陈述。例如：

【例 1】（1）并非所有证据都是确实的。

（2）不是所有发光的都是金子。

（3）证人不都是诚实的。

（4）天气预报今天有雨，这是假的。

（5）同位角不相等，这是不成立的。

上述这些负命题具有共同的形式：

并非 A。

联结词“并非”用符号“¬”表示，则上述负命题共同的形式表示为：

¬A。

其中，“¬”表示否定词，A表示命题变项，这一公式称为否定式。上述每一个负命题都是否定式¬A的代入实例。比如，（1）的命题形式可以表示为¬p，（2）的命题形式可以表示为¬q。

从形式上看，负命题只有一个支命题，也看作是复合命题，是因为负命题的形式是由两部分构成的：否定词和否定词所作用的支命题。在逻辑学中将否定词看作一元联结词，这样，负命题当然是复合命题。

如前所述，每个命题都是或真或假的，一个真命题的真值是真，一个假命题的真值是假。如果复合命题的真值完全由构成它的支命题的真值决定，这样的复合命题的支命题称为它的真值函项分支，这样的复合命题称为真值函项复合命题。本章就是在这样的意义上运用复合命题的。我们将只关注复合命题和它的支命题之间在真值上的关系。所以，在这个意义上，简单命题就是指不是真值函项复合命题的任何命题。

负命题是真值函项命题，因此，否定词是真值联结词。否定词的逻辑性质是：支命题A为真，则否定式¬A为假；支命题A为假，则否定式¬A为真。也就是说，否定式与它的支命题的真值是相反的，即A与¬A是矛盾关系。

否定式由其支命题的真值确定的情形如表4-1所示：

表4-1　否定式真值表

A	¬A
1	0
0	1

（其中的“1”表示真，“0”表示假。以下同。）

因为否定式¬A的支命题只有一个，A有真、假两种真值情况，所以否定式¬A的真值表由两行构成。

（二）合取词

合取词联结两个命题构成合取式。表达合取式的命题称为联言命题。

联言命题对所陈述的命题都加以肯定。在自然语言中，通过在两个命题之间加上“并且”表达合取。例如：

【例2】公民依法享有民事权利并且公民依法承担民事义务。

上例中“并且”联结了两个支命题：“公民依法享有民事权利”和“公民依法承担民事义务”，表达对这两个命题都加以肯定。

联言命题的支命题称为“联言支”或“合取支”，联结词称为“合取词”。除了“并且”，在自然语言中合取词的表达是多种多样的。

【例3】（1）这是一个容易的方法，但不是正确的方法。

（2）肖邦不但擅长作曲，而且擅长演奏。

（3）他大发了一通脾气，然后气冲冲地走了。

这三个命题中的联结词分别是“但”“不但……而且”“然后”，在语气上分别表达转折、递进、承接关系，但这些区别不是我们要关注的。如果仅把它们看作真值函项联结词，它们和“并且”所表达的并列关系一样，都陈述了支命题同真的关系，因此，都表达联言命题。

在实际表达中，联言命题的联结词有时也可以省略。

【例 4】虚心使人进步，骄傲使人落后。

这一命题的两个支命题之间没有联结词，要确定是否在陈述中对这两个命题都加以肯定，有时需要考虑上下文。

联言命题中如果几个联言支的主项或谓项是相同的，在具体表述时常常只保留一个而省略其他重复的，这样表达更简练，更符合日常语言表达的习惯。

【例 5】鉴定结论和勘验笔录都是证据。

上例陈述了两个命题：“鉴定结论是证据”和“勘验笔录是证据”，用“和”联结起来，表示对这两个命题都加以肯定。这一命题中，因为两个支命题有共同的谓项“证据”，所以在表达时合并陈述了。同样，【例 2】如果这样表达更符合语言习惯：

公民依法享有民事权利并且承担民事义务。

联言命题也可以含有三个或更多的联言支。

【例 6】富贵不能淫，贫贱不能移，威武不能屈。

这是一个由三个联言支构成的联言命题。

联言命题在法条中是一种常见的表述形式。例如《刑法》第 13 条：

【例 7】一切危害国家主权、领土完整和安全，分裂国家、颠覆人民民主专政的政权和推翻社会主义制度，破坏社会秩序和经济秩序，侵犯国有财产或者劳动群众集体所有的财产，侵犯公民私人所有的财产，侵犯公民的人身权利、民主权利和其他权利，以及其他危害社会的行为，依照法律应当受刑罚处罚的，都是犯罪，但是情节显著轻微危害不大的，不认为是犯罪。

这是一个由多个联言支构成的联言命题。该法条在规定了一般原则之后，对例外情况作了补充规定，“但是”之后的内容是一般原则的补充条款。这样的表述在法条上称为“但书”，是法律条文中一种常见的表达式。法律条款中的“但书”多是对前段内容的例外、限制、相反或补充的规定。需要强调的是，但书的陈述和之前条款的陈述在逻辑上是同时加以肯定的关系，所以，整个法律条文是一个包含了多个联言支的联言命题。

如果用 A、B 表示命题变项，上述包含两个支命题的联言命题具有共同的形式：

A 并且 B。

联结词“并且”用符号“$\wedge$”表示，则上述包含两个支命题的联言命题共同的形式表示为：

$A \wedge B$

其中，“$\wedge$”表示合取词，A、B 表示命题变项，这一公式称为合取式。上述每一个联言命题都是合取式 $A \wedge B$ 的代入实例。比如，【例 2】的命题形式可以表示为 $p \wedge q$，【例 3】（1）的命题形式可以表示为 $r \wedge s$。

对于由三个以上联言支构成的联言命题的形式表达，可以先由前两个联言支构成一个合取式，然后再和第三个联言支结合，构成更复杂的合取式。例如，【例 6】的命题形式可以表示为 $(p \wedge q) \wedge r$。

联言命题是真值函项命题，合取词是真值联结词。合取词的逻辑性质是：对于任意两个命题变项 A 和 B，它们可能的真值组合共有四种。如果两个联言支都为真，那么合取式 A∧B 为真；如果有一个联言支为假，那么合取式 A∧B 就是假的。这四种可能情形及每种情形下合取式 A∧B 的真值情况排列如下：

如果 A 真且 B 真，那么 A∧B 为真；

如果 A 真且 B 假，那么 A∧B 为假；

如果 A 假且 B 真，那么 A∧B 为假；

如果 A 假且 B 假，那么 A∧B 为假。

上述合取式的真值由其支命题的真值确定的情形如表 4-2 所示：

表 4-2　合取式真值表

A	B	A∧B
1	1	1
1	0	0
0	1	0
0	0	0

下面运用合取式的逻辑性质分析一个具体的案例。

2003 年“乙肝歧视第一案”的引发在事实及法律上与联言命题的准确理解有关。安徽青年张某从当地某大学环境专业毕业，并于 2003 年 6 月 30 日参加了安徽省国家公务员考试，报考的是芜湖县委办公室经济管理人员，笔试和面试的成绩在近百名竞争者中排在第一位，然而在随后的体检中却被查出感染了乙肝病毒。尽管张某被确诊感染乙肝病毒，但体检结果显示在乙肝五个检测指标中，其只有第一项和第五项是阳性（按医学定义，第一、三、五项为阳即为“大三阳”，病毒复制快，有传染性；第一、四、五项为阳性则是“小三阳”，病毒复制相对较慢，传染性相对较小）。相关专家认为，第一、五或者四、五两项阳性说明此人感染过乙肝病毒，或者正在康复之中，但基本不具备传染性，在社会生活角色上应该被视为健康人。另外，安徽省制定的《安徽省国家公务员体检标准》的第 4 条第 2 款在针对“乙肝两对半检测不合格情况”列举的七种不合格情况中，恰恰没有第一、五项同时为阳这一条。但是张某仍被芜湖市人事局宣布“乙肝两对半不合格”。9 月 25 日，芜湖人事局正式宣布张某体检不合格未被录取。11 月 10 日，张某正式向芜湖人事局所在的新芜区人民法院提起行政诉讼，状告人事部门“歧视乙肝患者”。从逻辑的眼光看，即使有法律依据断定乙肝呈阳性者不符合被录用公务员的条件，张某也不是乙肝呈阳性者，因为乙肝呈阳性的两种情形都是乙肝五项检测指标中的三项呈阳性。作为具有传染性的乙肝构成条件的两种情况都相当于一个由三个支命题构成的联言命题。任一支命题的成立都是联言命题成立不可或缺的条件。既然缺少第三项为阳性不构成“大三阳”，缺少第四项为阳性不构成“小三阳”，张某就不是传染性乙肝病毒携带者，而是健康者。所以，芜湖市人事局不录用张某的行为是违法的。

（三）析取词

析取词联结两个命题构成析取式。表达析取式的命题称为选言命题。

选言命题陈述两个命题中至少有一个命题为真。在自然语言中，通过在两个命题之间加上“或者”表达析取。例如：

【例 8】犯罪主体是自然人或者是法人。

上例中“或者”联结了两个支命题：“犯罪主体是自然人”和“犯罪主体是法人”，用“或者”联结起来，表达了这两个命题至少有一个为真。选言命题的支命题称为“选言支”或“析取支”，联结词称为“析取词”，在自然语言中一般用“或”“或者”表达。

【例 9】某甲和某乙至少有一个人是凶手。

上例中陈述了两个支命题：“某甲是凶手”和“某乙是凶手”，其中出现的联结词“至少有一个”和“或者”所表达的含义显然是相同的。

在实际表达中，选言命题的联结词不可以省略。如果没有“或者”这样的联结词，就无法表达命题之间至少有一个为真的关系。

选言命题也可以含有三个或更多的选言支。

【例 10】人的血型或者是 A 型，或者是 B 型，或者是 AB 型，或者是 O 型。

这是一个由四个选言支构成的选言命题。

如果用 A、B 表示命题变项，上述包含两个支命题的选言命题具有共同的形式：

A 或者 B。

联结词“或者”用符号“∨”表示，则上述包含两个支命题的联言命题共同的形式表示为：

$A \vee B$。

其中，“∨”表示析取词，A、B 表示命题变项，这一公式称为析取式。上述每一个选言命题都是析取式 $A \vee B$ 的代入实例。比如，【例 8】的命题形式可以表示为 $p \vee q$，【例 9】的命题形式可以表示为 $r \vee s$。

对于由三个以上选言支构成的选言命题的形式表达，可以先由前两个选言支构成一个析取式，然后再和第三个选言支结合，构成更复杂的析取式……如此继续构造。例如，【例 10】的命题形式可以表示为 $((p \vee q) \vee r) \vee s$。

选言命题是真值函项命题，析取词是真值联结词。析取词的逻辑性质是：对于任意两个命题变项 A 和 B，它们可能的真值组合共有四种。如果选言支中有一个为真，那么析取式 $A \vee B$ 就是真的；如果两个选言支都为假，那么析取式 $A \vee B$ 为假。也就是说，我们将析取词所联结的支命题之间的关系解释为相容的选言关系。

上述析取式的真值由其支命题的真值确定的情形如表 4-3 所示：

表 4-3 析取式真值表

A	B	$A \vee B$
1	1	1
1	0	1
0	1	1
0	0	0

下面的案例涉及对联言命题和选言命题的理解和运用。

1989 年，浙江富阳所在地两邻村村民因利益冲突引起纠纷。双方相持不下之际，村民夏某利用村广播站的喇叭发表言论，号召全体村民不畏对方势力，团结起来，一致为了全村的利益和对方较量。在夏某的呼吁下，村民们集中起来，又一次发动了和邻村的直接冲突。公安人员赶到后，以扰乱治安为由对夏某施以拘留 15 天的处罚。

公安人员作出上述决定的法律依据是当时施行的《治安管理处罚条例》第 19 条第 5 款。相关规定是："有下列扰乱公共秩序行为之一，尚不够刑事处罚的，处十五日以下拘留、二百元以下罚款或者警告……第（五）款是：（五）造谣惑众，煽动闹事的……"

夏某对公安机关的上述决定提起了行政诉讼，理由是公安机关适用法律错误。因为法律规定对造谣惑众且煽动闹事的行为才能施以拘留的处罚，而自己并没有造谣惑众，诉请人民法院撤销公安机关的行政行为。一审法院支持了原告的诉讼请求。公安机关不服，提起了上诉，理由是自己的行政行为合法有效：法律规定是造谣惑众或者煽动闹事者都该施以处罚，夏某的煽动闹事行为适用于上述法律的规定。二审法院支持了上诉人的请求，对一审作了改判。夏某不服，提起再审，浙江省高级人民法院对该案进行再审。再审审理期间，审判人员对上述法律规定的理解产生了分歧：一派认为同时具备造谣惑众和煽动闹事的行为才能施以处罚；另一派认为造谣惑众和煽动闹事中任居其一便可施以处罚。双方相持不下，浙江省高级人民法院请求对上述规定给予解释，后公安部对该规定作了解释：任居其一便可施以处罚。至此，夏某提起的案件才告审结。

该案经过一审、二审、再审以及批复各程序及环节，究其实质，是对 1986 年《治安管理处罚条例》第 19 条第 5 款理解的分歧：该条款规范的行为是既要造谣惑众又要煽动闹事还是造谣惑众或者煽动闹事中的任何举动。从逻辑的角度看：分歧在于该法律规定陈述的是联言命题还是选言命题。

联言命题陈述事物情况都存在，支命题陈述的情况都符合实际；选言命题陈述事物情况至少有一个存在，支命题中至少有一个陈述符合实际。表达联言命题的联结词是"并且"，表达选言命题的联结词是"或者"。

法律规范如果用联言命题表述，表明各要件缺一不可；法律规范若用选言命题表述，表明符合任一要件便适用该法律。从立法文字表达看，将 1986 年《治安管理处罚条例》第 19 条第 5 款理解为联言命题并无不妥：从它的概括条款看，"有下列行为之一"表明若没有特别说明下述各款描述的都是行为之一；另外，从语言表达看，联言命题的联结词通常可以省略但选言命题的联结词通常不能省略，而第 5 款在"造谣惑众"和"煽动闹事"之间没有联结词。如果法律文字的表达改为"造谣惑众或煽动闹事"，对于该法条的理解就会毫无歧义地像公安部最后批复的那样。

1994 年修改后的《治安管理处罚条例》的相关条款如下：

第十九条　有下列扰乱公共秩序行为之一，尚不够刑事处罚的，处十五日以下拘留、二百元以下罚款或者警告：

（一）扰乱机关、团体、企业、事业单位的秩序，致使工作、生产、营业、医疗、教学、科研不能正常进行，尚未造成严重损失的；

（二）扰乱车站、码头、民用航空站、市场、商场、公园、影剧院、娱乐场、运动场、展览馆或者其他公共场所的秩序的；

（三）扰乱公共汽车、电车、火车、船只等公共交通工具上的秩序的；

（四）结伙斗殴，寻衅滋事，侮辱妇女或者进行其他流氓活动的；

（五）捏造或者歪曲事实、故意散布谣言或者以其他方法煽动扰乱社会秩序的；

（六）谎报险情，制造混乱的；

（七）拒绝、阻碍国家工作人员依法执行职务，未使用暴力、威胁方法的。

修改后的第5款的表述对各种煽动的方法用“或者”联结，对此应该理解为以各种方法煽动扰乱社会秩序的行为，只要具备其中一种行为即违反此款规定。这样的表述显然明确多了。

（四）蕴涵词

蕴涵词联结命题而构成蕴涵式。表达蕴涵式的命题称为假言命题。

假言命题陈述某一命题为真是另一命题为真的条件，所以假言命题又称为条件命题；假言命题的联结词是蕴涵词，所以假言命题也称为蕴涵命题。

【例11】如果张三是犯罪嫌疑人，那么张三到过案发现场。

这个假言命题的联结词是“如果……那么”，它联结了两个支命题，即“张三是犯罪嫌疑人”和“张三到过案发现场”。这两个支命题在复合命题中的地位是不同的，应加以区分，所以把写在前面的那个支命题称为“前件”，把写在后面的那个支命题称为“后件”。

在自然语言中，表达假言命题的连词是多种多样的。

【例12】(1) 假如他能保持现在的状态，那么比赛时就会创造佳绩。

(2) 只要驳倒了对方的论证，就能胜诉。

(3) 一旦准备就绪，就马上出发。

以上【例12】(1) 中的联结词是“假如……那么”，【例12】(2) 中的联结词是“只要……就”，【例12】(3) 中的联结词是“一旦……就”，这些联结词和“如果……那么”一样，都表达假言命题。

在实际表达中，假言命题的联结词有时也可以省略。

【例13】(1) 人心齐，泰山移。

(2) 未经人民法院依法判决，对任何人都不得确定有罪。

省略了联结词的表达比完整的表达更简洁，但显然容易有歧义。前面谈到，联言命题的联结词也可以省略。因此，一个没有联结词的命题究竟是联言命题还是假言命题，需要考虑上下文来确定。

假言命题是法律条文中常用的一种表达式。大多数法律条文的表达都省略了联结词。例如《刑法》第102条规定：

【例14】勾结外国，危害中华人民共和国的主权、领土完整和安全的，处无期徒刑或者十年以上有期徒刑。

如果用A表示假言命题的前件，用B表示假言命题的后件，上述假言命题具有共同的形式：

如果A那么B。

联结词“如果……那么”用符号“→”表示，则上述假言命题共同的形式表示为：

$A \rightarrow B$。

其中，“→”称为蕴涵词，A称为前件，B称为后件，这一公式称为蕴涵式。上述每一个假言命题都是蕴涵式$A \rightarrow B$的代入实例。比如，【例11】的命题形式可以表示为$p \rightarrow q$，【例13】（1）的命题形式可以表示为$r \rightarrow s$。

假言命题断言在其前件为真的任何情况下，它的后件也为真。它并不断言其前件为真，而只是断言如果其前件为真，其后件也为真；它也不断言其后件为真，而仅仅断言在前件为真的条件下，它的后件会为真。假言命题的基本含义是断言其前后件之间的某种关系以特定次序成立。要理解假言命题的含义，我们必须理解蕴涵关系的含义。

自然语言中的“如果……那么”以及“只要……就”等表达假言命题的连词是多义的。例如，考察下面这些假言命题，它们所表达的条件关系都是不同的：

【例15】（1）如果每个人都要参加体能测试，那么他也要参加体能测试。

（2）如果张三是单身汉，那么张三是未婚的。

（3）如果他患了肺炎，那么他会发烧。

（4）如果时光可以倒流，那么我会重新作出选择。

（5）如果冬天已经到了，春天也就快要到了。

（1）的后件是由它的前件逻辑地推出的，所以这里表达的是逻辑推理关系；（2）的后件是根据其前件中“单身汉”的定义得到的；（3）的后件不是根据逻辑关系或词义，而是需要根据经验，因为这里表达的是因果关系；（4）表达了某人在特定情形下如何行事的决策；（5）所表达的不同于前述任何一种关系，虽然表达了一种时序关系，但看作一种语言上的修辞更为恰当。

可见，这五个假言命题的不同之处，就在于每个命题断言了其前件和后件之间的一种不同类型的条件关系。但它们并非完全不同，因为它们表达的都是蕴涵关系，这是上述这些不同的假言命题的共同之处。我们通过考虑这样一个问题来探讨它们所表达的蕴涵关系的共同之处：什么情形足以确立一个给定的假言命题为假？

【例15】（3）这个假言命题并未断言他患了肺炎，也没有断言他发烧了，它仅仅断言了如果前件所述成立，那么后件所述就会成立。如果事实上他患了肺炎，但却没有发烧，就证明该命题是假的。可以说，当一个条件命题的前件为真时，就面临一个关于此命题是否为假的严格检验：如果它的前件为真且后件为假，那么该条件命题就被证明为假。

对于任何一个假言命题“如果A那么B”来说，如果已知合取式$A \wedge \neg B$为真，也就是说，如果它的前件为真且后件为假，则可知该假言命题为假；而如果一个假言命题为真，则上述合取式一定为假，即它的否定$\neg(A \wedge \neg B)$一定为真。总之，$A \rightarrow B$为真，$\neg(A \wedge \neg B)$一定也为真。据此，我们可以把$\neg(A \wedge \neg B)$当作“如果A那么B”含义的一部分。

每个假言命题都意味否定其前件为真且后件为假，但这不必是其整个含义。【例15】（1）那样的条件命题还断言了其前件和后件之间的一种逻辑联系，（2）那样的条件命题还断言了一种定义性联系，（3）那样的条件命题还断言了一种因果性联系，而（4）那样的条件命题还断言了一种决策性联系。但不管一个条件命题断言的是何种蕴涵，它的一部分含义是对其前件和后件的否定的合取的否定（即$\neg(A \wedge \neg B)$）。

上述含义是假言命题仅仅在真值函项命题意义上的含义，联结命题的蕴涵词仅作为真值联结词使用。我们将 A→B 定义为¬(A∧¬B)，这样理解的蕴涵关系称为实质蕴涵。实质蕴涵 A→B 的真值情况如表 4-4 所示：

表 4-4 实质蕴涵定义真值表

A	B	¬B	A∧¬B	¬(A∧¬B)	A→B
1	1	0	0	1	1
1	0	1	1	0	0
0	1	0	0	1	1
0	0	1	0	1	1

其中，前两列是命题变项 A 和 B 的真值组合的所有可能情形，第三列由第二列根据否定词的真值表运算而得，第四列由第一列和第三列根据合取词的真值表运算而得，第五列由第四列根据否定词的真值表运算而得。根据定义，第六列与第五列真值相同。

按照这一定义，实质蕴涵不代表具体的任何一种蕴涵，而是有它特定的单一的含义，就是¬(A∧¬B)。具体来说，实质蕴涵 A→B 的真值情况是：

当前件 A 为真，后件 B 为真时，A→B 为真；

当前件 A 为真，后件 B 为假时，A→B 为假；

当前件 A 为假，后件 B 为真时，A→B 为真；

当前件 A 为假，后件 B 为假时，A→B 为真。

真值表如表 4-5 所示：

表 4-5 实质蕴涵真值表

A	B	A→B
1	1	1
1	0	0
0	1	1
0	0	1

显然，对假言命题形式或者说蕴涵词的这种真值解释远不像前述三种复合命题形式的真值解释那样直观。这是因为，假言命题的前后件之间不仅有真值关系，而且有内容方面的联系。上述实质蕴涵只是对蕴涵关系前件和后件之间的真值关系的刻画，只反映假言命题前件和后件之间的真值关系，而不包含前件和后件之间在内容上的联系。

通常有这样一种观念，将条件命题理解为两种不同的条件关系——充分条件和必要条件，并且将二者结合起来形成第三种条件关系，即充要条件。在这一分类下，将形如“如果 A 那么 B”的假言命题称作“充分条件假言命题”，将形如“只有 A 才 B”的命题称作“必要条件假言命题”，将形如“当且仅当”的命题称作“充要条件假言命题”。下面在这样的分类下对这三种命题进行分析。不过还要强调的是，虽然将“如果 A 那么 B”这类命题称为充分条件假言命题，但“A→B”为真与“A 是 B 的充分条件”，严格来讲含义并不相同。

用“只有……才”联结词表达的命题称为必要条件假言命题。表达同样逻辑含义的联结词还有“仅当……才”“除非……才”。考虑下面这个命题：

【例 16】只有年满 18 周岁的公民才有选举权。

这一命题我们也可以这样表达：

如果公民没有年满 18 周岁，那么没有选举权。

这里，我们将原命题中的联结词转换为“如果没有……那么没有”。也就是说，用蕴涵词和否定词相结合，就可以表达这一命题的形式：

$\neg p \to \neg q$

这一命题显然还可以这样表达：

如果有选举权，那么就是年满 18 周岁的公民。

这一命题的形式为：

$q \to p$

因此，没必要再专门规定一个表示“只有……才”的逻辑联结词，基本联结词就足以表达它的逻辑含义。

一个必要条件假言命题实际上陈述了两个逻辑关系：前件是后件的必要条件，同时，后件是前件的充分条件。

同样道理，假言命题也陈述了两个逻辑关系：前件是后件的充分条件，同时，后件是前件的必要条件。

如果 A 是 B 的充分条件，我们就有 A→B，并且 B 一定是 A 的必要条件；如果 A 是 B 的必要条件，我们就有 B→A，并且 B 一定是 A 的充分条件。因此，如果 A 是 B 的充分且必要条件，那么 B 就是 A 的必要且充分条件。表达 A 和 B 互为充分且必要条件的命题称为充要条件命题，也就是下面要讲述的等值命题。

（五）等值词

等值词联结两个命题构成等值式。表达等值式的命题称为等值命题。

等值命题陈述两个命题是同真或者同假的关系。在自然语言中，“当且仅当”表达等值词。例如：

【例 17】（1）一个数是偶数当且仅当能被 2 整除。

（2）他犯了罪当且仅当他应当受到刑罚处罚。

【例 17】（1）陈述的两个支命题是“一个数是偶数”和“一个数能被 2 整除”，（2）陈述的两个支命题是“他犯了罪”和“他应当受到刑罚处罚”。

【例 18】如果小明参加我也参加，否则我也不参加。

上例陈述的两个支命题是“小明参加”和“我也参加”，其中并没有出现“当且仅当”这样的联结词，但从整个命题来看，它表达了“小明参加”和“我也参加”这两个命题是同真或者同假的关系，因此可以理解为等值命题。

和假言命题相同，等值命题的两个支命题也分别称为“前件”和“后件”，联结词称为“等值词”。

如果用 A 表示等值命题的前件，用 B 表示等值命题的后件，上述等值命题具有共同的形式：

A 当且仅当 B

联结词“当且仅当”用符号“↔”表示，则上述等值命题共同的形式表示为：

A↔B

其中，“↔”称为等值词，A 称为前件，B 称为后件，这一公式称为等值式。上述每一个等值命题都是等值式 A↔B 的代入实例。比如，【例 17】（1）的命题形式可以表示为 p↔q，（2）的命题形式可以表示为 r↔s。

等值命题是真值函项命题，等值词是真值联结词。等值词的逻辑性质是：对于任意两个命题变项 A 和 B，它们可能的真值组合共有四种。如果 A 和 B 都为真，那么意味着 A 和 B 等值；如果 A 和 B 都为假，那么也意味着 A 和 B 等值。在这两种情况下，A↔B 是真的，也就是说，A 和 B 是“实质等值的”。实质等值是这样一种真值函项联结词：它断言它所联结的命题有相同的真值。当两个命题都为真或都为假时，这两个命题就是实质等值的。如果 A 和 B 一个为真，一个为假，那么意味着 A 和 B 不等值，则 A↔B 为假。

上述等值式的真值由其支命题的真值确定的情形如表 4-6 所示：

表 4-6　等值式真值表

A	B	A↔B
1	1	1
1	0	0
0	1	0
0	0	1

从上述真值表中 A↔B 的真值关系可以看到，一个等值命题为真，意味着它的支命题的值相等，就是说它的前件和后件的值都为真或者都为假。这一性质可用公式表示为：

(A∧B)∨(¬A∧¬B)

一个等值命题为假，意味着它的支命题的值不相等，即前件和后件的值一个为真，一个为假。这一性质可用公式表示为：

(A∧¬B)∨(¬A∧B)

如果 A 和 B 相互等值，就意味着有 A 就有 B，并且有 B 就有 A，所以 A 和 B 实质上是相互蕴涵的关系。这一性质可用公式表示为：

（A→B）∧（B→A）

如前所述，如果将 A→B 看作表达充分条件命题，因为 A↔B 表达了 A 和 B 相互蕴涵的关系，那么 A↔B 就可看作表达充要条件命题。

二、多重复合命题形式

复合命题的支命题可以是简单命题，这样的复合命题称为基本的复合命题，也就是前面所分析的五种复合命题；复合命题的支命题也可以是复合命题，这样的复合命题称为多重复合命题。

多重复合命题是由简单命题和命题联结词经过多次联结而逐层构成的，是基本的复合命题的多次组合。在多重复合命题中，支命题是复合命题，支命题的支命题还可以是复合命题。因此，简单命题和命题联结词的多次联结，复合命题的多次组合，可以构成非常复杂的多重复合命题。多重复合命题表达命题之间复杂的逻辑关系。

【例 19】明知自己的行为会发生危害社会的结果，并且希望或者放任这种结果发生，因而构成犯罪的，是故意犯罪。

这就是一个多重复合命题。这一命题中包含了多个简单命题，并且是用多个联结词联结而构成的。

多重复合命题包含两个或两个以上的命题联结词，这些联结词处于结构中不同的层次。其中，最外层的联结词称为主联结词。主联结词体现了多重复合命题的基本性质，多重复合命题以其主联结词命名和分类。如上例中的主联结词是"如果……那么"，上述多重复合命题称为假言命题。

多重复合命题的形式称为多重复合命题公式。如果用 p、q、r、s、t……表示多重复合命题中先后出现的简单命题，上述多重复合命题的形式为：

$(p \wedge (q \vee r) \wedge s) \rightarrow t$

这个命题公式称为蕴涵式。

用符号表示多重复合命题的形式，即多重复合命题形式化的步骤是：

第一步，逐层找出支命题，用命题变项符号 p、q、r、s、t……表示多重复合命题中先后出现的支命题，相同的命题代以相同的符号，不同的命题代以不同的符号。

第二步，根据多重复合命题所陈述的支命题之间的逻辑关系，确定或补上命题联结词，并用基本的命题联结词符号表示。将命题变项用相应的命题联结词联结起来，就得到了多重复合命题的形式。

在使用符号表示多重复合命题公式时，需要用括号来表示命题公式中的命题之间的结构关系。括号内的公式是一个独立的部分。为了减少公式中的括号，可以对命题联结词和命题联结的结合力强弱作以下规定：

$\neg$最强，$\wedge$和$\vee$次之，$\rightarrow$较弱，$\leftrightarrow$最弱。

按照这样的规定，公式经过简化以后，表达更简洁。例如：

【例 20】放火、决水、爆炸以及投放毒害性、放射性、传染病病原体等物质或者以其他危险方法危害公共安全，尚未造成严重后果的，处三年以上十年以下有期徒刑。

第一步，将其中的支命题一一找出，并代以相应的命题变项符号：

以放火危害公共安全（p）

以决水危害公共安全（q）

以爆炸危害公共安全（r）

以投放毒害性、放射性、传染病病原体等物质危害公共安全（s）

以其他危险方法危害公共安全（t）

尚未造成严重后果（u）

处三年以上十年以下有期徒刑（v）

第二步，根据命题之间的逻辑关系，将命题变项分别用真值联结词联结起来，就可以得到这个多重复合命题的形式：

$((p \vee q \vee r \vee s \vee t) \wedge u) \to v$

根据减少括号的规定，公式可以进一步简化为：

$(p \vee q \vee r \vee s \vee t) \wedge u \to v$

应当指出，在分析多重复合命题形式时，支命题可以分析到简单命题，也可以分析到复合命题为止。例如，在上述多重复合命题形式中，有些命题变项代表简单命题，有些命题变项则表示复合命题。在这里，根据分析时的具体情况和必要性，可以把某些复合命题视为一个整体，而不再加以分析。

就表达命题之间的逻辑关系而言，五个基本的命题联结词是足够的。因此，任何复合命题都可以用这五个基本的复合命题的相互组合来表达，任何复合命题的形式都可以用这五个基本的命题形式的相互组合来表达。也就是说，任何复合命题形式都可以用命题变项和这五个基本的命题联结词的多次联结来表达。下面再分析几个实例。

【例 21】那个皇帝既不关心他的军队，也不理睬国家政务。

如果用 p 和 q 分别指代命题中的支命题，这个命题的形式是：

既不 p 也不 q

这一命题形式可以用否定词和合取词相互结合来表达：

$\neg p \wedge \neg q$

【例 22】要么选择鱼，要么选择熊掌。

按照某种观点，“要么 A 要么 B”表达选言命题中选言支是不相容的关系的命题，称为排斥选言命题。“要么 A 要么 B”实际上表达的是：

A 或者 B，二者不可兼得。

根据上述理解，排斥选言命题表达的是选言命题中的一种特殊情况，即排除了同真的可能性，所以，【例 22】的命题形式可以表示为：

$(p \vee q) \wedge \neg(p \wedge q)$

这一表达式是合取词、析取词和否定词的结合。

排斥选言命题的两个支命题是相互排斥的，也就是说：当 A 为真时，B 为假；当 A 为假时，B 为真，所以上述命题形式也可以表示为：

$(p \wedge \neg q) \vee (\neg p \wedge q)$

这一表达式也是合取词、析取词和否定词的结合。

可以看出，排斥选言命题所表达的命题之间的真值关系和等值命题是矛盾的，所以，上述命题的形式又可以表示为：

$\neg(p \leftrightarrow q)$

这一表达式是否定词和等值词的结合。

总之，不论怎样分析，都可以用基本的命题联结词的结合来表达“要么 A 要么 B”的命题形式。

需要指出的是，选言命题的选言支是相容的还是不相容的是根据命题内容进行的区分。但命题逻辑主要是研究命题形式的真值关系，所以从内容方面对选言支进行区分并不必要。这里所做的分析，主要是想说明如何用基本的命题联结词表达多重的复合命题的形式。

尽管多重复合命题有时在结构上非常复杂，但是，我们总可以根据它所包含的命题联结词，逐层对多重复合命题的逻辑结构，对多重复合命题所陈述的命题之间的复杂的逻辑关系进行分析。有时法律条文的语言表述中虽然没有命题联结词，但是，我们总可以根据法律条文所陈述的逻辑关系，把省略的联结词补充上。

法律条文通常要考虑到各种因素、各种情况、各种可能，因而它所陈述的逻辑关系往往是很复杂的。为了准确地理解法律和正确地适用法律，就有必要对法律条文所陈述的逻辑关系即法律条文的逻辑结构进行分析。对法律条文进行逻辑分析最基本的方法，就是把法律条文作为多重复合命题进行分析。分析了多重复合命题的命题形式，就是分析了相应法律条文的逻辑结构。

第三节　重言式与有效性

一、有效和无效的定义

给出论证形式的有效和无效的精确定义，是演绎逻辑的核心问题之一。

一个论证形式是无效的，当且仅当它至少有一个前提为真且结论为假的代入实例。任何不是无效的论证形式一定是有效的。

一个论证形式是有效的，当且仅当它没有前提为真且结论为假的代入实例。

关于无效的论证形式的定义是基于这一事实，即无效论证形式的任何代入实例都是无效的。所以，我们只要能够找到一个论证形式，其代入实例的前提是真的而结论却是假的，那么即可证明此论证形式一定是无效的。

因为一个论证形式，或者是有效的，或者是无效的，所以，不是无效的论证形式一定是有效的论证形式。

二、根据真值表检验论证

有了论证形式的有效和无效的精确定义，就能设计一个检验所有真值函项论证形式有效性的方法。真值表法就是能够达至这一目标的方便而有用的方法。

要检验一个论证形式是否有效，可以考察它所有可能的代入实例，检查它们当中是否有一个前提为真而结论为假。当然，任何一个论证形式都有无穷多个代入实例，我们并不需要逐一去考察。因为我们要考察的只是它们的前提和结论的真假关系，所以在此只需考虑真值问题，而无关代入实例中的前提和结论的具体内容。我们只需考察简单命题的真值和由真值联结词联结简单命题而构成的复合命题的真值。因此，通过考察简单命题真值的所有可能的排列组合，我们就得到了其前提和结论在不同的真值组合下的所有可能的代入实例。这时，只需检查所有的真值组合中是否存在这样一种组合，即其所有前提是真而结论是假。如果存在这样的组合，则此论证形式是无效的；如果不存在这样的组合，则此论证形式就是有效的。

如果一个论证形式只有 A 和 B 两个命题变项，那么它们所有的真值组合情况是：或者 A 和 B 都是真的，或者 A 为真 B 为假，或者 A 为假 B 为真，或者 A 和 B 都是假的。所以，它们的所有代入实例是：或者 A 和 B 都代入真命题，或者 A 代入真命题而 B 代入假命题，或者 A 代入假命题而 B 代入真命题，或者 A 和 B 都代入假命题。用真值表可以清晰而简洁地将这些不同情形排列出来。例如，如果要判定下列论证形式的有效性：

A→B

B

———

A

可构造如表 4-7 所示真值表：

表 4-7 肯定后件式的真值表验证

A	B	A→B
1	1	1
1	0	0
0	1	1
0	0	1

这个真值表中的每一行代表一个代入实例。第一列和第二列中的“1”和“0”，表示该论证形式中的命题变项 A 和 B 的代入实例的真值。然后依据蕴涵词的真值的定义及第一列和第二列中命题变项的真值组合情况，填写第三列 A→B 的真值情况。显然，真值表中第三列的命题形式 A→B 是上述论证形式的第一个前提，第二列的命题形式 B 是上述论证形式的第二个前提，第一列的命题形式 A 是上述论证形式的结论。我们发现，在真值表的四行真值组合中，也就是该论证形式的所有代入实例中，第三行的两个前提都是 1，但结论是 0。这表明，上述论证形式至少有一个前提为真且结论为假的代入实例，这一行的存在表明该论证形式是无效的。凡是具有这一论证形式的论证都是无效的。因为这一论证形式的特征是肯定一个蕴涵式的后件，所以被称为犯了肯定后件式的谬误。

用真值表方法判定一个论证形式的有效还是无效，首先要正确地构造真值表。要正确地构造真值表，要为论证形式中的每个命题变项列出一列，其排列必须展示出所有命题变项的全部真值组合。具体而言，如果有两个命题变项，真值组合是四行；如果有三个命题变项，真值组合是八行；如果有四个命题变项，真值组合就会有十六行；如此等等。一个含有 n 个命题变项的命题形式，其真值组合有 2^n 种，即真值表有 2^n 行。每个前提和结论都必须有一列，构成前提和结论的每个符号表达式也都必须有一列。构造真值表来判定一个论证形式是有效还是无效，本质上是一种机械性的工作：只要求我们根据命题变项的真值组合，以及前面对否定词、合取词、析取词、蕴涵词和等值词这五个真值函项联结词的定义，仔细地将 1 和 0 填入相应的位置，就可以计算出该论证形式的所有前提和结论的真值组合情况。

其次要正确地解读真值表。真值表构造完毕，要正确地解读它，即正确地用它来评价被检验的论证形式，我们必须仔细考察哪些列表达被检验论证形式的前提，哪一列表达该论证形式的结论。例如，在检验前述论证形式时，我们考察到真值表的第三列和第二列是表达前提的，而结论是由第一列表达的。不过，根据我们检验的论证形式的不同，前提和结论有可能以任何顺序出现在真值表上。它们在真值表中的位置并不重要，重要的是我们必须清楚哪些列表达前提，哪一列表达结论。检验的目标是，判断是否存在这样一种情形，某行中的所有前提为真而结论为假。如果有这样一行，该论证形式就是无效的；如果没有这样一行，则该论证形式就是有效的。

三、常见的论证形式

（一）有效论证形式

1. 析取三段论

析取三段是基本的有效论证形式之一，其有效性依赖这样一个真值情况：如果一个析取式是真的，那么至少有一个析取支是真的。因此，如果其中一个析取支为假，则另一个析取支一定为真。析取三段论可用符号表示如下：

$$\frac{A \lor B \quad \neg A}{B}$$

为验证它的有效性，可构造如表 4-8 所示真值表：

表 4-8　析取三段论的真值表验证

A	B	¬A	A∨B
1	1	0	1
1	0	0	1
0	1	1	1
0	0	1	0

在上述真值表中，第四列和第三列分别是被验证论证形式的第一个前提和第二个前提，第二列是被验证论证形式的结论。真值表中第三行是 1 同时出现在两个前提列的唯一行，而在此行 1 也出现在结论列。因此该真值表表明，这个论证形式没有前提为真而结论为假的代入实例，从而证明了该论证形式的有效性。

从上述真值表可以看出，当 A∨B 为真并且 A 为假时（真值表第三行），B 为真。因此，可以从 A∨B 和¬A 推出 B。当 A∨B 为真并且 B 为假时（真值表第二行），A 为真。因此，可以从 A∨B 和¬B 推出 A。也就是说，如果前提中包含一个析取式，再加上否定一个析取支，就可必然推出另一个析取支为真的结论。所以，析取三段论也称为选言推理否定肯定式。

【例 1】该案件的作案人或者是甲或者是乙。现已查明不是乙。所以，该案件的作案人是甲。

用 p 指代“该案件的作案人是甲”，用 q 指代“该案件的作案人是乙”，上述推理的形式表示为：

$$\frac{p \lor q \quad \neg q}{p}$$

在刑侦工作中常常要用到选言推理否定肯定式。在刑侦工作中，具体的案件情况往往是错综复杂的，而且都是已经发生的情况，侦查人员所能看到的只是案件发生后的一些结果。由结果到原因的可能性是多种多样的。因此，侦查人员不可能一开始就对整个案情或某些环节作出确定的判断，而是只能根据已掌握的情况，作出各种可能性的假定。侦查人员作出的这种判断就是一个由若干选言支构成的选言命题。一般来说，在侦查工作的初期，用足够的证据来确定某一选言支为真是比较困难的，但根据已有的证据排除一部分选言支可能比较容易。如果能够排除一些选言支，那就排除了一些可能性，从而缩小了侦查范围，突出了重点嫌疑对象或者重点侦查方向。这样的推理是合乎逻辑的，是有效的论证形式。

2. 肯定前件式

肯定前件式也是常用的基本论证形式之一，其有效性依赖于这样一个真值情况：如果一个蕴涵式是真的，并且其前件是真的，那么其后件一定是真的。这一真值组合在蕴涵式真值表的第一行。肯定前件式用符号表示如下：

$$\frac{\begin{array}{l}A\to B\\ A\end{array}}{B}$$

如表 4-9 所示真值表可验证它的有效性：

表 4-9 肯定前件式的真值表验证

A	B	A→B
1	1	1
1	0	0
0	1	1
0	0	1

上述真值表的第三列和第一列是该论证的前提，第二列是该论证的结论。真值组合中只有第一行两个前提都为真，在这一行中结论也为真。这个真值表表明，具有肯定前件式的任何论证都是有效的。

【例 2】如果案发现场有某甲的脚印，则某甲到过案发现场；案发现场有某甲的脚印。所以，某甲到过案发现场。

这一论证的形式是：

$$\frac{\begin{array}{l}p\to q\\ p\end{array}}{q}$$

上述论证形式是肯定前件式，所以，上述论证形式是有效的。

3. 否定后件式

否定前件式也是常用的基本论证形式之一，其有效性依赖于这样一个真值情况：如果一个蕴涵式是真的，并且否定其后件，那么必然得出否定其前件的结论。否定后件式用符号表示如下：

$$\frac{\begin{array}{l}A \to B \\ \neg B\end{array}}{\neg A}$$

否定后件式的论证形式的有效性可用如表 4-10 所示真值表验证：

表 4-10　否定后件式的真值表验证

A	B	¬A	¬B	A→B
1	1	0	0	1
1	0	0	1	0
0	1	1	0	1
0	0	1	1	1

上述真值表的第四行表明，当两个前提（第五列和第四列）都为真时，结论（第三列）也为真。这里同样没有这样一行：其前提为真而结论为假。

【例 3】如果某甲的行为构成犯罪，则某甲的行为具有社会危害性；然而某甲的行为不具有社会危害性。所以，某甲的行为不构成犯罪。

这一论证形式是：

$$\frac{\begin{array}{l}p \to q \\ \neg q\end{array}}{\neg p}$$

上述论证形式是否定后件式，所以，上述论证形式是有效的。

假言推理是刑侦工作中常用的推理形式。侦查人员在分析案情时，经常要把规律性的知识或假设的前提和经侦查得到的事实相结合，运用肯定前件式得出某些结论，对案件的有关情况作出判断，确定侦查范围；侦查人员往往还要运用否定后件式排除错误的假设，以缩小侦查范围，明确侦查方向。

【例 4】如果蹬、踹动作抬脚的高度达到 90 厘米、鞋印长达 29 厘米，那么，案犯身高应在 1.75 米以上。该案现场留下的痕迹表明，踹门抬脚高度达到 90 厘米、鞋印长达 29 厘米。所以，该案案犯身高应在 1.75 米以上。

很多法律条文的形式是假言命题。因此，在适用这些法律条文处理具体案件时就要运用假言论证。在法庭辩论中，经常运用肯定前件式证明其诉讼主张，运用否定后件式反驳对方的诉讼主张。

【例 5】被告人李某 1995 年 11 月 12 日从某车站乘上开往长春的旅客列车，并随身携带钢珠手枪两支、钢珠手枪子弹两发准备到公主岭去卖，被乘警查获。

一审判决中，法院判决被告人李某犯非法携带枪支子弹进站上车罪，判处有期徒刑六个月。宣判后检察院提起抗诉，认为原审法院判决定性和适用法律错误，应按最高人民法院《关于执行〈中华人民共和国铁路法〉中刑事罚则若干问题的解释》第 2 条第 4 项规定，以非法运输枪支、弹药罪对被告人定罪处罚。二审法院经审理认为：根据最高人民法院《关于办理非法制造、买卖、运输非军用枪支、弹药刑事案件法律问题的解释》第 2 条第 1 项规定，

“非法制造非军用枪支一支或买卖、运输两支以上的”，“处七年以下有期徒刑”，又根据最高人民法院《关于执行〈中华人民共和国铁路法〉中刑事罚则若干问题的解释》第2条第4项的规定，“行为人非法运输枪支、并携带枪支进站上车的，应以非法运输枪支罪定罪处罚”。被告李某非法运输钢珠手枪两支，其行为已构成非法运输枪支罪。原审法院认定李某犯非法携带枪支、子弹上车罪定性不准，应予改判。最后，二审法院作出判决：(1) 撤销一审法院对本案的判决；(2) 原审被告人李某构成非法运输枪支罪，判处有期徒刑一年六个月。

二审法院根据法律的相关规定及本案的事实进行的判决可整理如下：

(1) 行为人非法运输枪支并携带枪支进站上车的，应以非法运输枪支罪定罪处罚。

本案被告人李某非法运输枪支并携带枪支进站上车。

所以，本案应以非法运输枪支罪定罪处罚。

这是一个肯定前件式的论证。

(2) 非法制造非军用枪支一支或买卖、运输两支以上的，处七年以下有期徒刑。

本案被告人李某非法运输两支非军用手枪。

所以，本案被告人李某应处七年以下有期徒刑。

这也是一个肯定前件式的论证。需要说明的是，这个论证的前件不是一个简单命题，而是一个包含了三个选言支的选言命题；此论证的第二个前提肯定的是该选言命题中的一个选言支。从析取式的真值表可以看到，当一个选言支为真时，析取式也一定是真的。我们会在第四节形式证明中再引入此推理规则。

4. 假言三段论

假言三段论也称假言连锁推理，它的前提和结论都是由假言命题构成的。它的论证形式是：

$$\frac{\begin{array}{l}A \to B\\ B \to C\end{array}}{A \to C}$$

因为此论证形式包含三个不同的命题变项，所以其真值表中三个命题变项的真值组合是八行，即共有八种可能的代入实例。该真值表如表4-11所示：

表4-11 假言三段论的真值表验证

A	B	C	A→B	B→C	A→C
1	1	1	1	1	1
1	1	0	1	0	0
1	0	1	0	1	1
1	0	0	0	1	0
0	1	1	1	1	1
0	1	0	1	0	1
0	0	1	1	1	1
0	0	0	1	1	1

在构造该真值表时，依据第一列和第二列构造第四列，依据第二列和第三列构造第五列，依据第一列和第三列构造第六列。检查构造完毕的真值表，可以看到第一、第五、第七和第八行的前提（第四列和第五列）都是真的，所有这几行的结论（第六列）也都是真的。此真值表验证了该论证形式的有效性。

【例 6】如果要想在法庭上胜诉，就要有充分、确实的证据；而要有充分、确实的证据，就要作周密、深入的调查研究。所以，如果要想在法庭上胜诉，就要作周密、深入的调查研究。

用符号表示为：

$$\frac{\begin{array}{l}p\to q\\ q\to r\end{array}}{p\to r}$$

上述论证形式是假言三段论，所以，可以验证其是有效的。

（二）无效论证形式

1. 肯定否定式

肯定否定式是选言论证中常见的无效论证。其符号化为：

$$\frac{\begin{array}{l}A\vee B\\ A\end{array}}{\neg B}$$

该真值表如表 4-12 所示。

表 4-12　肯定否定式的真值表验证

A	B	¬B	A∨B
1	1	0	1
1	0	1	1
0	1	0	1
0	0	1	0

真值表中两个前提（第四列和第一列）都为真的是第一行和第二行，而第一行中结论（第三列）为假，也就是说，该论证形式存在这样的真值组合：两个前提都为真而结论为假。所以，该论证形式是无效的。

【例 7】某案件的案犯或者是甲，或者是乙。现已确定是甲，所以，不是乙。

事实上，虽然已经确定了是甲，但并不能排除乙是案犯的嫌疑。从上述真值表可以验证这一点。

2. 肯定后件式

肯定后件式和否定前件式是两个非常具有迷惑性的常见的无效论证。

肯定后件式是前面讨论过的论证形式：

$$\begin{array}{l} A \rightarrow B \\ B \\ \hline A \end{array}$$

尽管这个论证形式看起来和肯定前件式非常相似，但这两个论证形式是完全不同的。肯定前件式是有效的，肯定后件式是无效的。这一点同样可以通过真值表验证。

【例 8】如果他是该案件的作案人，那么他有作案时间。经调查他有作案时间。所以，他是该案件的作案人。

事实上，当某人有作案时间时，未必就是这起案件的作案人。构造真值表可以验证这一点。

3. 否定前件式

否定前件式和否定后件式在形式上有点相像，用符号表示如下：

$$\begin{array}{l} A \rightarrow B \\ \neg A \\ \hline \neg B \end{array}$$

尽管否定前件式和否定后件式在形式上有相像之处，但前者是无效的，而后者是有效的，这一点可以通过构造真值表验证。

【例 9】如果某甲的行为构成贪污罪，则某甲是国家工作人员。但某甲的行为不构成贪污罪。所以，某甲不是国家工作人员。

事实上，并不能由某甲的行为不构成贪污罪推知某甲是否国家工作人员。这一点通过真值表可以验证。

四、重言式

（一）命题形式的分类

根据命题形式的真值情况，可以将命题形式分为三种不同的类型：重言式、矛盾式和偶真式。

命题“孔子是鲁国人”（p）和“孔子或者是鲁国人或者不是鲁国人”（$p \vee \neg p$）都是真的，但它们的“真”具有不同意义；同样，命题“庄子是鲁国人”（q）和“庄子既是鲁国人又不是鲁国人”（$q \wedge \neg q$）都是假的，但是它们的“假”也不在同一意义上。将这样不同意义的真或假加以区分是非常重要的。

命题 p 为真和命题 q 为假是历史事实，它们的真或假需要通过对历史经验或记载的研究发现，无关逻辑必然性；而命题 $p \vee \neg p$ 的真与历史事实无关，具有逻辑的必然性，它的真独立于任何事实。这样的真称为逻辑真，或者形式真。它的真仅仅取决于形式，这样的形式的所有代入实例都是真命题。同理，命题 $q \wedge \neg q$ 的假也与任何经验事实无关，而是具有逻辑的必然性，它是逻辑假的，或曰形式假。

一个只有真代入实例的命题形式称为重言的命题形式，简称重言式。命题形式 $A \vee \neg A$ 是一个重言式，可构造出如表 4-13 所示真值表：

表 4-13　重言式 A ∨¬ A 的真值表

A	¬ A	A ∨¬ A
1	0	1
0	1	1

因为命题变项只有一个，所以可能的真值组合只有两种，代表了所有可能的代入实例。被检验命题列的真值都是 1，所以该命题形式是重言式，也称为永真式。

一个只有假代入实例的命题形式称为自相矛盾的命题形式，简称矛盾式。命题形式 A ∧¬ A 是一个矛盾式，可构造出如表 4-14 所示真值表：

表 4-14　矛盾式 A ∧¬ A 的真值表

A	¬ A	A ∧¬ A
1	0	0
0	1	0

因为被检验命题列的真值都是 0，所以该命题形式是矛盾式，也称为永假式。

其代入实例既有真命题又有假命题的命题形式，称为偶真的命题形式，简称偶真式。例如，A、¬ B、A ∧ B、A ∨ B、A→B 等都是偶真的命题形式。

并非命题形式都像上面所引的例子那样简单，明显是重言的、矛盾的或偶真的。这时，就需要借助技术性的手段来帮助判定。

（二）论证形式与重言蕴涵式

任何论证形式都可以表达为这样一个条件命题形式：它的前件是该论证的前提的合取，它的后件是该论证的结论。例如，一个具有析取三段论的论证形式：

A ∨ B

¬ A

———

B

则可以被表达为一个条件命题形式：

(A ∨ B) ∧¬ A→B

如果原论证形式是有效的，即在所有情形中其结论一定可以从其前提推出，那么可以在真值表中表明，转化后的条件命题形式是重言式。因为这一条件命题形式的前件和后件的所有真值组合中，不会出现前件为真而后件为假的情形，而这是蕴涵式的真值表中蕴涵式的真值唯一为假的一行。总之，如果一个论证形式是有效的，那么它的前提的合取蕴涵它的结论这一命题形式只有真代入实例，即这一论证形式一定是一个重言的蕴涵式。

因为重言式反映了复合命题之间确定的真值关系，特别是重言的蕴涵式表达了有效的论证形式，所以，命题逻辑特别关注重言式。可以说，每一个重言式都是一条逻辑规律。因此，判定一个命题形式是否重言式是非常重要的问题。由此，根据命题形式是否恒真，将命题形式重新分为两类，即真值恒真的和真值可以为假的。真值恒真的命题形式称为重言式；真值可以为假的称为非重言式。其中，真值恒假的命题形式称为矛盾式。

（三）重言式的判定方法

1. 真值表法

真值表是判定重言式的有力工具。真值表法就是基于命题形式的真值表计算的判定方法。

一个论证形式是有效的，当且仅当其条件命题形式是一个重言式；一个论证形式是无效的，其条件命题形式一定不是重言式。如果一个条件命题形式是重言式，则在真值表中，其命题变项的全部真值组合中，其命题形式列下都是1。

任何论证形式的前提和结论都是由五个基本命题形式或者这五个基本命题形式的结合构成的，所以，基于五个基本命题形式的真值表，可以计算出任何命题形式的真值表。一般地，一个含有n个不同命题变项的命题形式，其真值组合有2^n种，即真值表有2^n行。如果命题形式的真值表的每一行，即每一种真值组合的真值都是真的，它就是重言式；否则就不是重言式。因此，一步一步地计算出命题形式的所有真值组合情况，就可以判定它是否重言式。

真值表法判定的步骤如下：

第一步，找出命题形式中的所有命题变项。

第二步，分析命题形式的层次结构。按照由里层向外层的原则将每一步都列出来。对于论证形式而言，需要分别分析它的前提和结论的形式。

第三步，构造真值表。列出命题变项的所有真值组合，并一步一步地计算出每一步的真值，直到主联结词，即命题形式的真值。对于论证形式而言，主联结词当然是蕴涵词。

【例10】不是只要刮风就会下雨，所以，刮风但不下雨。

判定上述推理形式是否重言式。

第一步，根据推理中的结论指示词“所以”，判断哪些部分是前提，哪些部分是结论，分别写出前提和结论的命题形式，并且将二者用蕴涵词联结起来。则上述推理形式为：

$\neg(p\to q)\to p\wedge\neg q$

第二步，该推理形式中共有两个命题变项：p和q。

第三步，该推理形式的层次结构是：（1）蕴涵式的前件中p和q由→联结构成$p\to q$，然后再由¬联结构成$\neg(p\to q)$；（2）蕴涵式的后件中p和¬q由∧联结构成$p\wedge\neg q$；（3）最后，由→联结前件$\neg(p\to q)$和后件$p\wedge\neg q$构成$\neg(p\to q)\to p\wedge\neg q$。

第四步，作出如表4-15所示真值表：

表4-15 【例10】的真值表法判定

p	q	$\neg q$	$p\to q$	$\neg(p\to q)$	$p\wedge\neg q$	$\neg(p\to q)\to p\wedge\neg q$
1	1	0	1	0	0	1
1	0	1	0	1	1	1
0	1	0	1	0	0	1
0	0	1	1	0	0	1

真值表中¬q的真值由q的真值根据否定词的真值表计算而得，$p\to q$的真值由p和q的真值根据蕴涵词的真值表计算而得，$\neg(p\to q)$的真值由（$p\to q$）的真值根据否定词的真值表计算而得，$p\wedge\neg q$的真值由p和¬q的真值根据合取词的真值表计算而得，最后，$\neg(p\to q)\to p\wedge\neg q$的真值由$\neg(p\to q)$和$p\wedge\neg q$的真值根据蕴涵词的真值表计算而得。

由上表可以看出，计算的结果是，在¬(p→q) →p∧¬q 列上真值都是 1，从而可以判定该推理形式是重言式。

【例 11】判定¬p∨q→p∧q 是否重言式。

第一步，该命题形式中共有两个命题变项：p 和 q。

第二步，该命题形式的层次结构是：(1) ¬p 和 q 由∨联结构成¬p∨q，(2) p 和 q 由∧联结构成 p∧q，(3) ¬p∨q 和 p∧q 由→联结构成¬p∨q→p∧q。

第三步，作出如表 4-16 所示真值表：

表 4-16 【例 11】的真值表法判定

p	q	¬p	¬p∨q	p∧q	¬p∨q→p∧q
1	1	0	1	1	1
1	0	0	0	0	1
0	1	1	1	0	0
0	0	1	1	0	0

真值表中¬p 的真值由 p 的真值根据否定词的真值表计算而得，¬p∨q 的真值由¬p 和 q 的真值根据析取词的真值表计算而得，p∧q 的真值由 p 和 q 的真值根据合取词的真值表计算而得，最后，¬p∨q→p∧q 的真值由¬p∨q 和 p∧q 的真值根据蕴涵词的真值表计算而得。

在这个真值表中，¬p∨q→p∧q 一列不都是 1，在第三行和第四行上为 0，也就是说当 p 为 0 时，¬p∨q→p∧q 的真值为假。因此该命题形式不是重言式。

从理论上说，对于任何一个命题形式，我们都可以用真值表法来判定它是否重言式。不过在实际应用中，当命题变项个数较多时，尽管可以在有限步内计算出这个命题公式的真值表，但计算过程是相当烦琐的。例如当有四个命题变项时真值表是 $2^4=16$ 行，当有五个命题变项时真值表就变成了 $2^5=32$ 行。因而在判定一个含有较多命题变项的命题形式是否重言式时，真值表法不是一个便捷的方法。下面讲述的归谬赋值法就没有这一缺点。

2. 归谬赋值法

要确定一个命题形式是否重言式，也就是确定它是否可以为假：如果该公式可以为假，它就不是永真的，因而也就不是重言式；如果该公式不能为假，那就意味着它永真，那么它就是重言式。归谬赋值法就是通过判定一个蕴涵式能否为假来确定它是否重言式的判定方法。

与真值表法类似，归谬赋值法的判定也是基于五个基本联结词的真值表。所不同的是归谬赋值法是以相反的运算方向使用这五个基本真值表。在真值表法中我们是从支命题的真值计算复合命题形式的真值，而在归谬赋值法中我们是从复合命题形式的真值计算支命题的真值。

这种方法主要适用于判定蕴涵式是否重言式。运用这一方法的思路是：不直接判定蕴涵式 A→B 是否永真，而是改为检验它是否可以为假。假设 A→B 为假，则根据蕴涵词的性质，A 真而 B 假。如果按照 A 真而 B 假进行赋值，必然导致矛盾，就说明 A→B 不可能为假，因而就可以判定 A→B 为重言式；如果按照 A 真而 B 假进行赋值，没有导致矛盾，就说明找到了一个真值赋值，使得 A→B 可以为假，由此可以断定 A→B 不是重言式。

归谬赋值法判定的步骤如下：

第一步，假设蕴涵式为假，在其主联结词下面写上 0。

第二步，根据上述假设，对前件赋值为真，对后件赋值为假，分别在前件下面写上 1，在后件下面写上 0。

第三步，基于五个真值联结词的性质，根据前件为真对构成前件的命题形式逐层进行赋值，根据后件为假对构成后件的组成部分逐层进行赋值，直到命题形式中的每个命题变项都被赋值为止。

第四步，根据上述赋值的结果，判定命题形式是否为重言式。如果根据上述赋值会导致逻辑矛盾，则命题形式是重言式；如果根据上述赋值没有出现逻辑矛盾，则命题形式不是重言式。

【例 12】如果孙悟空打死妖怪，那么唐僧就会念紧箍咒。所以，或者孙悟空不打死妖怪，或者唐僧会念紧箍咒。

判定上述推理形式是否重言式。

第一步，根据推理中的结论指示词“所以”，判断哪些部分是前提，哪些部分是结论，分别写出前提和结论的命题形式，并且将二者用蕴涵词联结起来。则上述推理形式为：

(p → q) → ¬ p ∨ q

第二步，假设蕴涵式为假，在其主联结词下面写上 0：

(p → q) → ¬ p ∨ q
　　　　0

第三步，根据上述假设，对前件赋值为真，在→下写上 1；对后件赋值为假，在∨下写上 0：

(p → q) → ¬ p ∨ q
　1　　0　　0

第四步，因为后件∨赋值为 0，根据析取词的真值表，后件的两个支命题都要赋值为 0，所以，在¬ p 和 q 的下方分别写上 0：

(p → q) → ¬ p ∨ q
　1　　0　0　0 0

第五步，根据否定词的真值表，¬ p 为假，p 为真。将后件中 p 和 q 的值也分别赋值在前件的 p 和 q 的下方：

(p → q) → ¬ p ∨ q
1 1 0　0 0 1 0 0

第六步，因为前件中已赋值 p 是真而 q 是假，根据蕴涵词的真值表，p→q 应赋值为假，所以在蕴涵词的下方写上 0：

(p → q) → ¬ p ∨ q
1 1 0　0 0 1 0 0
　0

至此可以看到，推理形式中的蕴涵词的下方既有 1 又有 0。这就是说，要使(p→q) → ¬ p ∨ q为假，就要求此推理形式的前件既是真的又是假的，这是矛盾的。这个矛盾是根据上述假设进行赋值导出的。因此，上述假设不能成立，上述推理形式不可能为假，所以它是重言式。

【例 13】判定(p∨q)∧p→¬q是否重言式。

第一步，假设蕴涵式为假，在其主联结词下面写上 0：

(p∨q) ∧ p → ¬q
　　　　　　0

第二步，根据上述假设，对前件赋值为真，在∧下写上 1；对后件赋值为假，在¬下写上 0：

(p∨q) ∧ p → ¬q
　　　1　　0 0

第三步，根据合取词的真值表，当（p∨q）∧p 为真时支命题都为真，所以，将 p∨q 和 p 的下方都写上 1。因为后件¬q 赋值为 0，根据否定词的真值表，q 应赋值为 1。此时 p 和 q 都已赋值，将同样的值分别写在 p∨q 中的 p 和 q 的下方：

(p ∨ q) ∧ p → ¬q
 1 1 1　1 1 0 0 1

至此赋值的过程结束。我们看到上述命题形式中没有出现矛盾，这表明当 p 和 q 都为真时，上述命题形式为假。也就是说该命题形式是可以为假的，所以它不是重言式。

从上面两个例子可以看出，归谬赋值法的计算之所以可以进行下去，是因为¬、∧的真值表中都只有一行为真，而¬、∨、→的真值表中都只有一行为假。因此，在进行归谬赋值时，如果每一步都能遇到否定式为真或为假、合取式为真、析取式为假、蕴涵式为假的情形，上述计算就能顺利进行下去。但实际情形却并非总是如此。

【例 14】判定(p∧q)∨r→(p∨r)∧(q∨r)是否重言式。

第一步，假设蕴涵式为假，在其主联结词下面写上 0：

(p∧q)∨r →(p∨r)∧(q∨r)
　　　　0

第二步，根据上述假设，对前件赋值为真，在∨下写上 1；对后件赋值为假，在∧下写上 0：

(p∧q)∨r →(p∨r)∧(q∨r)
　　　1　0　　　0

但至此赋值出现了困难。现在的情况是析取式(p∧q)∨r 赋值为真，合取式(p∨r)∧(q∨r)赋值为假，而析取式为真和合取式为假的情形都不是唯一的。这时我们需要选定其中的前件或者后件来分情况讨论。

第三步，我们可以选定讨论合取式(p∨r)∧(q∨r)为假。于是得到

(1) (p∧q)∨r →(p∨r)∧(q∨r)
　　　　1　0　　0　0

和

(2) (p∧q)∨r →(p∨r)∧(q∨r)
　　　　1　0　　　0　0

其中（1）是设 p∨r 为假（注意并没有设定 q∨r 的真值），（2）是设 q∨r 为假（注意并

没有设定 p∨r 的真值）。两种假设都保证了(p∨r)∧(q∨r)为假，而且这两种情形也涵盖了(p∨r)∧(q∨r)为假的所有真值组合。现在分别对（1）和（2）继续赋值。对（1）可以由析取式 p∨r 为假得到 p 为假和 r 为假，即

（1）(p∧q)∨r →(p∨r)∧(q∨r)

0　　1 0 0　0 0 0 0　　0

第四步，由 p 为假可以得到合取式 p∧q 为假。这时，可以计算出析取式(p∧q)∨r 为假，而之前我们已经赋值（p∧q）∨r 为真，即

（1）(p∧q)∨r →(p∨r)∧(q∨r)

0 0　1 0　0　0 0 0 0　　0

0

得到矛盾。出现矛盾表明情形（1）不可能为假。然后再来看情形（2）。经类似的计算可以得到

（2）(p∧q)∨r →(p∨r)∧(q∨r)

0 0 1 0 0　　0 0 0 0 0

0

同样存在矛盾。这表明情形（2）也不可能为假。两种情形都导致矛盾，就表明原命题形式不能为假，因此它是重言式。

【例 15】判定(p → q)↔(p∨q)是否重言式。

因为等值式 A↔B 表达了 A 和 B 是相互蕴涵的关系，即 A→B 且 B→A，所以等值式也可以运用归谬赋值法判定。

第一步，分别假设两个蕴涵式为假，在其主联结词下面写上 0：

（1）(p → q)→(p∨q)

1　0　0

（2）(p∨q)→(p → q)

1　0　0

继续对上述命题形式进行赋值，由（1）得到

（1）(p → q)→(p∨q)

0 1 0 0　0 0 0

没有矛盾出现，也就是说当 p、q 都为假时(p → q)↔(p∨q)的真值为假，因而该命题形式不是重言式。

需要强调的是，当分情况讨论时，如果有一种情形没有导致矛盾，就表明原命题形式是可以为假的，因而不是重言式；如果所有的情形都有矛盾出现，就表明原命题形式不能为假，因而是重言式。

五、重言等值式

当两个命题真值相同，即它们同真或者同假时，它们是实质等值的。既然当前件为假时，它蕴涵任何命题，当后件为真时，它被任何命题所蕴涵，那么显然，它们一定相互实质蕴涵。但实质等值的命题并不能相互替换。实质等值的命题只是真值相同，但意义不同。

命题“地球是行星”和“月球是卫星”是实质等值的，因为它们都是真的；命题“冥王星是行星”和“月球是行星”是实质等值的，因为它们都是假的。但是它们都是不能相互替换的。

两个命题如果不仅真值相同，而且意义相同，那么它们就是可以彼此替换的。能够满足这一要求的等值关系就重言等值。也就是说，表达两个命题在所有情形下都实质等值这一命题自身一定是真的，这样的命题形式称为重言等值式。在此，引入一个新的符号“⇔”表示两个命题的重言等值关系：

如果 A↔B 是重言式，则称 A 重言等值 B，记作 A⇔B。

当 A 重言等值 B 时，A↔B 总是真的。也就是说，不论命题变项 A 和 B 取值为真还是为假，等值式两端的命题形式总是等值的。重言等值式表达了不同的真值联结词的等价的逻辑语义，反映了不同的命题形式之间所具有的等价关系。换句话说，用不同的联结词表达的命题形式可以具有相同的逻辑语义，它们彼此可以替换。因此，两个命题之间的重言等值关系也称为逻辑等价关系。

某些重言等值式应用非常广泛，下面介绍一些简单而基本的。

（一）双重否定律 A⇔¬¬A

A 和¬¬A 意义相同，彼此可以替换使用，这是十分直观的。在日常表达中，为了强调所表达的命题，往往在句中加上双重否定词。

【例 16】（1）有人出庭作证。

（2）并非没有人出庭作证。

显然，上述实例中的两个命题具有相同的意义，它们的区别只是在语气上，它们中的任何一个都可由另一个替换。A 和¬¬A 的等价关系非常明显、直观，以致在日常表达中的相互替换往往不被察觉。这个双重否定原则的真虽然是显然的，但仍然在此通过真值表来进行理论分析。通过真值表可以看到，这两个命题形式的实质等值是一个如表 4-17 所示的重言式：

表 4-17　A⇔¬¬A 的真值表

A	¬A	¬¬A	A⇔¬¬A
1	0	1	1
0	1	0	1

这个真值表表明 A 和¬¬A 总是同真或同假的，是逻辑上等价的，所以是可以相互替换的。

实质等值和逻辑等价是完全不同的，认识清楚它们的区别非常重要。前者是真值函项联结词“↔”，A↔B 为真或为假取决于支命题的真值；而逻辑等价“⇔”不只是联结词，它还表达两个命题之间非真值函项的关系。两个命题逻辑等价，即表达这一关系的命题形式是重言式，意味着它们不可能有不同的真值。如果总是有相同的真值，则逻辑等价的命题一定有相同的意义。因此，它们可以在任何真值函项语境下相互替换而不改变在该语境中的真值。反之，如果两个命题仅仅真值上都是真的或者都是假的，而没有实际的相同的意义，那么它们就只是实质等值的，而实质等值的命题是不能相互替换的。

（二）德·摩根定律[①] $\neg(A\wedge B)\Leftrightarrow\neg A\vee\neg B$

$\neg(A\vee B)\Leftrightarrow\neg A\wedge\neg B$

这两个重言等值式非常重要，因为它们表达了合取、析取及它们的否定之间的相互等价关系。下面是表达了上述两个等价关系的实例：

【例 17】（1）并非他既有作案动机又有作案时间。

（2）他没有作案动机或者没有作案时间。

【例 18】（1）并非他有作案动机或者作案时间。

（2）他既没有作案动机又没有作案时间。

【例 17】中的两个命题彼此逻辑等价，上述德·摩根定律的第一个公式表达了它们之间重言等值的关系；【例 18】中的两个命题彼此逻辑等价，上述德·摩根定律的第二个公式表达了它们之间重言等值的关系。

断言一个合取式是真的，就是断言其合取支都是真的。要与该断言矛盾，只需断言其合取支至少有一个为假即可。因此，断定 $A\wedge B$ 的否定，等价于断定 A 的否定或者 B 的否定，即 $\neg A\vee\neg B$。

断言一个析取式是真的，就是断言其析取支至少有一个是真的。要与该断言矛盾，就需断言其析取支都是假的。因此，断定 $A\vee B$ 的否定，等价于断定 A 的否定和 B 的否定的合取，即 $\neg A\wedge\neg B$。

上述重言等值关系可以在真值表中得到验证。

（三）蕴涵合取律 $A\rightarrow B\Leftrightarrow\neg(A\wedge\neg B)$

下述实例中的两个命题彼此等价，是蕴涵合取律的具体体现：

【例 19】（1）法律关系中的同一人如果享有权利，那么就承担义务。

（2）并不是说法律关系中的同一人享有权利但不承担义务。

本章第二节关于蕴涵词的论述中，我们将 $A\rightarrow B$ 定义为 $\neg(A\wedge\neg B)$，就是说，$A\rightarrow B$ 和 $\neg(A\wedge\neg B)$ 的真值总是相同的，即它们是彼此等价的。

上述重言等值关系可以在真值表中得到验证。

（四）实质蕴涵律 $A\rightarrow B\Leftrightarrow\neg A\vee B$

下述实例中的两个命题彼此等价，是实质蕴涵律的具体体现：

【例 20】（1）如果某甲是案犯，那么某乙是案犯。

（2）或者某甲不是案犯或者某乙是案犯。

根据上述蕴涵合取律，$A\rightarrow B\Leftrightarrow\neg(A\wedge\neg B)$，蕴涵式等价于两个命题的合取的否定，又根据德·摩根定律 $\neg(A\wedge B)\Leftrightarrow\neg A\vee\neg B$，合取的否定等价于这些合取支的否定的析取。所以，$\neg(A\wedge\neg B)$ 等价于 $\neg A\vee\neg\neg B$，再根据双重否定律 $B\Leftrightarrow\neg\neg B$，则这个表达式等价于 $\neg A\vee B$。这样，我们就得到了这个非常有用的实质蕴涵定义，即 $A\rightarrow B$ 定义为 $\neg A\vee B$。有了这一重言等值关系，就可以方便地进行包含蕴涵词的命题和包含析取词的命题之间的相互替换。

上述重言等值关系可以在真值表中得到验证。

① 德·摩根定律是由数学家、逻辑学家奥古斯塔·德·摩根（Augustus De Morgan）正式表述出来的。

第四节　形式证明

一、自然演绎法

自然演绎法是一种运用有效论证规则由前提直接推导出结论，或者建立起从前提到结论的一系列演绎过程的方法。自然演绎法类似于人们在日常生活中所使用的逐步推理过程。不过，不同于日常生活中的证明，自然演绎法要严格得多，要求证明的每一步都严格依据有效论证的规则。

对于检验论证而言，自然演绎法和真值表法都可以用来证明有效论证的有效性，但是自然演绎法无法证明无效论证，这时就需要依赖真值表法。从实际操作上考虑，随着命题变项的增加，真值表就变得越加庞大，从而使判定工作变得更加繁复。这时，自然演绎法就显示出优势，而且，自然演绎法比真值表法更富有启发性。真值表法是一种机械的方法，运用这一方法时只需根据联结词的真值的性质逐步计算，计算的过程不需任何创建性的思维，判定过程也无法看到由前提推出结论的过程。而自然演绎的过程是证明一个结论如何从前提得出的，需要对整个推理过程进行分析，建立这一证明过程要求思维具有创造性。论证者在具体的证明中会发现，从前提到结论的通路并不是唯一的，如何建立一个更简洁、高效的自然演绎的思考使这一过程充满乐趣。

使用自然演绎法，我们就能为有效论证的有效性提供一个形式证明。

【例 1】根据以下前提：

如果某甲客观上造成了他人损害并且主观上有过错，则某甲应承担民事责任；

事实上某甲造成了他人损害；

法院判决某甲不应承担民事责任。

得出结论：某甲主观上没有过错。

请证明上述论证的有效性。

上述论证的有效性是明显的。那么如何证明呢？为方便进行证明，需先将命题变项用符号表示如下：

p：某甲客观上造成了他人损害

q：某甲主观上有过错

r：某甲应承担民事责任

将该论证改写为下列符号表达式：

$p \wedge q \rightarrow r$

p

$\neg r$

———————

$\neg q$

如果用真值表法证明，因为有三个命题变项，所以需要构建一个由八行构成的真值表。我们也可以将结论从前提演绎出来，会更便捷直观：从前提 $p \wedge q \rightarrow r$ 和 $\neg r$，根据否定后件式（m. t.），可有效推出 $\neg(p \wedge q)$；根据德·摩根定律（d. m.），将 $\neg(p \wedge q)$ 替换为 $\neg p \vee \neg q$；

根据双重否定律（d. n.），将前提 p 替换为¬¬p；最后，根据析取三段论（d. s.），由¬p∨¬q 和¬¬p 有效推出¬q。在这一演绎过程中，运用了否定后件式（m. t.）和析取三段论（d. s.）这两个推理规则，还运用了德·摩根定律（d. m.）和双重否定律（d. n.）这两个替换规则，它们都是形式证明基本的有效论证规则。

上述论证的过程，就是一个运用自然演绎法，为论证的有效性构建形式证明的过程。构建一个论证的形式证明的步骤是：首先将此论证的全部前提和结论符号化；然后给前提编上顺序号，以便后面引用时提及；将前提排成一列，在最后一个前提的右边用单斜线将前提和结论隔开；接着进行演绎，由前提推出的每一步结论都和前提排在一列，并且继续延续前提的顺序号排列。给出每一步结论得出的理由，即推理依据的规则，写在右边结论的下方排成一列。每一步的理由，都要包括依据的规则的缩写及依据的前提的顺序号。上述论证的形式证明就可以表述如下：

(1) p∧q→r	
(2) p	
(3) ¬r	/¬q
(4) ¬(p∧q)	(1)(3) m. t.
(5) ¬p∨¬q	(4) d. m.
(6) ¬¬p	(2) d. n.
(7) ¬q	(5)(6) d. s.

论证有效性的形式证明可以定义如下：形式证明是一个命题形式序列，该序列中的每个命题形式或者是该论证的一个前提，或者是根据一个基本的有效论证规则从该序列中在先的命题形式推导出来的。该序列的最后一个命题形式，就是需证明其有效性的那个论证的结论。

二、基本的有效论证规则

我们需要构造一个有效论证的规则体系，当一个演绎论证是有效的，我们就能够在这个规则体系中选取相应的规则来证明其有效性。本书在上一节已经介绍了几个重要的论证规则和等价规则，它们都可以用来作为有效性论证的规则。不过这些规则还不足够，还需继续扩张规则体系。这一体系所包括的规则分为两组：一组是蕴涵规则，由九个基本的有效论证规则组成；一组是替换规则，由十个基本的重言等值式组成。

（一）蕴涵规则

1. 肯定前件式（m. p.）

A→B

A　　　　/B

2. 否定后件式（m. t.）

A→B

¬B　　　　/¬A

3. 假言三段论（h. s.）

A→B

B→C　　　　/A→C

4. 析取三段论（d. s.）

$A \vee B$

$\neg A \qquad /B$

上述四个蕴涵规则非常有用，它们可以推出复合命题论证中很多简单论证的结论。而且，每一个论证规则本身也是一个有效论证的形式，对它们正确使用进行的任何论证都构成一个有效论证。以肯定前件式的应用为例，如下述论证：

【例 2】只有该行为在主观上是故意的才是盗窃罪；该行为在主观上不是故意的。所以，该行为不是盗窃罪。

将论证的前提和结论符号化，将前提编上顺序号，在最后一个前提的右边写上结论，用单斜线将前提和结论隔开：

p：该行为在主观上是故意的

q：该行为是盗窃罪

（1）$\neg p \rightarrow \neg q$

（2）$\neg p \qquad / \neg q$

用$\neg p$和$\neg q$分别替换肯定前件式规则中的 A 和 B，可以看出上述论证是此规则的一个替换实例，所以是一个有效论证。

可以看出，论证中称为必要条件假言推理否定前件式的推理是假言推理肯定前件式的一个替换实例。

再如下述论证：

（1）$p \wedge q \rightarrow r \vee s$

（2）$p \wedge q \qquad / r \vee s$

用$p \wedge q$和$r \vee s$分别替换肯定前件式规则中的 A 和 B，可以看出上述论证也是此规则的一个替换实例。从上述两个论证可以看到，有效论证规则的任何替换实例都是有效的。还可以举出更多的肯定前件式的替换实例：

（1）$p \vee q \rightarrow \neg (r \wedge s)$

（2）$p \vee q \qquad / \neg (r \wedge s)$

以及

（1）$(p \leftrightarrow q) \rightarrow (r \rightarrow s) \wedge (t \rightarrow u)$

（2）$(p \leftrightarrow q) \qquad / (r \rightarrow s) \wedge (t \rightarrow u)$

再以假言三段论为例：

【例 3】只有年满 18 周岁的公民，才有选举权；只有有选举权，才能参与选举活动。所以，只有年满 18 周岁的公民，才能参与选举活动。

将论证的前提和结论符号化并写为论证形式：

p：年满 18 周岁的公民

q：有选举权

r：能参与选举活动

（1）$\neg p \rightarrow \neg q$

（2）$\neg q \rightarrow \neg r \qquad / \neg p \rightarrow \neg r$

用¬p、¬q 和¬r 和分别替换假言三段论规则中的 A、B 和 C，可以看出上述论证是此规则的一个替换实例，所以是一个有效论证。

下面是两个运用上述规则构建形式证明的实例。

【例 4】或者大陆不受漂移影响，或者如果南极洲总是位于极地区域，那么它不存在温带植物化石。如果大陆不受漂移影响，那么南极洲不存在温带植物化石。但是并非南极洲不存在温带植物化石。因此，南极洲不总是位于极地区域。

首先将论证的前提和结论符号化，结论写在最后一个前提的右边，并用单斜线将前提和结论隔开。将前提编上顺序号：

p：大陆不受漂移影响

q：南极洲总是位于极地区域

r：南极洲不存在温带植物化石

（1）p∨(q→r)

（2）p→r

（3）¬r　　　　　/¬q

接着进行演绎，考虑的方向是如何从前提到达结论。要得到的结论是¬q，q 出现在前提（1）中；根据否定后件式（m. t. ），如果有 q→r，并且有¬r，就可以得到¬q；要得到 q→r，根据析取三段论（d. s. ），引用前提（1），否定 p，即可得到；p 还出现在前提（2）中。显然，前提（2）和（3）结合，就可根据否定后件式（m. t. ）得到¬p。这样，我们已经构建了全部证明的过程，下面只需将这一过程用规范的形式表达出来：

（1）p∨(q→r)

（2）p→r

（3）¬r　　　　　/¬q

（4）¬p　　　　　(2)(3)m. t.

（5）q→r　　　　(1)(4)d. s.

（6）¬q　　　　　(5)(3)m. t.

顺序号（6）是上述命题形式序列的最后一步，是论证的结论¬q，证明完成。

之后的实例不再标明命题符号所指的具体命题，而是按照命题在论证中出现的顺序分别符号化为 p、q、r、s、t、u……；如无必要也不再分析证明的思路，而是直接写下完整的证明。

【例 5】在英国的某些地区，如果该地区猫的数量比较多，则红三叶草的数量就比较多，反之，红三叶草就比较少。这似乎完全是偶然的，因为猫和红三叶草这两种生物似乎没有什么关系。但是达尔文却通过仔细观察发现了这两个物种之间的复杂联系。

原来，红三叶草的繁殖必须通过土蜂来授粉，因为别的蜂类无法触到红三叶草的蜜腺。如果一个地区的土蜂灭绝了，由于失去了传播花粉的媒介，红三叶草就会灭绝。土蜂的数量是由该地区的田鼠决定的，因为田鼠会破坏土蜂的蜂房，全英格兰三分之二的土蜂都是被田鼠毁灭的。猫是田鼠的天敌，田鼠的数量是由猫决定的。因此，可以作出如下推理：

如果猫多的话，田鼠就会少；

如果田鼠少的话，土蜂就会多；

如果土蜂多的话，红三叶草就会多。

所以，如果猫多的话，红三叶草就会多。

下面构建上述论证有效性的形式证明：

(1) p→q

(2) q→r

(3) r→s　　　　　　　　/p→s

(4) p→r　　　　　　　　(1)(2)h. s.

(5) p→s　　　　　　　　(4)(3)h. s.

上述论证表明，只要能够确定事物之间的蕴涵关系，就有可能通过连续的蕴涵关系，将两个看似毫无联系的事物之间的蕴涵关系确定下来。

为了使论证的能力更强，我们需要继续引入五个蕴涵规则。这五个论证形式的有效性都可以通过真值表得到验证。

5. 构造式二难（c. d.）

A→B

C→D

A∨C　　　　/B∨D

构造式二难论证规则中的析取式的两个析取支 A 和 C 至少有一个为真。这两个析取支分别是两个蕴涵式 A→B 和 C→D 的前件。根据肯定前件式，如果给定 A→B 和 A，那么就可推出 B；如果给定 C→D 和 C，那么就可推出 D。因此，如果给定 A→B、C→D 和 A∨C，就可以有效地推出 B∨D。可以看出，构造式二难是两个肯定前件式的结合。

构造式二难在日常使用中也称为二难推理构成式。

【例 6】《韩非子·难一》中的一个寓言故事："楚人有鬻矛与盾者，誉之曰：'吾盾之坚，物莫能陷也。'又誉其矛曰：'吾矛之利，于物无不陷也。'或曰：'以子之矛，陷子之盾，何如？'其人弗能应也。"

某人提出的问题"以子之矛，陷子之盾，何如？"实际上论证中暗含了一个二难推理，这一论证的形式为：

如果你的矛能刺破你的盾，则你的盾不坚；

如果你的矛不能刺破你的盾，则你的矛不利；

你的矛或者能刺破你的盾，或者不能刺破你的盾。

所以，或者你的盾不坚，或者你的矛不利。

用符号表示为：

(1) p→r

(2) ¬p→s

(3) p∨¬p　　　　/r∨s

用 p 和¬p 分别替换构造式二难规则中的 A 和 B，可以看出上述论证是此规则的一个替换实例，所以是一个有效论证。面对这样的问题，楚人陷入了"弗能应"的困境，因为他必须接受"或者你的盾不坚，或者你的矛不利"这一必然的结论。

6. 吸收律（abs.）

A→B　　　/A→A∧B

任何命题总是蕴涵它自身，这是非常直观的。因此，如果我们知道 A→B，则可以有效推出 A 既蕴涵它自身又蕴涵 B，这就是吸收律的含义。这条规则在应用中的作用是：它能很方便地将 A 写入蕴涵词的另一边。这一点在证明中有时非常有用。

【例 7】如果这辆小汽车能够启动，那么它的油箱里有油。所以，如果这辆小汽车能够启动，那么这辆小汽车能够启动并且它的油箱里有油。

上述论证是吸收律的一个代入实例，所以是有效的。

7. 简化律（simp.）

A∧B　　　/A

如果两个命题 A 和 B 的合取为真的时候，我们可以有效地推出合取支 A 是真的。这个规则的意义是，我们将 A 从合取式中分离出来，由对合取式的肯定推出对命题变项的肯定。这一结论的得出在证明中是非常有用的。

那么能够同样推出 B 为真吗？依据同样的过程推出 B 为真显然也是非常直观的。那么为什么简化律规则中只推出了 A 为真呢？这是为了满足规则简洁性的要求。推理规则是形式规则，在运用规则推导时应该严格遵循规则的形式进行。如果需要将 B 从合取式中分离出来，则应将它放到 A 的位置上，然后再应用简化律。

【例 8】我国刑法规定，对累犯以及因杀人、爆炸、抢劫、强奸、绑架等暴力性犯罪被判处十年以上有期徒刑、无期徒刑的犯罪分子，不得假释。所以，对累犯不得假释。

上述论证是简化律的一个代入实例，所以是有效的。

在引用法律条文适用具体案件时，许多情况下都是在运用简化律进行论证。因为法条的规定是概括的，有可能在一个法条中规定了多种情况，而适用的情况往往是具体的。所以，需要由综合的陈述推导到具体的某个情况。

8. 合取律（conj.）

A

B　　　/A∧B

如果已知两个命题 A 和 B 都是真的，那么我们就能将它们表达为一个合取式。根据合取的性质，如果两个命题分别是真的，那么它们的合取也是真的。需要指出的是，在这一规则中，两个前提排列的顺序无关紧要，这一点是形式证明中的一个共同的要求。

【例 9】中华人民共和国公民有言论的自由，中华人民共和国公民有出版的自由。所以，中华人民共和国公民有言论的自由并且有出版的自由。

上述论证是合取律的一个代入实例，所以是有效的。

在法律条文中如果就同一情况规定了多项内容，在陈述中往往用联言命题的形式合并陈述，以便使表达更加简洁。

9. 附加律（add.）

A　　　/A∨B

如果一个析取式中的一个析取支是真的，那么该析取式一定是真的。如果 A 为真，则 A∨B 为真，这正是析取的含义。我们可以将一个已知为真的命题作为析取式的一个支，加上任意一个我们需要得到的命题作为另一支，构成一个析取式，这个析取式一定是真的。这种推理在日常生活中很少见，人们一般不会这样推论。既然已经确定了某一命题为真，就没必要再推出以这一命题为选言支的选言命题作结论，因为得出这一结论并没有获得新的信息。但这一规则在形式证明中也是一种不可缺少的基本的推论规则，运用这一规则可以方便地引入一个新的命题。

下面是运用上述九个蕴涵规则构建形式证明的两个实例。

【例 10】过度伐木造成植被破坏并且造成许多物种濒危。如果过度伐木造成植被破坏或者采矿造成植被破坏，那么生态环境将继续恶化。所以，过度伐木造成植被破坏并且生态环境将继续恶化。

构建上述论证有效性的形式证明如下：

(1) $p \wedge q$

(2) $p \vee r \rightarrow s$　　/$p \wedge s$

(3) p　　(1) simp.

(4) $p \vee r$　　(3) add.

(5) s　　(2)(4) m. p.

(6) $p \wedge s$　　(3)(5) conj.

【例 11】如果继续下雪，那么交通会被阻断。如果继续下雪并且交通被阻断，那么会发生食品短缺。如果继续下雪则会发生食品短缺，那么居民不会等待救援。居民或者等待救援，或者组织自救。所以，居民组织自救。

构建上述论证有效性的形式证明如下：

(1) $p \rightarrow q$

(2) $p \wedge q \rightarrow r$

(3) $(p \rightarrow r) \rightarrow \neg s$

(4) $s \vee t$　　/t

(5) $p \rightarrow p \wedge q$　　(1) abs.

(6) $p \rightarrow r$　　(5)(2) h. s.

(7) $\neg s$　　(3)(6) m. p.

(8) t　　(4)(7) d. s.

（二）替换规则

基本的替换规则一共有十个，这些规则中的任何一个等价的形式，在它们出现的任何地方，都可以相互替换。

1. 德 · 摩根定律（d. m.）

$\neg(A \wedge B) \Leftrightarrow \neg A \vee \neg B$

$\neg(A \vee B) \Leftrightarrow \neg A \wedge \neg B$

如本章第三节所述，第一个德 · 摩根定律断言，否定两个命题的合取重言等值于这两个命题的否定的析取；第二个德 · 摩根定律断言，否定两个命题的析取重言等值于这两个命题的否定的合取。因为相互等价，所以等值式的两端可以任意相互替换。

【例 12】如果出纳员或大堂经理按了警报按钮，那么警察会在五分钟之内到来，并且金库会自动锁上。如果警察能在五分钟之内到来，那么劫匪的汽车会被追上。但是劫匪的汽车并没有被追上。因此，出纳员并没有按警报按钮。

构建上述论证有效性的形式证明如下：

(1) $p \lor q \to r \land s$

(2) $r \to t$

(3) $\neg t$ $\quad$ $/\neg p$

(4) $\neg r$ $\quad$ (2)(3)m. t.

(5) $\neg r \lor \neg s$ $\quad$ (4)add.

(6) $\neg(r \land s)$ $\quad$ (5)d. m.

(7) $\neg(p \lor q)$ $\quad$ (1)(6)m. t.

(8) $\neg p \land \neg q$ $\quad$ (7)d. m.

(9) $\neg p$ $\quad$ (8)simp.

2. 交换律（com.）

$A \land B \Leftrightarrow B \land A$

$A \lor B \Leftrightarrow B \lor A$

这两个规则表达了这一等价关系：对于合取或析取而言，其支命题之间的顺序对其没有影响。我们总是可以根据证明的需要将合取支或析取支的顺序改变，将其互换位置。

【例 13】若是法学专业学生经常参与法律援助工作，则不仅会加深其对专业知识的理解，而且能够锻炼其解决实际问题的综合能力；如果能够锻炼其解决实际问题的综合能力，又加深其对专业知识的理解，就可以在未来具有更强的工作能力。所以，如果法学专业学生经常参与法律援助工作，就可以在未来具有更强的工作能力。

构建上述论证有效性的形式证明如下：

(1) $p \to q \land r$

(2) $r \land q \to s$ $\quad$ $/p \to s$

(3) $q \land r \to s$ $\quad$ (2)com.

(4) $p \to s$ $\quad$ (1)(3)h. s.

3. 结合律（assoc.）

$A \land (B \land C) \Leftrightarrow (A \land B) \land C$

$A \lor (B \lor C) \Leftrightarrow (A \lor B) \lor C$

这两个等值式允许我们以另一种方式对合取式或析取式进行分组。第一个重言等值式是说：如果我们知道三个不同的命题都真，则断言 A 与 B 和 C 的合取同真等价于断言 A 和 B 的合取与 C 同真。第二个重言等值式是说：如果我们知道三个不同的命题是被分组了的析取式，则断言 A 与 B 析取 C 至少一真等价于 A 析取 B 与 C 至少一真。

仍然需要强调的是，运用规则时应该严格遵循形式结构进行。

【例 14】甲：我觉得牡丹美丽而兰花高雅，但是玫瑰俗艳。

乙：如果你觉得牡丹美丽，那么你会觉得月季也俗艳。

甲：所以我觉得玫瑰和月季都俗艳。

构建上述论证有效性的形式证明如下：

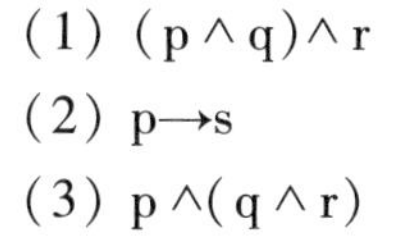

(1) $(p \wedge q) \wedge r$

(2) $p \to s$　　　　$/ r \wedge s$

(3) $p \wedge (q \wedge r)$　　　　(1) assoc.

(4) p　　　　(3) simp.

(5) s　　　　(2)(4) m. p.

(6) $r \wedge (p \wedge q)$　　　　(1) com.

(7) r　　　　(6) simp.

(8) $r \wedge s$　　　　(7)(5) conj.

4. 分配律（dist.）

$A \wedge (B \vee C) \Leftrightarrow (A \wedge B) \vee (A \wedge C)$

$A \vee (B \wedge C) \Leftrightarrow (A \vee B) \wedge (A \vee C)$

第一个重言等值式断言：一个命题与另外两个命题的析取构成的合取式等价于第一个命题和第二个命题的合取与第一个命题和第三个命题的合取所构成的析取式。第二个重言式断言：一个命题与另外两个命题的合取构成的析取式等价于第一个命题和第二个命题的析取与第一个命题和第三个命题的析取所构成的合取式。

运用分配律的作用是，可以让我们在论证中方便地将合取式替换为析取式，或者将析取式替换为合取式。

【例 15】或者古伊特鲁里亚人是有经验的城市规划师并且发明了文字，或者古伊特鲁里亚人是熟练的工程师并且发明了文字。如果古伊特鲁里亚人是嗜杀成性的野蛮人，则他们没有发明文字。所以，古伊特鲁里亚人不是嗜杀成性的野蛮人。

构建上述论证有效性的形式证明如下：

(1) $(p \wedge q) \vee (r \wedge q)$

(2) $s \to \neg q$　　　　$/ \neg s$

(3) $(q \wedge p) \vee (q \wedge r)$　　　　(1) com.

(4) $q \wedge (p \vee r)$　　　　(3) dist.

(5) q　　　　(4) simp.

(6) $\neg\neg q$　　　　(5) d. n.

(7) $\neg s$　　　　(2)(6) m. t.

5. 双重否定律（d. n.）

$A \Leftrightarrow \neg\neg A$

如本章第三节所述，双重否定律断言任何命题等价于其否定的否定，这一点在直观上是非常清晰的。

【例 16】只有通过了国家统一法律职业资格考试，才能从事律师职业；某甲从事律师职业。所以，某甲通过了国家统一法律职业资格考试。

构建上述论证有效性的形式证明如下：

(1) $\neg p \to \neg q$

(2) q　　　　$/ p$

(3) $\neg\neg q$　　　　(2) d. n.

（4）$\neg\neg p$	（1）（3）m. t.
（5）p	（4）d. n.

6. 易位律（trans.）

$A \rightarrow B \Leftrightarrow \neg B \rightarrow \neg A$

易位律表达了这样的等价关系：如果一个条件命题为真，那么，如果它的后件为假，则其前件必假。这个重言等值式的作用是：在论证中可以方便地将任何条件命题的前件和后件交换位置。

根据易位律，【例 17】中的（1）和（2）是等价的：

【例 17】（1）如果条件适宜，种子就会发芽。

（2）如果种子没有发芽，那么条件不适宜。

【例 18】构建（$p \rightarrow q$）∧（$q \rightarrow r$）→（$\neg r \rightarrow \neg p$）有效性的形式证明。

构建上述论证有效性的形式证明如下：

（1）$p \rightarrow q$	
（2）$q \rightarrow r$	/$\neg r \rightarrow \neg p$
（3）$p \rightarrow r$	（1）（2）h. s.
（4）$\neg r \rightarrow \neg p$	（3）trans.

7. 实质蕴涵律（impl.）

$A \rightarrow B \Leftrightarrow \neg A \vee B$

正如本章第三节所述的实质蕴涵的定义：$A \rightarrow B$ 的含义就是或者前件 A 为假，或者后件 B 为真。实质蕴涵律对于构建形式证明非常重要。如果一个命题是析取式，另一个是蕴涵式，则我们可以运用此规则，将其中一个命题转化为另一种形式，从而得到两个相同形式的命题，这样对于进一步推论是非常方便的。因为如果两个命题具有相同的基本形式，即它们都是析取式或者都是蕴涵式，则我们能更容易将其结合起来处理。

【例 19】构建$\neg p \rightarrow (p \rightarrow q)$有效性的形式证明。

构建上述论证有效性的形式证明如下：

（1）$\neg p$	/ $p \rightarrow q$
（2）$\neg p \vee q$	（1）add.
（3）$p \rightarrow q$	（2）impl.

8. 实质等值律（equiv.）

$(A \leftrightarrow B) \Leftrightarrow (A \rightarrow B) \wedge (B \rightarrow A)$

$(A \leftrightarrow B) \Leftrightarrow (A \wedge B) \vee (\neg A \wedge \neg B)$

本章第二节已对这两个等价关系做过解释：如果两个命题具有相同的真值，则它们实质等值。因此，第一个重言等值式是说：断言它们实质等值与断言它们相互蕴涵是等价的。第二个重言等值式是说：断言它们实质等值与断言它们都为真或者都为假是等价的。

根据实质等值律的第一个重言等值式，【例 20】中的（1）和（2）是等价的：

【例 20】（1）一个人犯了罪当且仅当受到刑罚处罚。

（2）如果一个人犯了罪，那么应当受到刑罚处罚，并且，如果一个人应当受到刑罚，那么他犯了罪。

根据实质等值律的第二个重言等值式，【例 21】中的（1）和（2）是等价的：

【例 21】（1）一个数是偶数当且仅当能被 2 整除。

（2）或者一个数是偶数并且能被 2 整除，或者一个数不是偶数并且不能被 2 整除。

9. 输出律（exp.）

A ∧ B→C ⇔ A→(B→C)

输出律表达了这样的等价关系：如果断言两个命题的合取蕴涵第三个命题，那么等价于断言这一条件命题——两个命题中的一个构成蕴涵式的前件，另一个蕴涵第三个命题构成蕴涵式的后件。这个等价关系通过真值表可以得到验证。

根据输出律，【例 22】中的（1）和（2）是等价的：

【例 22】（1）如果甲和乙都说了真话，那么丙说了谎话。

（2）如果甲说了真话，那么乙说了真话则丙说了谎话。

10. 重言律（taut.）

A ⇔ A ∧ A

A ⇔ A ∨ A

重言律表达的这两个等价关系是显然的，也是论证中非常有用的规则。第一个重言等值式断言任何命题与它自身组成的合取式是等价的，第二个重言等值式断言任何命题与它自身组成的析取式是等价的。有时通过一系列推导，我们能得到的可能是我们要推导的结论命题与其自身构成的合取为真，运用重言律就可以得到所要推导的命题为真。对于析取命题而言同理。

【例 23】如果所有证据材料都是真的，那么某甲有作案时间；如果所有的证据材料都是真的，那么某甲没有作案时间。所以，并非所有证据材料都是真的。

构建上述论证有效性的形式证明如下：

（1）p→q

（2）p→¬ q　　/¬ p

（3）¬ q→¬ p　　（1）trans.

（4）p→¬ p　　（2）(3) h. s.

（5）¬ p ∨¬ p　　（4）impl.

（6）¬ p　　（5）taut.

至此，九个蕴涵规则和十个替换规则全部给出了，它们共同构成了完全的论证规则。为了方便查阅，现将它们汇总如表 4-18 所示：

表 4-18　基本的有效论证规则

蕴涵规则	替换规则
1. 肯定前件式（m. p.） A→B A　　/B	1. 德・摩根定律（d. m.） ¬(A ∧ B) ⇔ ¬ A ∨ ¬ B ¬(A ∨ B) ⇔ ¬ A ∧ ¬ B
2. 否定后件式（m. t.） A→B ¬ B　　/¬ A	2. 交换律（com.） A ∧ B ⇔ B ∧ A A ∨ B ⇔ B ∨ A

续表

蕴涵规则	替换规则
3. 假言三段论（h. s.） A→B B→C　　　/A→C	3. 结合律（assoc.） A∧(B∧C) ⇔ (A∧B)∧C A∨(B∨C) ⇔ (A∨B)∨C
4. 析取三段论（d. s.） A∨B ¬A　　　/B	4. 分配律（dist.） A∧(B∨C) ⇔ (A∧B)∨(A∧C) A∨(B∧C) ⇔ (A∨B)∧(A∨C)
5. 构造式二难（c. d.） A→B C→D A∨C　　　/B∨D	5. 双重否定律（d. n.） A ⇔ ¬¬A
6. 吸收律（abs.） A→B　　　/A→A∧B	6. 易位律（trans.） A→B ⇔ ¬B→¬A
7. 简化律（simp.） A∧B　　　/A	7. 实质蕴涵律（impl.） A→B ⇔ ¬A∨B
8. 合取律（conj.） A B　　　/A∧B	8. 实质等值律（equiv.） (A↔B) ⇔ (A→B)∧(B→A) (A↔B) ⇔ (A∧B)∨(¬A∧¬B)
9. 附加律（add.） A　　　/A∨B	9. 输出律（exp.） A∧B→C ⇔ A→(B→C)
	10. 重言律（taut.） A ⇔ A∧A A ⇔ A∨A

在证明中恰当地运用这些规则，可以完全满足形式证明的需要。下面再给出两个形式证明的实例，注意在证明中所依据的推论规则。

【例 24】并非或者太阳内部的旋转速度比其表面快或者爱因斯坦的广义相对论是错误的。如果太阳内部的旋转速度比其表面快是错误的并且水星轨道的偏心率能通过太阳引力加以解释，那么爱因斯坦的广义相对论是错误的。因此，水星轨道的偏心率不能通过太阳引力加以解释。

构建上述论证有效性的形式证明如下：

(1) ¬(p∨q)
(2) ¬p∧r→q　　　/¬r
(3) ¬p∧¬q　　　(1) d. m.
(4) ¬q∧¬p　　　(3) com.
(5) ¬q　　　(4) simp.
(6) ¬(¬p∧r)　　　(2)(5) m. t.
(7) ¬¬p∨¬r　　　(6) d. m.
(8) p∨¬r　　　(7) d. n.

(9) $\neg p$ (3) simp.

(10) $\neg r$ (8)(9) d. s.

【例 25】如果保守派执政，就会改变当前的经济政策；如果保守派执政并且改变当前的经济政策，就会大幅减税；保守派执政并且改变当前的经济政策，而且会大幅减税，那么就会促进企业扩大生产。所以，如果保守派执政，就会促进企业扩大生产。

构建上述论证有效性的形式证明如下：

(1) $p \to q$

(2) $(p \wedge q) \to r$

(3) $(p \wedge q) \wedge r \to s$ $/ p \to s$

(4) $p \to p \wedge q$ (1) abs.

(5) $r \wedge (p \wedge q) \to s$ (3) com.

(6) $r \to ((p \wedge q) \to s)$ (5) exp.

(7) $(p \wedge q) \to (p \wedge q \to s)$ (2)(6) h. s.

(8) $(p \wedge q) \wedge (p \wedge q) \to s$ (7) exp.

(9) $(p \wedge q) \to s$ (8) taut.

(10) $p \to s$ (4)(9) h. s.

三、条件证明（c. p.）

条件证明（conditional proof，简写为 c. p.）是一种推出条件命题（结论或论证过程中）的方法。该方法的优点是比直接证明的思路更容易获得，而且通常证明的过程更简短。当论证的结论难以直接推出时，借助假设命题会使推理顺利进行，条件证明就是这样的技术手段之一。该方法的证明序列包含这样一个假设序列：所要证明的条件命题的前件作为第一行，推出的后件作为最后一行，并且其后通过将其转换为我们预期得到的条件命题而消除这个序列。

条件证明规则：在原有前提下，如果假定了 A，因而推出 B，那么在原有前提下就可以推出 A→B。

任何结论为条件命题的论证都可以考虑使用条件证明。例如：

【例 26】构建$(p \to q \wedge r) \wedge (q \vee s \to t) \to (p \to t)$有效性的形式证明。

将前提和结论列出：

(1) $p \to q \wedge r$

(2) $q \vee s \to t$ $/ p \to t$

可以看到，结论陈述了如果 p 那么 t。我们假设确实有 p，从前提（1），通过肯定前件式，可以得到 $q \wedge r$；对这一结论运用简化律，可以得到 q；再运用附加律，可以得到 $q \vee s$；然后通过肯定前件式，就得到了 t。因此，我们证明了如果有 p，就有 t，也就是结论命题 p→t。用 p→t 消除前述假设序列，证明就完成了。将这一证明过程完整写下来：

(1) $p \to q \wedge r$

(2) $q \vee s \to t$ $/ p \to t$

  (3) p a. c. p.

　　(4) $q \wedge r$　　(1)(3) m. p.
　　(5) q　　(4) simp.
　　(6) $q \vee s$　　(5) add.
　　(7) t　　(2)(6) m. p.
(8) $p \rightarrow t$　　(3)-(7) c. p.

证明序列的第三行到第七行要缩进一个字的空位，表明它们都是依赖第三行推出的，而第三行是通过条件证明假设（assumption for conditional proof，简写为 a. c. p.）引入的假设。这一序列证明了：如果假设 p（第三行），就可以得出 t（第七行）。在第八行，条件证明序列被条件命题 p→t 所消除，p→t 只是重述了条件证明序列的结果。因为第八行不是假设的，所以要向左回到和前提一样的位置。需要强调的是，如果一个论证序列中有假设序列没有消除，那么证明就没有完成，因为结论不能建立在假设之上。

对上述有效式如果使用直接证明，那么至少需要一个包含十二行的证明序列，而且证明的路径不像上述条件证明那么容易获得。

构建条件证明的步骤是：首先确定是否需要运用条件证明。一般而言，如果论证的结论是一个条件命题，就可采用条件证明的方法进行论证。假设序列从假设蕴涵式的前件开始，直至得到蕴涵式的后件结束。论证的最后一步是用条件命题消除条件证明序列，消除行用 c. p. 及表示条件证明序列范围的命题序号标注。

【例 27】构建$(p \rightarrow q) \wedge (r \rightarrow s) \rightarrow (\neg q \wedge r \rightarrow \neg p \wedge s)$有效性的形式证明。

(1) $p \rightarrow q$
(2) $r \rightarrow s$　　$/\neg q \wedge r \rightarrow \neg p \wedge s$
　　(3) $\neg q \wedge r$　　a. c. p.
　　(4) $\neg q$　　(3) simp.
　　(5) $\neg p$　　(1)(4) m. t.
　　(6) $r \wedge \neg q$　　(3) com.
　　(7) r　　(6) simp.
　　(8) s　　(2)(7) m. p.
　　(9) $\neg p \wedge s$　　(5)(8) conj.
(10) $\neg q \wedge r \rightarrow \neg p \wedge s$　　(3)-(9) c. p.

条件证明的方法也可以在证明过程中的某个阶段运用。例如：

【例 28】构建$(p \vee (q \wedge r)) \wedge (p \rightarrow s) \wedge (s \rightarrow r) \rightarrow r$有效性的形式证明。

(1) $p \vee (q \wedge r)$
(2) $p \rightarrow s$
(3) $s \rightarrow r$　　$/r$
(4) $p \rightarrow r$　　(2)(3) h. s.
　　(5) $q \wedge r$　　a. c. p.
　　(6) r　　(5) simp.
(7) $q \wedge r \rightarrow r$　　(5)-(6) c. p.
(8) $r \vee r$　　(4)(7)(1) c. d.

(9) r (8) taut.

根据实质蕴涵律，$A \to B$ 和 $\neg A \vee B$ 可以相互替换，所以如果结论是一个形如$\neg A \vee B$ 的析取式也可以运用条件证明的方法。这种情形下的假设序列从假设 A 开始，推导出 B 结束。证明的最后一步，将由假设序列证明得到的蕴涵式 $A \to B$ 替换为$\neg A \vee B$。例如：

【例 29】构建$((p \wedge q) \wedge r \to s) \wedge (t \to (r \wedge p) \wedge q) \to \neg t \vee s$ 有效性的形式证明。

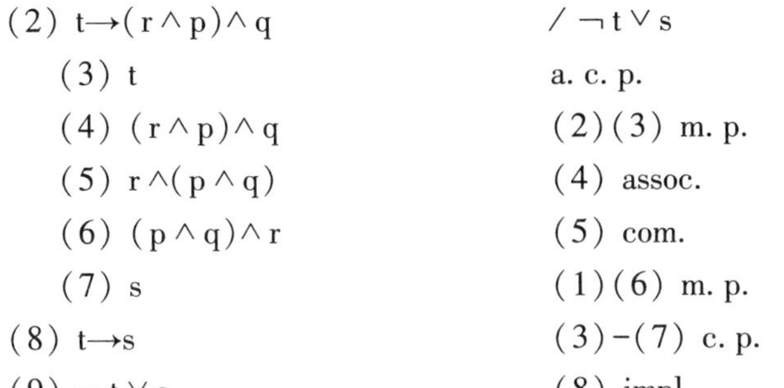

(1) $(p \wedge q) \wedge r \to s$

(2) $t \to (r \wedge p) \wedge q$ / $\neg t \vee s$

  (3) t a. c. p.

  (4) $(r \wedge p) \wedge q$ (2)(3) m. p.

  (5) $r \wedge (p \wedge q)$ (4) assoc.

  (6) $(p \wedge q) \wedge r$ (5) com.

  (7) s (1)(6) m. p.

(8) $t \to s$ (3)-(7) c. p.

(9) $\neg t \vee s$ (8) impl.

【例 30】如果他对当事人负责，那么他应提出对当事人有利的代理意见；

如果他精通法律业务，那么他能充分证明其诉讼主张；

他或者没有提出对当事人有利的代理意见，或者没能充分证明其诉讼主张。

所以，他或者是不对当事人负责，或者是不精通法律业务。

上述论证中的推理称为解构式二难，也称为二难推理破坏式。用条件证明的方法证明如下：

(1) $p \to q$

(2) $r \to s$

(3) $\neg q \vee \neg s$ / $\neg p \vee \neg r$

  (3) p a. c. p.

  (4) q (1)(3) m. p.

  (5) $\neg\neg q$ (4) d. n.

  (6) $\neg s$ (3)(5) d. s.

  (7) $\neg r$ (2)(6) m. t.

(8) $p \to \neg r$ (3)-(7) c. p.

(9) $\neg p \vee \neg r$ (8) impl.

通过上面的证明可以看到，解构式二难是有效的。不过，在实际论证中并不常见，构成式二难是更为常用的。再看一个应用解构式二难论证的实例：

【例 31】在莎士比亚名著《威尼斯商人》中，有这样一段情节：夏洛克和安东尼奥签订了一项契约，夏洛克借给安东尼奥 3000 元现金，借期三个月，免付利息，如果到期不还，债权人有权从债务人的胸部割下一磅肉作为惩罚。三个月期满，安东尼奥还不出这笔钱，夏洛克状告安东尼奥，要求执行契约，割安东尼奥一磅肉。在法庭上，女扮男装的鲍细娅出庭为安东尼奥辩护。她对夏洛克说："根据威尼斯法律，你的起诉可以成立，而且在威尼斯谁也无权变更法律。"她不动声色地问："称肉的天平准备好了吗？"夏洛克回答："我已带来了！"

鲍细娅又说："夏洛克，去请一位医生来，免得他流血死去。"夏洛克叫道："不，借约上没有这一条。"正当夏洛克得意地准备动手时，鲍细娅说道："你准备割肉吧，但是借约上并未允许你取他的一滴血，也不准割得超过或不足一磅的重量，不许你差一丝一毫。否则，根据威尼斯的法律，你就要抵命，你的财产全部充公。"夏洛克问："我收回本金都不成吗？"鲍细娅坚定地回答："不成！"夏洛克坠入进退两难的困境。

在鲍细娅的法庭论证中暗含以下二难推理：

如果夏洛克按契约的规定割肉，就不能取安东尼奥的血（安东尼奥不能出血）；

如果夏洛克按契约的规定割肉，就不能多也不能少（不许差一丝一毫）；

事实上安东尼奥或者会出血，或者做不到不差一丝一毫。

所以，夏洛克无法按契约的规定割肉。

这一推理的形式是：

$(p\to q)\wedge(p\to r)\wedge(\neg q\vee\neg r)\to\neg p$

这一推理的形式比【例 30】的结构简单，其有效性同样可以通过形式证明得到。

四、间接证明（i. p.）

间接证明（indirect proof，简写为 i. p.）与条件证明类似，也是一种论证的方法。它可以运用于任何论证中，可以用于推导结论，也可以用于论证过程的中间某一阶段。无论要推导的结论是何种形式，都可运用此方法。与条件证明同样，恰当地运用间接证明的方法，往往比直接证明的路径更容易获得。该方法的证明序列也包含一个假设序列：从假设所要得出的结论的否定开始，由这个假设命题推导至得出矛盾，则必然得出最初的假设命题即结论为真。这最后一步的得出，就消除了之前的假设序列。

间接证明规则：对于要证明的命题 A 而言，在原有前提下，如果假定$\neg A$，从而推出 $B\wedge\neg B$，那么就在原有前提下证明了 A。

【例 32】构建$(\neg p\vee q\to r\wedge s)\wedge(r\to\neg s)\to p$有效性的形式证明。

将前提和结论列出：

（1）$\neg p\vee q\to r\wedge s$

（2）$r\to\neg s$　　　　　　/p

运用此方法论证的第一步是假设结论 p 是假的，即论证的假设序列从$\neg p$开始。可以看到，前提（1）中，蕴涵式的前件是$\neg p\vee q$，而通过附加律从$\neg p$可以得到$\neg p\vee q$；根据肯定前件式，结合（1）可以得到 $r\wedge s$；根据简化律，由 $r\wedge s$ 可以得到 r；再次根据肯定前件式，结合前提（2）可以得到$\neg s$；由上一步的结论 $r\wedge s$，结合交换律，可以得到 s。至此可以看到，我们既推出了 s 又推出了$\neg s$，运用合取律，将这一结果写下来：$s\wedge\neg s$。由假设$\neg p$推出了矛盾，最后一步消除假设，得到所要证明的结论 p。将这一证明过程完整写下来：

（1）$\neg p\vee q\to r\wedge s$

（2）$r\to\neg s$　　　　　　/p

　　（3）$\neg p$　　　　　　a. i. p.

　　（4）$\neg p\vee q$　　　　（3）add.

　　（5）$r\wedge s$　　　　　（1）（4）m. p.

(6) r (5) simp.

(7) $\neg s$ (2)(6) m. p.

(8) $s \wedge r$ (5) com.

(9) s (8) simp.

(10) $s \wedge \neg s$ (9)(7) conj.

(11) p (3)-(10) i. p.

这个间接证明序列开始于假设结论的否定，以间接证明假设（assumption for indirect proof，简写为 a. i. p.）做出标注，经过（4)-(9）的推理得到（10）表达的矛盾命题。因为任何导致矛盾的假设都是假的，通过否定第三行假设，这个间接证明序列被消除。证明序列的第三行到第十行要缩进一个字的空位，表明它们都是依赖第三行推出的，因为第十一行不是假设的，所以要向左回到和前提一样的位置。

构建间接证明的步骤是：首先假设要证明的结论为假，即假设序列从结论的否定开始，直至得到矛盾命题结束。论证的最后一步是消除假设序列，得出所证明的结论。消除行用 i. p. 及表示得到它的间接证明序列范围的命题序号标注。

【例 33】古希腊历史上有一个著名的官司——“半费之讼”。据说有一个名叫欧提勒士（Enathlas）的人，向著名的智者普罗泰戈拉斯（Protagoras）学习论辩术。老师与学生订立协议：学生学成毕业后从事律师职业打赢第一场官司后，再付另一半学费。可是学生毕业后并没有从事律师职业，也迟迟不付另一半学费。老师等得不耐烦，就向法庭提起诉讼，请求法庭判决欧提勒士支付另一半学费。

普罗泰戈拉斯提出了理由：

如果欧提勒士胜诉，那么按照法庭的判决，欧提勒士应该付我另一半学费；

如果欧提勒士败诉，那么按照当初的约定，欧提勒士也应该付我另一半学费；

欧提勒士或者胜诉，或者败诉，

所以，欧提勒士都应该付我另一半学费。

欧提勒士针对老师的论证，提出了自己的理由：

如果我胜诉，那么按照法庭的判决，我不应该付他另一半学费；

如果我败诉，那么按照当初的约定，我也不应该付他另一半学费；

我或者胜诉，或者败诉，

所以，我都不应该付他另一半学费。

如果仔细分析，会发现普罗泰戈拉斯的论证是有问题的。普罗泰戈拉斯所构造的两个假言命题的前件“欧提勒士胜诉”“欧提勒士败诉”的依据是不同的，一个是法庭的判决，一个是当初的约定，这样才构造了一个二难推理，得出“欧提勒士都应该付我另一半学费”这一结论。如果按照同一个标准“法庭的判决”，就不能构造出上述二难推理了。欧提勒士并没有直接指出老师论证中的错误，而是模仿老师的错误构造了一个类似的二难推理，结论却是相反的，由此达到了反驳的目的。因此他们推理的前提和结论不一样，但形式是一样的：

普罗泰戈拉斯推理的形式：$(p \rightarrow r) \wedge (q \rightarrow r) \wedge (p \vee q) \rightarrow r$

欧提勒士推理的形式：$(p \rightarrow \neg r) \wedge (q \rightarrow \neg r) \wedge (p \vee q) \rightarrow \neg r$

虽然上述论证存在错误，但论证中的推理形式是逻辑有效的，是构造式二难的两个代入实例。可以看到，与构造式二难形式上的区别是两个蕴涵式的后件是同一个命题，因此结论是一个简单命题而不是析取式。下面用间接证明的方法证明普罗泰戈拉斯推理形式的有效性：

(1) $p \rightarrow r$
(2) $q \rightarrow r$
(3) $p \vee q$　　/r
　(4) $\neg r$　　a. i. p.
　(5) $\neg p$　　(1)(4) m. t.
　(6) q　　(3)(5) d. s.
　(7) $\neg q$　　(2)(4) m. t.
　(8) $q \wedge \neg q$　　(6)(7) conj.
(9) r　　(4)-(8) i. p.

前面用条件证明已证的【例 30】中的解构式二难，在这里用间接证明的方法证明如下：

(1) $p \rightarrow q$
(2) $r \rightarrow s$
(3) $\neg q \vee \neg s$　　/$\neg p \vee \neg r$
　(4) $\neg(\neg p \vee \neg r)$　　a. i. p.
　(5) $\neg\neg p \wedge \neg\neg r$　　(4) d. m.
　(6) $p \wedge r$　　(5) d. n.
　(7) p　　(6) simp.
　(8) q　　(1)(7) m. p.
　(9) $r \wedge p$　　(6) com.
　(10) r　　(9) simp.
　(11) s　　(2)(10) m. p.
　(12) $\neg\neg q$　　(8) d. n.
　(13) $\neg s$　　(3)(12) d. s.
　(14) $s \wedge \neg s$　　(11)(13) conj.
(15) $\neg p \vee \neg r$　　(4)-(14) i. p.

可以看到，上述对解构式二难的间接证明的步骤远远长于条件证明。虽然不同的方法都能够达到证明有效论证有效性的目标，但还是应该在练习形式证明的过程中深刻认识论证形式的特征，选择更简洁、高效的路径达到证明的目标。

第五节　日常语言中的推理

命题逻辑所研究的有效论证的规则是演绎论证的重要组成部分。这些规则表达的特点是符号化，是一种纯形式化的推导过程。这样一套论证理论不仅在研究中发挥重要作用，而且在分析日常语言中的推理也发挥重要作用。我们在日常生活中遇到与推理有关的问题，常常需要依赖命题推理的规则进行确定性的推理。虽然我们依靠直觉也能够作出正确的判断，但是当遇到依靠以往的经验或者直觉难以判定的时候，运用推理规则进行推理，就可以帮助我们进行更为可靠的判断。

日常生活中运用最多、最常见的就是本章第三节所述的论证形式。符合有效论证形式的推理主要有假言推理的两个有效形式：肯定前件式和否定后件式，选言推理的否定肯定式（析取三段论）。无效的推理形式主要有：假言推理的否定前件式和肯定后件式，选言推理的肯定否定式。既清楚有效推理的特征，又熟悉无效推理的特征，就能够在任何与命题推理有关的思考中思路清晰、判断准确。下面通过实例说明如何运用有效的论证规则进行推理和分析。

一、有效的推理

【例1】某次文艺演出，法学院有甲、乙、丙、丁、戊五位同学都想参加，但要考虑到以下情况：

（1）甲、乙参加，则丙不参加；

（2）只有乙参加，丁才参加；

（3）丁和戊至少有一人要参加；

（4）后来，事实上甲和丙都参加了。

基于上述条件和事实，还可确定谁参加了，谁没参加？

上述给定的前提较多，运用已经掌握的形式证明的方法，将已知条件符号化，然后根据规则由前提逐步推导，并且用前述的方式将推导的步骤记录下来，直到结论得出。如果推导的每一步都有推导规则作为依据，那么就可以确定，最终的结论一定是正确的。为了减少步骤，一些直观上明显的推论规则（如双重否定律、交换律等）将省略。将这一经过简化的过程符号化表达如下：

（1）$p \wedge q \to \neg r$	前提
（2）$\neg q \to \neg s$	前提
（3）$s \vee t$	前提
（4）$p \wedge r$	前提
（5）r	（4）简化律
（6）$\neg(p \wedge q)$	（1）（5）否定后件式
（7）$\neg p \vee \neg q$	（6）德·摩根律
（8）p	（4）简化律
（9）$\neg q$	（7）（8）析取三段论
（10）$\neg s$	（2）（9）肯定前件式
（11）t	（3）（10）析取三段论

因为上述推理过程的每一步都有有效推理规则作为依据，所以可以得出一个必然的结论：还可确定戊参加了，乙和丁没参加。上述推理的前提足够，所以只需根据前提中命题的结构特征，选择相应的推理规则就可以推出全部的结论。

实际推理中往往前提并不足以推出结论，这时就需要进行必要的假设。当推理无法进行下去的时候，就需要借助假设命题。最常用的方法是假设已知命题的矛盾命题为真，结合已知条件进行推理，如果导致矛盾出现，则说明假设不成立，即原命题为真。

【例 2】有五顶帽子，其中三顶黑色的，两顶白色的，给三个人戴上，剩下两顶藏起来。这三个人竖着站成一列，最后一个人能看见前面两个人头上戴的帽子，中间的人能看见第一个人的，第一个人谁的也看不见。问最后一个人是否知道自己头上戴的帽子的颜色，他想了想说不知道；问中间那个人，他考虑过后也说不知道；问第一个人，他略加思索后说知道。

他的头上戴的帽子是什么颜色的？他是如何知道的？

第一个人头上戴的帽子是黑色的。借助假设，建立三个有效的推理可以得到结论：

（1）根据第三个人的回答"不知道"，建立这样一个假言推理：如果前面两个人都戴白色的帽子，那么第三个人就会知道他戴的是黑色的（因为只有两顶白色的）。可是他说不知道。所以，并非前面两个人都戴的是白色的。

换言之，前面两个人至少一人戴黑色的帽子。

（2）根据第二个人的回答"不知道"，建立这样一个假言推理：如果第一个人戴的是白色的帽子，那么第二个人就会知道他戴的是黑色的（因为第二个人可以作出与上述（1）同样的推理，得到"前面两个人至少一人戴黑色的帽子"这一结论）。可是他说不知道。所以，并非第一个人戴的是白色的。

（3）第一个人戴的或者是白色的，或者是黑色的。不是白色的。所以，是黑色的。

根据已有的知识，上述推理（1）和（2）是假言推理否定后件式的应用，推理（3）是析取三段论的应用，而"前面两个人至少一人戴黑色的帽子"是根据德·摩根律由"并非前面两个人都戴的是白色的"根据替换规则得到的。因为推理的每一步都是有效的，所以结论一定是真的。

【例 3】一对夫妻带着他们的一个孩子在路上碰到一个朋友。朋友问孩子："你是男孩还是女孩？"朋友没听清孩子的回答。孩子的父母中某一个说，我孩子回答的是"我是男孩"。另一个接着说："这孩子撒谎。她是女孩。"这家人中男性从不说谎，而女性从来不连续说两句真话，但也不连续说两句假话。如果上述陈述为真，那么，孩子是男孩还是女孩？父母俩第一个说话的是母亲还是父亲？

父母中第一个人是母亲。与【例 2】类似，同样需要借助假设命题进行推理。通过两次假设建立如下有效的推理：

（1）假设孩子是男孩。因为男性从不说谎，所以，男孩说的肯定是"我是男孩"。这样，父母中第二个人说的两句话就都是假话，与题意不符。所以，孩子肯定是女孩。

（2）假设女孩说的是"我是女孩"。父母中的第一个人说的话就是假话，第二个人说的第一句是假话，第二句是真话，与题意不符。所以，女孩肯定说的是"我是男孩"。这样，父母中第二个人的两句话都是真话，根据题意，不可能是母亲，所以是父亲。则父母中第一个人肯定是母亲。

上述两个推理都是假言推理否定后件式的应用，所以可以肯定结论一定是真的。

【例 4】某企业计划在北京、上海、珠海、广州、深圳和香港六个城市中选择三个城市投资建厂。已知：

（1）若北京、珠海至少选择一个，则选择上海而不选择深圳；

（2）若上海、广州至少选择一个，则选择深圳而不选择香港。

根据上述信息，该企业会选择哪三个城市投资建厂？

该企业会选择的三个城市是上海、广州、深圳。

为了得到准确的结论，将前提信息符号化后根据论证规则推导是最为可靠的。分别用 p、q、r、s、t、u 指代北京、上海、珠海、广州、深圳和香港这六个城市，将两个前提符号化后得到：

(1) $p \vee r \rightarrow q \wedge \neg t$

(2) $q \vee s \rightarrow t \wedge \neg u$

可以看到，两个前提都是假言命题，这两个假言命题的前件和后件都不相同。所以，如果没有其他前提，无法推导出任何结论。这种情况下就要借助假设命题。根据假言命题的性质，假设的前提可以是肯定假言命题的前件，这时就可以应用肯定前件式；也可以假设否定假言命题的后件，这时就可以应用否定后件式。我们从假设前提（1）的前件为真开始：

(1) $p \vee r \rightarrow q \wedge \neg t$

(2) $q \vee s \rightarrow t \wedge \neg u$

(3) $p \vee r$	假设前提
(4) $q \wedge \neg t$	(1)(3)肯定前件式
(5) q	(4)简化律
(6) $q \vee s$	(5)附加律
(7) $t \wedge \neg u$	(2)(6)肯定前件式
(8) t	(7)简化律
(9) $\neg t$	(4)简化律
(10) $t \wedge \neg t$	(8)(9)合取律

(11) $\neg(p \vee r)$

(3)-(10) 的推导是在假设 $p \vee r$ 为前提进行的，推理导致矛盾说明这一假设是错误的，所以要否定它。根据德·摩根律，$\neg(p \vee r)$ 等价于 $\neg p \wedge \neg r$，也就是说，这两个符号所指代的北京和珠海首先被排除了。现在可选的城市减少为四个：q、s、t 和 u。根据前提（2），假设其前件为真，即 $q \vee s$，根据肯定前件式，推得 $t \wedge \neg u$ 一定为真。根据简化律，可得 t 为真，也可得 u 为假。根据附加律，q 和 s 其中任何一个为真，都必然推得前件 $q \vee s$ 为真，而 $q \vee s$ 为真，一定可得 t 真且 u 假。所以，最终可以确定必选的三个城市是：q、s 和 t，也就是上海、广州和深圳。

【例 5】在克塞诺封所写的《苏格拉底回忆录》中有一段对话，记载了苏格拉底与埃弗奇顿辩论关于什么是正义的问题。

埃弗奇顿自称他熟知什么行为是正义的，什么行为是非正义的。苏格拉底对此进行了反驳。

苏格拉底：欺骗属于哪一类？是正义的，还是非正义的？

埃弗奇顿：一切欺骗都是非正义的。

苏格拉底：好，照你说，一切欺骗是非正义的。但两军对战，兵不厌诈，战略家欺骗自己的敌人是正义的，还是非正义的？

埃弗奇顿：战略家欺骗自己的敌人是正义的。

埃弗奇顿此时陷入了矛盾。于是他修改自己的论点，重新断定：并非一切欺骗都是非正义的，欺骗敌人是正义的，欺骗朋友是非正义的。

苏格拉底此时又接受了埃弗奇顿的新论点。

苏格拉底：在战争中，当战略家看到自己的士兵士气低落，故意说谎，声称即将有大批援军到来，从而鼓舞了士气，获得了战斗的胜利。那么战略家这种欺骗自己士兵的行为是正义的，还是非正义的？

埃弗奇顿：这种战略家欺骗自己士兵的行为是正义的。

这又与原断定矛盾。于是，埃弗奇顿只好收回自己原来的断定，自认无知。从而苏格拉底在辩论中获胜。这就是“苏格拉底式讽刺”。

苏格拉底（Socrates）并没有直接断言埃弗奇顿（Everton）并非清楚正义的定义，而是从接受“埃弗奇顿清楚正义的定义”这一假设开始，通过提问的方式引导埃弗奇顿作出回答。当埃弗奇顿的回答第一次陷入自相矛盾的结果时，他也意识到并重新修改了原来的论点。苏格拉底仍然没有直接反驳埃弗奇顿的论点，而是以其新论点为前提，继续引导埃弗奇顿作出回答，结果埃弗奇顿的回答再次陷入矛盾。这样苏格拉底就证明了埃弗奇顿并非清楚正义的定义。

逻辑学研究的是命题之间的真值关系，如果没有确定为真的命题作为推理的前提，就无法必然地推知结论是真的。但是如果由假设的前提推出矛盾，则可确定这一假设命题一定是假的，这样的推理一般称为归谬式推理。这一推理与本章第四节讲述的间接证明方法的逻辑结构是一致的。可以说，苏格拉底在逻辑学发展中最为著名的贡献就是发明了“苏格拉底式讽刺”这一论证方法。

【例 6】在某一案件的法庭审判中，某证人出庭作证说：

是李某杀害了死者。因为如果李某杀害了死者，则李某会伪造现场；如果当时我在现场，我也会被李某杀死；除非我在现场，李某才会伪造现场。所以，李某是杀人者。

证人所述是否都是真话？

分析：将证人的上述言论中出现的简单命题用符号表示如下：

p：李某杀害了死者

q：李某会伪造现场

r：我在现场

s：我会被李某杀死

则证人的上述言论符号化如下：

（1）$p\rightarrow q$

（2）$r\rightarrow s$

（3）$\neg r\rightarrow\neg q$

（4）p

推理过程如下：

（5）q	（1）（4）肯定前件式
（6）r	（3）（5）否定后件式
（7）s	（2）（6）肯定前件式

至此推出 s，即“我会被李某杀死”，这与事实是矛盾的。所以，可以肯定证人所述并非

都是真话。需要强调的是，我们并不能由上述前提推出任何确定为真的结论，因为上述前提都是证人的法庭证言，而这些证言都是未经确认为真的。当由这些言论为前提推出了矛盾，则就从逻辑上必然推知这些言论并非都是真的。由此可以认为，证人的证言是不可信的。

如果从一个假设前提推出一个明显与事实不符的陈述，或者一个明显荒谬的陈述，那么与推出矛盾的情形类似，根据归谬式推理，由否定这一不可接受的结论，得出前提为假的结论。如果前提有两个以上，那么这些前提中至少有一个为假。

【例 7】我国已故著名逻辑学家金岳霖小时候听到“金钱如粪土”“朋友值千金”这样两句话后，感到这两句话有问题，因为以此为前提会推出“朋友如粪土”的荒唐结论。由此从逻辑上可以推出：

A.“金钱如粪土”“朋友值千金”这两句话都对。

B.“金钱如粪土”“朋友值千金”这两句话不对。

C.“朋友值千金”这一说法是假的。

D.“金钱如粪土”这一说法是假的。

E. 如果朋友确实值千金，那么金钱并非如粪土。

正确的选项是 E。“金钱如粪土”和“朋友值千金”这两句话分别来看似乎没有问题，但放在一起看问题就显现出来了，因为由这两句话为前提逻辑上可以推出“朋友如粪土”的结论，而这是荒谬的。所以，“金钱如粪土”和“朋友值千金”不能同时成立。不过需要强调的是，这两句话是否为真，从逻辑上是无从判断的。用 p、q、r 分别表示这三句话，现将这一推理过程用符号表达如下：

（1）$p \wedge q \rightarrow r$

（2）$\neg r$　　　　r 明显荒谬，所以否定

（3）$\neg(p \wedge q)$　　　　（1）（2）否定后件式

（4）$\neg p \vee \neg q$　　　　（3）德・摩根律

（5）$p \rightarrow \neg q$　　　　（4）实质蕴涵律

推论的最后一步（5）正是选项 E 的表达式。

二、无效的推理

若要思维合乎逻辑，既要熟练掌握有效推理的形式，也应清楚无效推理的形式，特别是一些常见的无效推理形式。熟知无效的形式，形成对错误思维的敏感性，在面对违反逻辑的思维时就能够快速识别。

与假言命题的逻辑性质有关的两个无效推理形式——否定前件式和肯定后件式——都是日常思维中常见的。

【例 8】《世说新语・言语》记载，孔融 10 岁时随父到洛阳，谈吐对语颇为聪明，太中大夫陈韪听后不以为然，说道：“小时了了，大未必佳。”孔融马上反驳说：“想君小时，必当了了。”陈韪遂“大踧踖”。

上述实例中孔融是如何进行反驳的？他的推理形式是否有效？孔融的反驳实际上省略了一个前提，将省略的前提补充上，可以看出运用了假言推理：

“小时了了，大未必佳。”

陈韪大不佳（省略的前提）

“想君小时，必当了了。”

孔融的目的显然并不在于想表达“想君小时，必当了了”，而是在于隐含的前提：陈韪大不佳。想表达的不直接说出来，而是通过结论间接地表达，这显示了孔融年纪虽小，但已掌握了高超的辩论技巧。显然，在辩论中孔融占了上风，因为孔融反驳的结果是，陈韪不但无话可说，而且“大踧踖”。但是论辩的胜利并不表明孔融的推理是有效的。从上述推理分析可以看到，这个推理是一个假言推理肯定后件式的实例，这在逻辑上是无效的。

【例 9】一个律师以吝啬而出名，大家都不愿意和他打交道。一天，他的妻子病重，他赶紧把妻子送到了医生那里。这位医生担心律师不付给他医药费，不愿救治。律师向他保证说：“不论你治好了我的妻子，还是治死了我的妻子，我都会付你医药费的。”医生相信了律师的许诺，尽全力抢救病人，但终因病情太重，病人医治无效而亡。但律师却拒绝付给医药费。

他问医生：“你治好了我的妻子吗？”

医生回答：“没有。”

律师又问：“那么你治死了我的妻子吗？”

医生说：“不是我治死的，是你妻子的病情太重，已无药可救。”

律师回答：“你既没有治好我的妻子，也没有治死我的妻子，我为什么要付给你医药费呢？”

请问：律师的思维合乎逻辑吗？

如果不仔细分析，律师的论证似乎有些道理，但如果将律师论证中的推理整理出来，其中的逻辑错误就会看得非常清楚。将律师的推理分析如下：

如果你治好了我的妻子，那么我付给你医药费；

如果你治死了我的妻子，那么我也付给你医药费；

你既没有治好我的妻子，也没有治死我的妻子，

所以，我不付给你医药费。

将上述推理符号化：

$$(p \rightarrow r) \wedge (q \rightarrow r) \wedge (\neg p \wedge \neg q) \rightarrow \neg r$$

上述推理中的第三个前提是合取式，根据简化律，可以推出$\neg p$，也可以推出$\neg q$。p 和 q 也分别出现在前两个前提中。而前两个前提都是蕴涵式，我们知道，否定前件式是无效式，由这三个前提的结合可以进行的两个推理都是否定前件式。所以，这个推理运用了错误的形式，律师的思维不合乎逻辑。

【本章知识结构图】

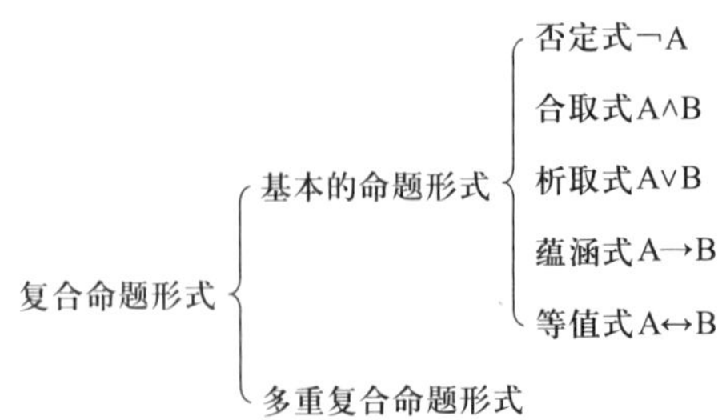

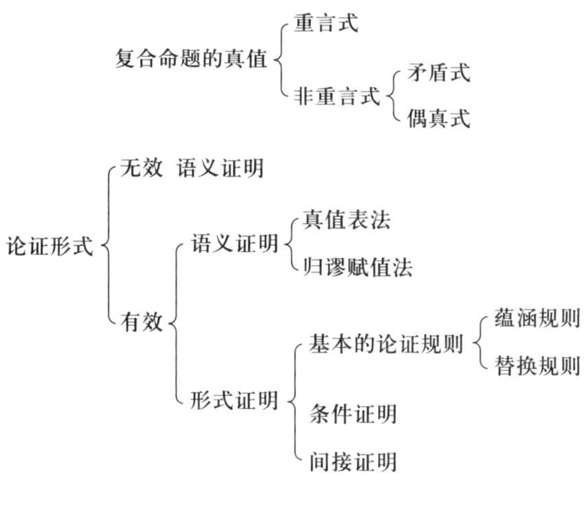

思　考　题

1. 命题逻辑的研究对象是什么？
2. 复合命题的结构特征是什么？复合命题有哪些基本形式？
3. 如何理解实质蕴涵？
4. 什么是多重复合命题？如何分析多重复合命题的形式？
5. 什么是重言式？
6. 等值关系和等价关系有何不同？
7. 如何验证论证形式的有效性？
8. 什么是形式证明？
9. 基本的有效论证规则有哪些？
10. 什么是条件证明的方法？
11. 什么是间接证明的方法？

练　习　题

一、下述陈述是否正确？请回答“是”或“否”。

1. 如果一个联言命题为假，则其联言支均假。
2. 如果一个联言命题为真，则其联言支均真。
3. 如果一个选言命题为真，则其选言支均真。
4. 如果一个选言命题为假，则其选言支均假。
5. 如果一个假言命题为真，就是说不是前件为真而后件为假。
6. 假命题蕴涵任何命题。
7. 真命题被任何命题蕴涵。
8. 如果 $p \leftrightarrow q$ 为真，则 p 和 q 都为真。
9. 如果一个命题形式是重言式，那么它所表达的推理形式肯定是有效的。
10. 一个演绎的论证形式，或者是有效的，或者是无效的。
11. 任何有效的论证形式都可以表达为一个重言的蕴涵式。

12. 有效的论证一定可以得到真的结论。

13. 无效的论证结论一定是假的。

14. 无效的论证形式至少存在一个前提为真而结论为假的代入实例。

15. 真值表法既可以验证有效论证形式，也可以验证无效论证形式。

16. 形式证明只能验证有效的论证形式。

17. 条件证明的方法只能用于证明结论为条件命题的形式证明。

18. 间接证明的方法只能用于结论为简单命题的形式证明。

二、指出下列复合命题属于何种复合命题，并写出它们的命题形式。

1. 物证和证人证言都是证据。

2. 到过现场的人并不都是作案人。

3. 他患了气管炎或者肺炎。

4. 红了樱桃，绿了芭蕉。

5. 并非强权就是公理。

6. 林纾是著名的翻译家，但他不懂外语。

7. 不入虎穴，焉得虎子。

8. 死刑案件由最高人民法院判决或者核准。

9. 犯罪的时候不满 18 周岁的人和审判时怀孕的妇女，不适用死刑。

10. 仅当该行为在主观上是故意的才是盗窃罪。

11. 并不是说蝙蝠不是夜行动物。

12. 三角形的三边相等当且仅当三内角相等。

13. 光合作用不是起源于植物，而是起源于细菌。

14. 只有不断突破瓶颈期，才能取得成功。

15. 某甲和某乙或者都是案犯，或者都不是案犯。

16. 如果公民的民事权利能力一律平等，那么任何公民不得享有特权。

三、分析下列多重复合命题的形式，并指出主联结词。

1. 并非他既擅长书法又擅长作画。

2. 甲、乙、丙中至少有一个是罪犯，但他们不会全是罪犯。

3. 不破不立，不塞不流，不止不行。

4. 绝不是一个人的记忆力强并且延长学习时间，他就能够取得成就。

5. 行为在客观上虽然造成了损害结果，但是不是出于故意或者过失，而是由于不能抗拒或者不能预见的原因所引起的，不是犯罪。

6. 明知自己的行为会发生危害社会的结果，并且希望或者放任这种结果发生，因而构成犯罪的，是故意犯罪。

7. 因不可抗力不能履行合同或者造成他人损害的，不承担民事责任，法律另有规定的除外。

8. 法律明文规定为犯罪行为的，依照法律定罪处刑；法律没有明文规定为犯罪行为的，不得定罪处刑。

9. 精神病人在不能辨认或者不能控制自己行为的时候造成危害结果，经法定程序鉴定的，不负刑事责任，但是应当责令他的家属或者监护人严加看管和医疗。

10. 犯罪以后自首的，可以从轻或者减轻处罚。其中，犯罪较轻的，可以免除处罚；有重大立功表现的，应当减轻或者免除处罚。

四、用真值表证明下述论证的有效性或无效性。

1. $p \vee q \to p \wedge q$
   $p \vee q \quad / \ p \wedge q$
2. $p \vee q$
   $p \quad / \neg q$
3. $p \vee (q \wedge \neg q)$
   $p \quad / \neg (q \wedge \neg q)$
4. $p \vee q \to r$
   $r \to p \wedge q \quad / \ p \vee q \to p \wedge q$
5. $p \to (q \vee r)$
   $\neg q \wedge \neg r \quad / \neg p$
6. $p \vee q \to p \wedge q$
   $p \wedge q \quad / \ p \vee q$

五、用真值表法或归谬赋值法判定下列命题形式是否重言式。

1. $p \wedge \neg q \to \neg p \vee q$
2. $(p \to q) \to \neg p \vee q$
3. $(p \to q) \to \neg (p \wedge \neg q)$
4. $(p \vee q) \wedge p \to \neg q$
5. $(p \wedge q \to r) \wedge p \to q \vee r$
6. $\neg (p \wedge q) \leftrightarrow \neg p \vee \neg q$
7. $p \to \neg q \leftrightarrow \neg p \vee \neg q$
8. $(p \wedge q) \vee (\neg p \vee \neg q)$
9. $(p \to q) \to p \wedge \neg q$
10. $(\neg p \to q \wedge r) \wedge ((\neg q \vee \neg r) \vee s) \wedge (p \vee \neg s) \to p$

六、以下论证都符合某个常见的论证形式，请判断它们是有效的还是无效的，并写出论证的名称。

1. 如果一个人怕吃苦，就不能获得成功。小张不怕吃苦。所以，小张能够获得成功。

2. 如果某人是企业高管，那么某人是企业管理人员。某人不是企业高管。所以，某人不是企业管理人员。

3. 如果现在还有人死于饥饿，那么一定是食物分配有问题。现在还有人死于饥饿。所以，一定是食物分配有问题。

4. 南开大学或者清华大学在北京。南开大学不在北京。所以，清华大学在北京。

5. 该杀人案的原因或者是因私仇杀人，或者是因谋财杀人；经初步调查，该案是因私仇杀人。可见，该案不是因谋财杀人。

6. 如果光没有质量，就不会对它射到的物质产生压力；而事实上能够测量到光对它射到的物质产生的压力。所以，光是有质量的。

7. 如果某甲是凶手，某甲一定有凶器；经查证，某甲有凶器。所以，某甲是凶手。

8. 只有适用法律正确，才能正确判决。此案件适用法律正确。所以，一定能正确判决。

9. 只有经过调查研究才有发言权。你没有经过调查研究。所以，你没有发言权。

10. 如果某地人口继续减少，那么商品房销售将受影响；如果商品房销售受影响，那么会使经济发展速度放缓。所以，如果某地人口继续减少，那么会使经济发展速度放缓。

七、以下都是有效论证，请给出每个论证中结论得出所依据的推论规则及简写。

1. 如果木兰是一只布偶猫，那么木兰是可爱的。木兰是一只布偶猫。所以，木兰是可爱的。

2. 公民、法人可以通过代理人实施民事法律行为。所以，公民可以通过代理人实施民事法律行为。

3. 如果明知商品不合格而出售，那就是欺骗消费者；如果不知商品不合格而出售，那就是对消费者不负责任；某商家明知或不知商品不合格而出售。可见，商家或者是欺骗消费者，或者是对消费者不负责任。

4. 病毒或者是RNA病毒，或者是DNA病毒。天花病毒不是RNA病毒。所以，天花病毒是DNA病毒。

5. 如果天鹅有翅膀那么天鹅会飞。所以，如果天鹅有翅膀，那么天鹅有翅膀并且天鹅会飞。

6. 如果你娶到一个好妻子，你会获得人生的幸福；如果你娶到一个坏妻子，你会成为一位哲学家；你或者娶到好妻子，或者娶到坏妻子。所以，你或者获得人生的幸福，或者成为一位哲学家。

7. 如果气温升高2℃，那么地球的平均气温就会上涨14%；如果地球的平均气温上涨14%，那么干旱、缺水等一系列反应也会随之而来。所以，如果气温升高2℃，那么干旱、缺水等一系列反应也会随之而来。

8. 青蛙可以在水中生活，青蛙可以在陆地生活。所以，青蛙既可以在水中又可以在陆地生活。

9. 如果火星上有水存在，那么火星上有生命存在。但是火星上没有生命存在。所以，火星上没有水存在。

10. 眼镜蛇是有毒的。所以，眼镜蛇或者是有毒的，或者是无毒的。

八、以下都是有效论证，请给出每个论证中结论得出所依据的替换规则或等价关系。

1. 你确实完成了。所以，并不是说你没有完成。

2. 我不是没有做这件事。所以，我做了这件事了。

3. 并非他既去看电影又去听音乐会。所以，他或者不去看电影或者不去听音乐会。

4. 并非他去参加会议或者我去参加会议。所以，他不去参加会议，我也不去参加会议。

5. 并非他经济上不困难就不盗窃。所以，他经济上不困难也盗窃。

6. 他既愿意来也有时间来。所以，并非他不愿意来或没有时间来。

7. 当且仅当你获得资格证书，则你可以从事这种职业。所以，如果你获得资格证书，那么你可以从事这种职业；如果你可以从事这种职业，那么你获得资格证书。

8. 如果某甲是案犯，则某乙不是案犯。所以，如果某乙是案犯，则某甲不是案犯。

9. 如果不是平淡一生那么就是名垂青史。所以，或者是平淡一生，或者是名垂青史。

10. 他外表冷酷但是心地善良。所以，他心地善良但是外表冷酷。

九、请回答下列有关命题真值关系的问题。

1. 设有下列命题形式：

（1）$p\rightarrow q$　（2）$\neg p\rightarrow\neg q$　（3）$p\vee q$　（4）$p\wedge q$　（5）$\neg(p\rightarrow\neg q)$　（6）$p\wedge\neg q$

(7) $\neg p \to q$ (8) $\neg p \wedge q$ (9) $p \vee \neg q$ (10) $\neg p \wedge \neg q$ (11) $\neg p \vee q$ (12) $\neg p \vee \neg q$

这些命题形式中，哪些相互等值？哪些相互矛盾？

2. 在下列命题形式中：

(1) $\neg p \vee q$ (2) $p \wedge \neg q$ (3) $\neg q \to \neg p$ (4) $\neg(q \vee \neg p)$ (5) $\neg\neg q \vee \neg p$

(6) $\neg q \wedge \neg\neg p$ (7) $\neg(\neg q \wedge p)$

与“$p \to q$”相互等值的有__________，与“$p \to q$”相互矛盾的有__________。

十、请构建下列论证有效性的形式证明。

1. $(p \to q \wedge r) \wedge (q \to t \wedge p) \wedge p \to t$
2. $p \to (q \to p)$
3. $(p \to q) \wedge (p \vee q) \to q$
4. $(\neg p \to \neg q) \wedge (\neg q \to \neg r) \to (r \to p)$
5. $(p \to \neg(q \wedge r)) \wedge (p \wedge r) \to \neg q$
6. $(p \to q) \wedge (q \vee r \to s \wedge t) \wedge p \to s$
7. $(p \vee \neg(q \vee r)) \wedge (p \vee \neg q \to r) \to p$
8. $((p \to q) \to p) \to p$

十一、请将下列论证符号化，并构建其有效性的形式证明。

1. 如果甲或者乙赢得比赛，那么丙和丁都输掉比赛。甲赢得了比赛。所以，丙输掉了比赛。

2. 如果上帝能创造一块他自己举不起来的石头，那么他不是全能的。如果上帝不能创造一块他自己举不起来的石头，那么他也不是全能的；或者上帝能创造，或者上帝不能创造。总之，他不是全能的。

3. 公孙仪说：“如果我接受了别人送的鱼，到了紧要关头，就会迁就别人；如果迁就别人，就会歪曲法律；如果歪曲法律，宰相就会被罢免；如果宰相被罢免，即使再喜爱吃鱼，别人也不会送我了，而我自己也没有能力去买鱼了，因此我就吃不到鱼了。所以，如果我接受了别人送的鱼，我就吃不到鱼了。”

4. 只有具有社会危害性的行为才是犯罪行为；某甲的行为不具有社会危害性。所以，某甲的行为不是犯罪行为。

5. 或者我们建立垃圾回收制度，或者我们的城市将被垃圾包围。如果我们的健康受到危害，那么我们没有建立垃圾回收制度。如果我们的垃圾填埋场变得枯竭，那么我们生活的环境会遭到严重破坏。如果我们生活的环境遭到严重破坏，那么我们的健康受到危害。我们的垃圾填埋场正在变得枯竭。因此，我们的城市将被垃圾包围。

6. 如果发展高新产业，那么新兴企业将受益。如果高校重视培养创新能力，那么会提升学生的创业能力。因此，如果发展高新产业，并且高校重视培养创新能力，那么会提升学生的创业能力并且新兴企业将受益。

7. 如果劳动者有工作的基本权利，那么失业根本不存在，但工作过剩将成为一个问题。如果劳动者没有工作的基本权利，那么生产效率将被最大化，但工作的安全性将受到损害。或者劳动者有工作的基本权利，或者劳动者没有工作的基本权利。因此，或者失业根本不存在，或者生产效率将被最大化。

8. 如果或者穿山甲的数量继续减少，或者发起拯救穿山甲免于灭绝的工作，那么要建立动物保护区并且制定动物保护法。如果或者建立动物保护区，或者打击偷猎者，那么如果制定动物保护法，那么穿山甲的数量将不会继续减少。因此，穿山甲的数量将不会继续减少。

十二、分析下面实例中包含的推理是否有效。

1. 有一天，有个酒鬼，裤子口袋里装着一瓶酒在街上走，不巧，被一辆自行车撞倒了。他一边爬起来一边摸口袋，感觉到有点湿，不由得大吃一惊："天啊，但愿是血！"

请通过酒鬼的这句话分析他的思维过程，并说明是否合乎逻辑。

2. 明谢肇淛编的《五杂组》中有这样一个故事：宋叶衡罢相归，日与布衣饮甚欢，一日不怡，问诸客曰："某且死，但未知死后佳否？"一姓金士人曰："甚佳。"叶惊问曰："何以知之？"士人曰："使死而不佳，死者皆逃归矣。一死不返，是以知甚佳矣。"满座皆笑。

请分析姓金的士人的论证中包含着什么推理？推理形式是否有效？

3. 据说，文成公主入藏与松赞干布成婚，有这样一段佳话：

文成公主既美丽又聪明，她选驸马时提出一个条件：求婚者谁提出的问题能难倒她，她就嫁给谁。许多求婚的公子提出许多稀奇古怪的问题，文成公主都对答如流，使他们乘兴而来，败兴而归。

松赞干布得知后，向文成公主说："请问公主，为了使您成为我的妻子，我应该提什么问题才能难倒您？"文成公主听后，什么也没说，就答应了婚事。

请问：聪明的松赞干布用了什么推理，使文成公主不得不实践了自己的诺言？

十三、回答下述问题，并详细分析。

1. 史密斯、乔治和鲁宾逊三位经理住在赛菲鲁德村和利兹村一带。另外，还有三名与这三位经理同名的铁路工人也住在这一带。

经理鲁宾逊与列车员住在赛菲鲁德村，经理乔治与司炉住在利兹村，经理史密斯与火车司机住在这两个村子之间。

与列车员同名的经理年收入一万英镑整，司机的年收入是与他住得最近的经理年收入的三分之一。另外，铁路工人史密斯在打台球时曾经赢过司炉。

请问：火车司机叫什么名字？

2. 有甲、乙、丙三个学生，一个出生在北京，一个出生在上海，一个出生在广州。他们中一个是学法律的，一个是学数学的，一个是学外语的。其中：

（1）甲不是学法律的，乙不是学外语的；

（2）学法律的不出生在上海；

（3）学外语的出生在北京；

（4）乙不出生在广州。

请根据已知的条件，推知甲的专业。

十四、根据已知条件进行推理，并写出详细推理过程。

1. 某盗窃案侦查机关掌握了以下情况：

（1）窃贼是甲或者乙，不会是其他人；

（2）如果甲是窃贼，那么作案现场不会留下指纹；

（3）如果案发时间不是晚上，那么案发地点有工作人员；

(4) 除非作案现场留下了指纹，案发时间才是晚上；

(5) 案发地点没有工作人员。

侦查人员据此能够确定谁是窃贼？

2. 在美国芝加哥的一条最繁华的大街上，一家百货商场在一天晚上被人盗窃了一批货物。事情发生后，芝加哥警察局经过侦察拘捕了三个重大嫌疑人。他们是：山姆、杰克与约翰。后来，又经审讯，查明了以下事实：

(1) 罪犯带着赃物是坐小汽车逃掉的；

(2) 不伙同山姆，约翰决不会作案；

(3) 杰克不会开车；

(4) 罪犯就是这三个人中的一个或一伙。

请问：在这个案子里，山姆作案了吗？

3. 已知下列命题只有一个是正确的：

(1) 如果甲是凶手，则乙是凶手；

(2) 如果乙是凶手，则甲是凶手；

(3) 乙不是凶手。

请问：甲是否凶手？乙是否凶手？

【练习题参考答案】

第五章　词项逻辑

【本章导读】

词项逻辑是演绎逻辑中古典逻辑的分支。词项逻辑以直言命题的逻辑结构为研究对象，处理的主要是关于不同对象的类之间的关系的论证。直言命题推理依据的一个重要性质是直言命题中主项和谓项的周延性。同一素材的直言命题之间的对当关系是直言命题推理依据的另一个重要性质。与此相关的推理主要包括直接推理和直言三段论。直接推理的类型包括直言对当关系推理和等值变形推理（换质法、换位法和换质位法），其有效性判定依据有效式。直言三段论有效性判定依据基本规则。直接推理和三段论有效性的判定都可用文恩图。

第一节　直言命题

一、词项逻辑的研究对象

词项逻辑以直言命题的逻辑结构为研究对象，处理的主要是关于不同对象的类之间的关系的论证。任意两个类之间的关系不外乎以下三种关系：

第一，一个类的所有元素都是另一个类的元素。这种情形称第一个类包含于第二个类中。

第二，两个类有共同元素。这种情形称第一个类部分地包含于第二个类中。

第三，两个类没有共同元素。这种情形称这两个类是互相排斥的关系。

陈述两个类之间关系的命题称为直言命题。词项逻辑研究以直言命题为组成部分的论证。例如：

【例 1】所有绿色植物都是需要光照的，

松树是绿色植物，

所以，松树是需要光照的。

这个论证中的三个命题都是直言命题，都陈述了一个类包含于另一个类之中：绿色植物的类包含于需要光照的类中、松树的类包含于绿色植物的类中、松树的类包含于需要光照的类中。因此，认识词项逻辑中的论证，依赖于对直言命题结构的研究。

二、直言命题的结构

直言命题以主谓式语句表达，是由如下四种成分构成的：主项、谓项、联词、量词。

主项是表示被陈述对象的词项，如上述实例中的“绿色植物”和“松树”。谓项是表示被陈述对象具有或不具有的性质的词项，如上述实例中的“需要光照的”和“绿色植物”。命题中的主项和谓项，共同称作词项。习惯上把主项理解为对象类，把谓项理解为性质类。

联词是表示主项和谓项之间的联系的语词。直言命题的联词有两种：肯定联词和否定联词。“是”称为肯定联词，表示主项与谓项之间具有肯定的联系，即主项的全部或部分对象与谓项表达的性质是相容的。“不是”称为否定联词，表示主项与谓项之间具有否定的联系，即主项的全部或部分对象与谓项表达的性质是相互排斥的。在语言表达中，肯定联词可以省略，省略以后不影响句子表达。例如，“所有人都有理性”与“所有人都是有理性的”含义完全相同。否定联词则不能省略，但有时可用“不”等来表示。例如，“有些鸟不会飞”。

一个直言命题的联词是肯定的还是否定的，这称作命题的质。

量词是表示主项外延情况的语词。直言命题的量词有两种：全称量词和特称量词。全称量词是表示主项全部外延的语词，或者说表示该命题陈述了主项类的全部元素。主项的量词为全称量词的命题称作全称命题。在语言表达中，表示全称量词的语词通常有“凡”“所有”“任何”“一切”“每一个”等。当量词是全称量词时，往往在主项后面加上“都”字。全称量词可以省略，例如，“犯罪行为是危害社会的行为”与“所有犯罪行为都是危害社会的行为”含义完全相同。特称量词是表示主项部分外延的语词，即表示主项类的部分元素。主项的量词为特称量词的命题称作特称命题。在语言表达中，表示特称量词的语词有“有些”“有的”等。特称量词不能省略。

应当注意，在自然语言中，对全称量项的用法没有歧义，但对“有的”“有些”则有狭义的和广义的两种理解。狭义理解的“有些”“有的”，表示“仅仅有一些”，“有一些但不是全部”。例如，我们在说“有些犯罪嫌疑人是无罪的”时，意思常常是有一些犯罪嫌疑人是无罪的，即部分犯罪嫌疑人是无罪的，并不包括“所有的犯罪嫌疑人都是无罪的”这种情形，因而这句话的言外之意是“有些犯罪嫌疑人不是无罪的”。

广义理解的“有的”“有些”，表示“至少有”，其数量至少有一个，多可至全部。例如，在不知道全面疫情的情况下，只要在某一个养鸡场发现一例禽流感，就可以说“该养鸡场有些鸡得了禽流感”。这里这句话并不意味着“有些鸡没有得禽流感”。事实上这里“有些”的范围是不能确定的，能够确定的仅仅是“至少有”。

词项逻辑中对特称量词作广义的理解。我们今后对特称量词“有些”“有的”理解为“至少有一个”，也就是说，特称量词指称的量是在一个和全部之间的一个不定的范围。类似地，如“很少”“大多数”等这些表示不确定的数量的量词都看作表达了“至少有”这一含义。例如：

【例2】(1) 有的困难是难以想象的。

(2) 极少哺乳动物是卵生的。

(3) 绝大多数天鹅都是白色的。

(4) 许多失业者放弃了寻找工作。

特称量词又称为存在量词，这是因为，既然特称量词表示“至少有一个”，就表明该命题陈述主项所指称的对象是存在的。表述时使用特称量词，也就是断定了该命题主项所指称的对象是存在的。

一个直言命题的量词是全称的还是特称的，这称作命题的量。

如果直言命题的主项是单独词项，就不需要使用量词。例如，“地球是行星”。这样的命题称作单称命题。

在直言命题的各构成成分中，主项和谓项是命题的逻辑变项，代入具体的内容，就构成了具体的命题；联词和量词构成命题的逻辑常项，命题包含不同的联词和量词，就构成了不同形式的直言命题。

三、直言命题的种类

根据质（联词的性质）的不同，直言命题可分为肯定命题和否定命题；根据量（量词的情况）的不同，直言命题可分为全称命题、特称命题和单称命题。将质和量结合起来，直言命题可分为以下六种：

（一）全称肯定命题

全称肯定命题就是陈述主项所指称的类中的所有元素都是谓项所指称的类的元素。也就是陈述主项类的全部元素包含于谓项类中。

【例 3】所有法人都是有民事行为能力的。

这一实例中断言“法人”类中的所有元素都是“有民事行为能力的”类中的元素。通常用字母 S、P 分别表示直言命题的主项、谓项，则所有全称肯定命题共同的形式可以写为：

所有 S 是 P。

在逻辑学中，通常以“A”表示全称肯定命题，因而全称肯定命题的形式可符号化为：

SAP。简记为 A。

全称肯定命题“所有 S 是 P”陈述了 S 类的所有元素都包含于 P 类中，P 类外的 S 类没有元素；但它并未陈述 P 类的全部元素是否也在 S 类中。如图 5-1 所示：

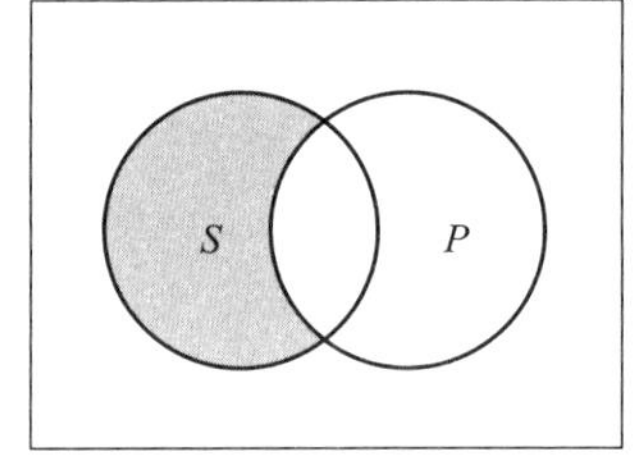

图 5-1　全称肯定命题的文恩图解

上述图示中用长方形表示论域，用两个相交的圆圈代表两个相关的类，相交的部分表示两个类有共同元素的部分。没有元素的部分用影线表示，有元素的部分标上符号“+”。[①] 因此，图 5-1 中将 S 类中不在 P 类中的部分画上影线，表示这部分没有元素。

（二）全称否定命题

全称否定命题就是陈述主项所指称的类中没有任何元素是谓项所指称的类中的元素。也就是陈述主项类的全部元素和谓项类的全部元素是相互排斥的。

【例 4】任何违法行为都不是法律应当保护的。

这一实例中断言“违法行为”类和“法律应当保护的”类是互相排斥的。所有全称否定命题共同的形式可以写为：

所有 S 不是 P。

在逻辑学中，通常以“E”表示全称否定命题，因而全称否定命题的形式可符号化为：

SEP。简记为 E。

全称否定命题“所有 S 不是 P”陈述了 S 类的全部元素与 P 类的全部元素是相互排斥的

---

① 这种表示类和命题的图示的方法是英国数学家、逻辑学家约翰·文恩（Juhn Venn）发明的，所以称为文恩图（Venn diagram）。

关系，也就是它们是没有共同元素的，因此，将文恩图中它们相交的部分画上影线。如图 5-2 所示：

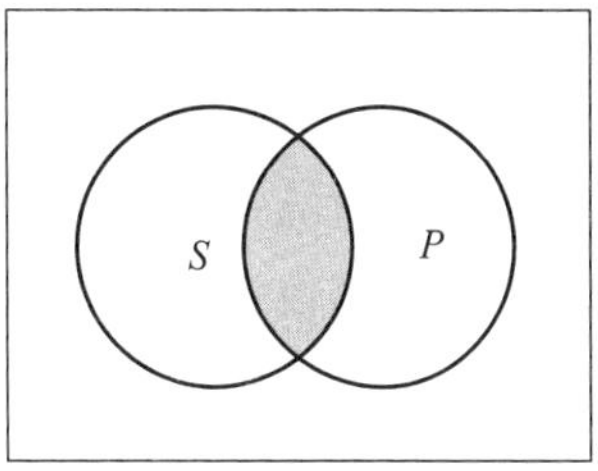

图 5-2　全称否定命题的文恩图解

（三）特称肯定命题

特称肯定命题就是陈述主项所指称的类中至少有元素是谓项所指称的类中的元素。也就是陈述主项类至少有元素包含于谓项类中。

【例 5】有些合同是无效合同。

这一实例中断言“合同”类中有些元素是“无效合同”类中的元素，但并没有断言合同类中的全部元素是否无效合同类中的元素，也没有对无效合同类中的全部元素作出断言。所有特称肯定命题共同的形式可以写为：

有 S 是 P。

在逻辑学中，通常以“I”表示特称肯定命题，因而特称肯定命题的形式可符号化为：

SIP。简记为 I。

特称肯定命题“有 S 是 P”陈述了 S 类中至少有元素包含于 P 类，但它并未陈述究竟有多少 S 类的元素包含于 P 类，也未陈述这些 S 类的元素究竟是与 P 类的全部元素相同还是 P 类的部分元素相同，但是可以肯定的是，这两个类至少有一个元素是相同的。因此，逻辑学将特称量词“有”解释为“至少有一个”。如图 5-3 所示：

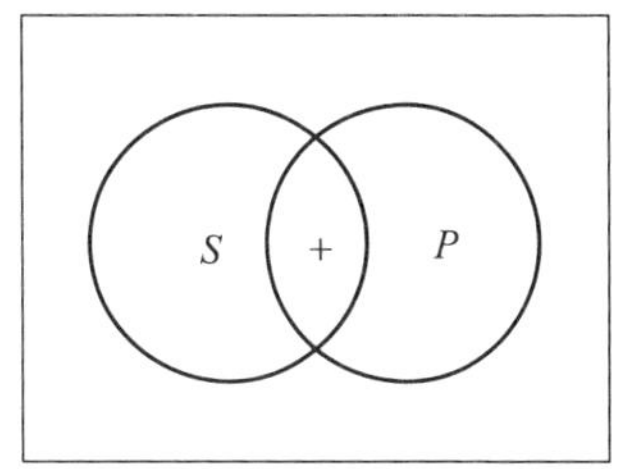

图 5-3　特称肯定命题的文恩图解

（四）特称否定命题

特称否定命题就是陈述主项所指称的类中至少有元素不是谓项所指称的类中的元素。也就是陈述主项类至少有部分元素被排斥在谓项类之外。

【例 6】有些法律不是成文法。

这一实例中断言“法律”类中有些元素不是“成文法”类中的元素，但并没有断言法律类中的全部元素是否成文法类中的元素。所有特称否定命题共同的形式可以写为：

有 S 不是 P。

在逻辑学中，通常以“O”表示特称否定命题，因而特称否定命题的形式可符号化为：

SOP。简记为 O。

特称否定命题“有 S 不是 P”陈述了 S 类中至少有元素不包含于 P 类，但它并未陈述究竟有多少 S 类的元素不包含于 P 类，但是可以肯定的是，S 类中至少有一个元素被排斥在 P 类的全部外延之外。如图 5-4 所示：

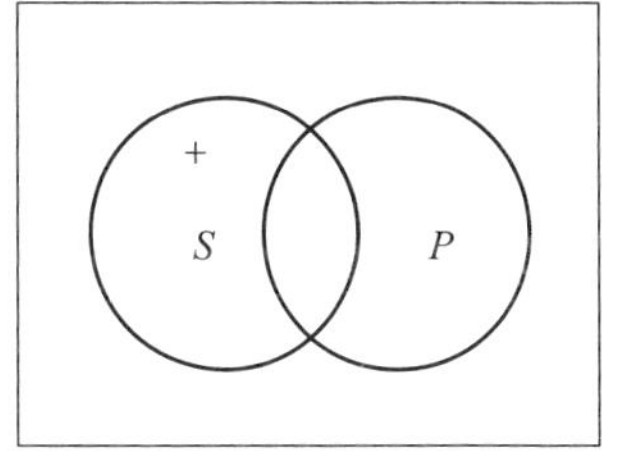

图 5-4　特称否定命题的文恩图解

（五）单称肯定命题

单称肯定命题就是陈述主项指称的某个特定对象具有某种性质的命题。也就是陈述某个特定对象作为主项类的唯一元素包含于谓项类。

【例 7】卡多佐（Cardozo）是美国著名法官。

这一实例中断言“卡多佐”作为主项中的唯一元素包含于“美国著名法官”类中。所有单称肯定命题共同的形式可以写为：

这个S是P。

单称命题的主项所表示的对象是一个特定的个体，而不是一个事物类。根据需要，可以把个体视为只包含一个元素的单元类。如果把单称命题的主项所表示的个体作为只有一个元素的类来处理，则单称肯定命题陈述的主项与谓项之间的外延关系和全称肯定命题完全相同，也就是陈述主项类的全部元素包含于谓项类中。而直言命题的推理是以命题中主项和谓项之间的外延关系为依据的，因而在古典逻辑中，特别是在三段论中，都将单称肯定命题作为全称肯定命题处理，所以单称肯定命题的形式也表示为：SAP。

（六）单称否定命题

单称否定命题就是陈述主项所指称的某个特定对象不具有某种性质的命题。也就是陈述某个特定对象作为主项类的唯一元素被排斥在谓项类之外。

【例8】这个证据不是真实的。

这一实例中断言“这个证据”作为主项中的唯一元素被排斥在“真实的”类之外。所有单称否定命题共同的形式可以写为：

这个S不是P。

如果把单称命题的主项所表示的个体作为只有一个元素的类来处理，则单称否定命题的主项与谓项之间的外延关系和全称否定命题完全相同，也就是陈述主项类的全部元素和谓项类的全部元素是相互排斥的。正因为如此，在古典逻辑中，特别是在三段论中，都将单称否定命题作为全称否定命题处理，所以单称否定命题的形式也表示为：SEP。

由于在古典逻辑中，特别是在三段论中，是将单称命题作为全称命题来处理的，因而在讲直言命题的种类时，一般地简化为A、E、I、O四种①。

第二节　直言命题的逻辑性质

一、直言命题主项、谓项的周延性

直言命题是关于主项类和谓项类之间的外延关系的。不同的直言命题所陈述的类的关系不尽相同。有的命题可能谈及一个类的全部元素，有的命题可能只是谈及部分元素。例如，“所有犯罪行为都是危害社会的行为”这一命题中谈及了全部“犯罪行为”，但没有谈及全部“危害社会的行为”，因为它并没有谈及是否全部“危害社会的行为”都是犯罪行为。所以可以看出，任一A命题都谈及了主项S指称的类的全部元素，但并未谈及谓项P指称的类的全部元素。

我们用周延性这一概念，指称直言命题对其主项或谓项的全部元素是否都有所陈述的问题。如果一个命题对其主项或谓项的全部元素都有所陈述，那么该主项或谓项就是周延的；如果一个命题没有对其主项或谓项的全部元素都有所陈述，那么该主项或谓项就是不周延的。

① A和I分别是拉丁文“affirmo”（意思是“我肯定”）中的第一个和第二个元音字母，E和O分别是拉丁文“nego”（意思是“我否定”）中的第一个和第二个元音字母。因此，传统上以这四个字母的大写分别指代四种直言命题形式。

直言命题中词项的周延性问题，在直言命题推理中是非常重要的问题。后面将介绍的直接推理和三段论的一些推理规则，就是根据词项周延性的理论提出的。所以，必须准确理解周延性概念。

准确理解直言命题中词项的周延性，需要明确以下三个方面：

第一，周延性问题是就直言命题中的主项或谓项来说的。离开命题，孤立的一个名称或概念不存在周延或不周延的问题。

第二，直言命题中的主项和谓项是否周延是就命题是否对它们的全部元素有所陈述而言的，也就是说，这是直言命题的性质。

第三，词项的周延性问题是就命题形式来说的，与命题的具体内容无关。只需根据给定的命题形式就可以判定其中的主项、谓项是否周延。

下面我们分别来考察这四种不同的直言命题中主项和谓项的周延情况。

首先看全称肯定命题。在“所有 S 是 P”这一命题形式中，陈述了所有 S 是 P，但没有陈述所有 S 是所有 P。这就是说，它只陈述了 S 的全部元素，而没有陈述 P 的全部元素。因而在 SAP 中，S 是周延的，而 P 是不周延的。

然后看全称否定命题。在“所有 S 不是 P”这一命题形式中，陈述了所有 S 不是 P，这等于陈述了所有 S 与所有 P 是互相排斥的。这就是说，它既陈述了 S 的全部元素，也陈述了 P 的全部元素。因而在 SEP 中，S 和 P 都是周延的。

再看特称肯定命题。在“有 S 是 P”这一命题形式中，陈述了有的 S 是 P，但没有陈述所有 S 是 P，也没有陈述有的 S 是所有的 P。这就是说，它既没有陈述 S 的全部元素，也没有陈述 P 的全部元素。因而在 SIP 中，S 和 P 都是不周延的。

最后看特称否定命题。在“有 S 不是 P”这一命题形式中，陈述了有的 S 不是 P，这等于陈述了有的 S 与所有 P 是互相排斥的，但它没有陈述所有的 S 不是 P。这就是说，它没有陈述 S 的全部元素，但陈述了 P 的全部元素。因而在 SOP 中，S 是不周延的，而 P 是周延的。

A、E、I、O 四种命题的主、谓项的周延性情况如表 5-1 所示：

表 5-1　直言命题主谓项的周延性情况

命题的种类	S	P
SAP	周延	不周延
SEP	周延	周延
SIP	不周延	不周延
SOP	不周延	周延

从上表可以看出，在直言命题中，全称命题的主项是周延的，特称命题的主项是不周延的；否定命题的谓项是周延的，肯定命题的谓项是不周延的。

直言命题中词项的周延情况在评价三段论推理的有效性中非常重要。

二、直言命题的对当关系

具有相同主项和谓项的直言命题，称为同一素材的直言命题。例如：

【例 1】(1) 所有证据都是属实的。(A)

(2) 所有证据都不是属实的。(E)

(3) 有些证据是属实的。(I)

(4) 有些证据不是属实的。(O)

同一素材的直言命题之间可能在质上有所不同，也可能在量上有所不同，亦可能在质和量上都不同。这三种不同的关系，古典逻辑称之为对当关系。对当关系体现了命题之间非常重要的真值关系。可以将对当关系定义如下：

同一素材的 A、E、I、O 四种命题之间的真值关系，统称为对当关系。

同一素材的直言命题间的对当关系可以根据直言命题的真假情况说明如下：

1. 矛盾关系。SAP 和 SOP 之间以及 SEP 和 SIP 之间是不同真并且不同假的关系，这种关系称为矛盾关系。也就是说，如果两个主项和谓项都相同的直言命题质和量都不相同，那么它们就是矛盾的。

2. 差等关系。SAP 和 SIP 以及 SEP 和 SOP 之间的关系称为差等关系。这种关系是蕴涵关系。也就是说，两个质相同但量不同的直言命题之间的真值关系是上位命题（全称命题）真则下位命题真，下位命题（特称命题）假则上位命题假。

3. 反对关系。SAP 和 SEP 之间是不可同真但可同假的关系，这种关系称为反对关系。也就是说，如果两个量相同但质不同的全称命题之间可以由一个的真推出另一个的假。

古典逻辑对于具有反对关系的命题的这种真值解释存在一个问题，就是当 A 命题或 E 命题是必然真的命题时，认为它们是反对关系就是错误的。因为如果一个全称命题是必然真的，它就不存在和另一个反对关系的命题同假的可能。例如，“所有等边三角形都是等角的”与“所有等边三角形都不是等角的”就不是反对关系，因此它们不存在同假的可能性。所以，准确地说，如果两个同一素材的 A 命题和 E 命题是偶真的，那么说它们之间具有反对关系就是正确的。因此，本章讨论的 A 命题和 E 命题都假定是偶真的。

4. 下反对关系。SIP 和 SOP 之间是不可同假但可同真的关系，这种关系称为下反对关系。也就是说，如果两个量相同但质不同的特称命题之间可以由一个的假推出另一个的真。

这里存在一个与上述反对关系中类似的问题：如果 I 命题或 O 命题必然为假时，认为它们是下反对关系就是不正确的。例如，“有三角形是正方形”与“有三角形不是正方形”就不是下反对关系，因为它们不存在同真的可能性。如果 I 命题和 O 命题都是偶真的，就可以同真，那么说它们之间具有下反对关系就是正确的。与反对关系一样，本章讨论的 I 命题和 O 命题也都假定是偶真的。

同一素材的直言命题之间的这四种对当关系可以用一个重要的图示来表示，这个图示称为对当方阵。如图 5-5 所示：

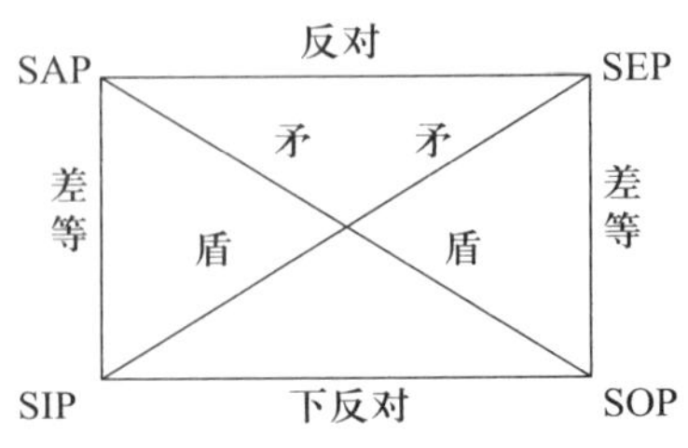

图 5-5 直言命题的对当方阵

它的每一个角代表一种命题形式，每一条线代表两种命题之间的一种关系。一般认为，展示在该对当方阵中的真值关系，为一些基本的论证形式提供了有效性的根据。由这四种直言命题间的对当关系所确定的真值关系总结如下：

如果A真，那么E假，I真，O假；
如果E真，那么A假，I假，O真；
如果I真，那么E假，A、O真假不定；
如果O真，那么A假，E、I真假不定；
如果A假，那么O真，E、I真假不定；
如果E假，那么I真，A、O真假不定；
如果I假，那么A假，E真，O真；
如果O假，那么A真，E假，I真。

直言命题间的对当关系共有四种：矛盾关系、差等关系、反对关系和下反对关系，因此，构成了直言命题间的四种不同的对当关系推理。这四种对当关系推理是直言命题间的直接推理的重要类型。

第三节 直言命题的直接推理

直言命题的直接推理，就是以一个直言命题或其负命题为前提推出另一个直言命题或其负命题为结论的演绎推理。它包括直言命题的对当关系推理和直言命题的等值变形推理（即换质法、换位法）。

一、直言命题的对当关系推理

直言对当关系推理就是根据同一素材的A、E、I、O四种命题之间的真值关系进行的直接推理。与四种直言对当关系相对应，直言对当关系推理也有四种，即矛盾关系推理、差等关系推理、反对关系推理、下反对关系推理。

（一）矛盾关系对当推理

A与O、E与I之间的真值关系称为矛盾关系，根据A与O之间、E与I之间的真值关系进行的对当关系推理称为矛盾关系对当推理。

如本章第二节所述，具有矛盾关系的两个直言命题的质和量都不相同。SAP陈述S类的全部元素都在P类中；SOP陈述S类至少有一个元素不在P类中。这两种陈述的真值显然是相互矛盾的，具体来说就是：

当SAP为真，则SOP为假；
当SAP为假，则SOP为真；
当SOP为真，则SAP为假；
当SOP为假，则SAP为真。

SEP陈述S类的全部元素与P类的全部元素都是相互排斥的，即S类和P类没有共同元素；SIP陈述S类和P类是相容关系，即它们存在共同元素。这两种陈述的真值显然也是相互矛盾的。具体来说就是：

当SEP为真，则SIP为假；
当SEP为假，则SIP为真；
当SIP为真，则SEP为假；
当SIP为假，则SEP为真。

因此，矛盾关系命题之间的真值关系是：两者既不同真也不同假。

在具有矛盾关系的命题之间，可以由其中一个命题为真，推知另一个命题为假；也可以由其中一个命题为假，推知另一个命题为真。将上述命题之间的真值关系用公式表示如下：

SAP→¬SOP　　¬SAP→SOP

SOP→¬SAP　　¬SOP→SAP

SEP→¬SIP　　¬SEP→SIP

SIP→¬SEP　　¬SIP→SEP

【例 1】所有贪污罪的主体都是国家工作人员，所以，并非有的贪污罪的主体不是国家工作人员。

其推理形式是：

SAP→¬SOP

又如：

【例 2】并非有的人没有偏见，所以，所有人都有偏见。

其推理形式是：

¬SOP→SAP

再如：

【例 3】订立时显失公平的合同都不是有效的，所以，并非有的订立时显失公平的合同是有效的。

SEP→¬SIP

矛盾关系的命题之间既不同真也不同假，因而，一个命题与它的矛盾命题的负命题重言等值，即一个命题与它的矛盾命题的负命题是等价的。即：

SAP ⇔ ¬SOP

SOP ⇔ ¬SAP

SEP ⇔ ¬SIP

SIP ⇔ ¬SEP

（二）差等关系对当推理

A 与 I、E 与 O 之间的真值关系称为差等关系，根据 A 与 I、E 与 O 之间的真值关系进行的对当关系推理称为差等关系对当推理。

具有差等关系的两个直言命题的质相同而量不同。SAP 陈述 S 类的全部元素都在 P 类中；SIP 陈述 S 类至少有一个元素在 P 类中。因此可以理解为：SAP 蕴涵 SIP。具体来说就是：

当 SAP 为真，则 SIP 为真；

当 SAP 为假，SIP 可真可假；

当 SIP 为真，SAP 可真可假；

当 SIP 为假，则 SAP 为假。

SEP 陈述 S 类的全部元素与 P 类的全部元素都是相互排斥的，SOP 陈述 S 类至少有一个元素在 P 类之外。因此可以理解为：SEP 蕴涵 SOP。具体来说就是：

当 SEP 为真，则 SOP 为真；

当 SEP 为假，SOP 可真可假；

当 SOP 为真，SEP 可真可假；

当 SOP 为假，则 SEP 为假。

因此，差等关系命题之间的真值关系是：全称命题真则特称命题真，特称命题假则全称命题假。将上述命题之间的真值关系用公式表示如下：

SAP→SIP

¬ SIP→ ¬ SAP

SEP→SOP

¬ SOP→ ¬ SEP

【例 4】凡物体都不是静止的，所以，有些物体不是静止的。

其推理形式是：

SEP→SOP

又如：

【例 5】并非有的未满 18 岁的公民有选举权，所以，并非所有未满 18 岁的公民都有选举权。

其推理形式是：

¬ SIP→ ¬ SAP

（三）反对关系对当推理

A 与 E 之间的真值关系称为反对关系，根据 A 与 E 之间的真值关系进行的对当关系推理称为反对关系对当推理。

具有反对关系的两个直言命题的量相同而质不同。SAP 陈述 S 类的所有元素都在 P 类中；SEP 陈述 S 类的所有元素都不在 P 类中。因此，SAP 和 SEP 的陈述是相互否定的。具体来说，就是：

当 SAP 为真，则 SEP 为假；

当 SEP 为真，则 SAP 为假；

当 SAP 为假，SEP 可真可假；

当 SEP 为假，SAP 可真可假。

因此，反对关系命题之间的真值关系是：两者不同真，可以同假。将上述命题之间的真值关系用公式表示如下：

SAP→ ¬ SEP

SEP→ ¬ SAP

【例 6】所有证据都是经过查证属实的，所以，并非所有证据都不是经过查证属实的。

其推理形式是：

SAP→ ¬ SEP

又如：

【例 7】人不能两次踏进同一条河流，所以，并非人能两次踏进同一条河流。

其推理形式是：

SEP→ ¬ SAP

（四）下反对关系推理

I 与 O 之间的真值关系称为下反对关系，根据 I 与 O 之间的真值关系进行的对当关系推理称为下反对关系对当推理。

具有下反对关系的两个直言命题的量相同而质不同。SIP 陈述 S 类至少有一个元素在 P 类中；SOP 陈述 S 类至少有一个元素不在 P 的外延之中。因此，SIP 和 SOP 的陈述不可能都是假的。具体来说，就是：

当 SIP 为假，则 SOP 为真；

当 SOP 为假，则 SIP 为真；

当 SIP 为真，SOP 可真可假；

当 SOP 为真，SIP 可真可假。

因此，下反对关系命题之间的真值关系是：两者不同假，可以同真。将上述命题之间的真值关系用公式表示如下：

$\neg$ SIP→SOP

$\neg$ SOP→SIP

【例 8】并非有些贪污罪是过失犯罪，所以，有些贪污罪不是过失犯罪。

其推理形式是：

$\neg$ SIP→SOP

又如：

【例 9】并非有的逻辑教材不是讲述推理的，所以，有的逻辑教材是讲述推理的。

其推理形式是：

$\neg$ SOP→SIP

为了准确地理解直言命题的对当关系及其推理，需要注意以下三点：

第一，对当关系是指同一素材的（即主项和谓项分别相同的）A、E、I、O 之间的真值关系。素材不同的 A、E、I、O 之间，自然不存在这种真值关系。

第二，古典逻辑的对当关系以假定主项所指称的对象存在为前提条件。如果主项 S 所指称的对象不存在，即主项是空词项，那么除矛盾关系外，其他几种对当关系都是不能成立的。

第三，如前面所述，古典逻辑把单称命题作为全称命题来处理，但在对当关系中却不能这样处理。全称肯定命题和全称否定命题之间是反对关系，而单称肯定命题和单称否定命题之间却是矛盾关系。这是因为单称命题的主项所指称的对象是某一特定对象，对于一个特定对象而言，它或者具有某种性质，或者不具有某种性质，二者必居其一。因此，反映在真值上，单称肯定命题与单称否定命题之间既不同真也不同假。

二、直言命题的等值变形推理

（一）换质法

换质法就是通过改变作为前提的直言命题的质，从而得出一个与之相等值的直言命题作为结论的直接推理。

【例 10】所有的金属都是导体，所以，所有的金属都不是非导体。

换质法的规则是：

（1）结论中保留前提的主项和量词；

（2）改变前提的质，将联词“是”换成“不是”，或将“不是”换成“是”；

（3）结论中的谓项是前提谓项的矛盾词项。

SAP 的换质法推理有效式是：

$SAP \rightarrow SE\overline{P}$

【例 11】所有的盗窃罪都是故意犯罪，所以，所有的盗窃罪都不是过失犯罪。

其中，$\overline{P}$表示词项 P 的矛盾词项。

SEP 的换质法推理有效式是：

$SEP \rightarrow SA\overline{P}$

【例 12】死缓不是独立的刑种，所以，死缓是非独立刑种。

SIP 的换质法推理有效式是：

$SIP \rightarrow SO\overline{P}$

【例 13】有些罪犯是未成年人，所以，有些罪犯不是成年人。

SOP 的换质法推理有效式是：

$SOP \rightarrow SI\overline{P}$

【例 14】有些被告人不是有罪的，所以，有些被告人是无罪的。

换质法推理是日常表达中常见的一种推理。其依据是，如果 S 类的全部或部分元素包含于 P 类中，那么就与$\overline{P}$类相排斥；反之，如果 S 类的全部或部分元素与 P 类相排斥，那么就包含于$\overline{P}$类中。

关于换质法推理需要注意以下两个方面：

第一，结论的谓项与前提的谓项是具有矛盾关系的词项，而不是具有反对关系的词项，否则推理无效；

第二，以上四种换质法推理的结论也蕴涵前提，即从结论推出前提的推理也是有效的。因为 P 是$\overline{P}$的矛盾词项，所以，逆向的推理是对原推理中作为结论的命题进行的换质法推理，也就是将谓项$\overline{P}$换为它的矛盾词项 P。

因此，以上换质法推理的前提与结论之间具有等价关系：

$SAP \Leftrightarrow SE\overline{P}$

$SEP \Leftrightarrow SA\overline{P}$

$SIP \Leftrightarrow SO\overline{P}$

$SOP \Leftrightarrow SI\overline{P}$

（二）换位法

换位法就是将作为前提的直言命题的主项和谓项的位置互换，从而得出一个与之相等值的直言命题作为结论的直接推理。

【例 15】犯罪未遂不是犯罪中止，所以，犯罪中止不是犯罪未遂。

换位法的规则是：

（1）不改变前提命题的质和量，只改变其主项和谓项的位置；

（2）在前提中不周延的词项在结论中也不得周延。

根据换位法的定义与规则，以及 A、E、I、O 四种直言命题中主、谓项的周延情况，E 命题与 I 命题可以换位，A 命题可以限量换位，而 O 命题不能换位。

SEP 的换位法推理有效式是：

SEP→PES

【例 16】正当防卫不负刑事责任，所以，负刑事责任的不是正当防卫。

SIP 的换位法推理有效式是：

SIP→PIS

【例 17】有些过失犯罪是要判刑的，所以，有些要判刑的是过失犯罪。

容易得出，在 E、I 命题的换位法推理中，结论也蕴涵前提。对作为结论的命题进行一次换位，就得到了前提的命题。这两种推理的前提和结论之间具有等价关系：

SEP ⇔ PES

SIP ⇔ PIS

SAP 不能直接换位的原因是：SAP 如果换位为 PAS，则 P 在前提中不周延，而在结论中周延了，这就违反了换位法的规则（2）。如果 SAP 换位为 PIS，则又违反换位法的规则（1），得出的结论改变了前提的量。

但是，古典逻辑理论认为，可以对 A 命题进行某种类似换位法的有效推理。如果先使用直言对当推理，从 SAP 推出 SIP，接着可以从 SIP 换位为 PIS，即：

SAP→PIS

此推理前提蕴涵结论，但结论不等值于前提。这一换位法推理称为限量换位。

SOP 不能换位的原因是：SOP 如果换位为 POS，则 S 在前提中不周延，而在结论中周延了，这就违反了换位法的规则（2）。

（三）换质法、换位法和直言对当推理的联合应用

上述换质法和换位法，可以联合应用，也可以交替连续应用。

【例 18】所有的犯罪行为都是违法行为，

所以，所有的非违法行为都是非犯罪行为。

其推理过程：

$SAP \rightarrow SE\overline{P} \rightarrow \overline{P}ES \rightarrow \overline{P}A\overline{S}$

即：

$SAP \rightarrow \overline{P}A\overline{S}$

显然，此推理是有效的。这一推理是换质法和换位法的联合应用。古典逻辑中称此为换质位法。可以看到，A 命题换质位后还是 A 命题。

【例 19】有大学生不是专业运动员，

所以，有非专业运动员不是非大学生。

这一结论虽然有些不合乎语言表达习惯，但是如果将推理过程分析出来，可以看到这一推理是有效的：

$SOP \rightarrow SI\overline{P} \rightarrow \overline{P}IS \rightarrow \overline{P}O\overline{S}$

即：

$SOP \rightarrow \overline{P}O\overline{S}$

这一推理是换质位法的另一个有效式。可以看到，O 命题换质位后还是 O 命题。

容易得出，在 A、O 命题的换质位法推理中，结论也蕴涵前提。对作为结论的命题进行一次换质，再换位，然后再换质，就得到了前提的命题。这两种推理的前提和结论之间具有等

价关系：

$SAP \Leftrightarrow \overline{P}A\overline{S}$

$SOP \Leftrightarrow \overline{P}O\overline{S}$

换质位法对于 I 命题无效。因为 I 命题换质后得到 O 命题，而 O 命题不能换位。

E 命题换质后得到 A 命题，A 命题可以限量换位，得到 I 命题，I 命题换质后得到 O 命题，即：

$SEP \rightarrow \overline{P}O\overline{S}$

所以，E 命题可以限量换质位。

换质法、换位法、直言对当推理也可以交替连续地应用。

【例 20】植物都是能够进行光合作用的，

所以，并非非植物是能够进行光合作用的。

其推理形式：

$SAP \rightarrow \neg \overline{S}AP$

$\neg \overline{S}AP$ 从 SAP 推导出的推理过程如下：

$SAP \rightarrow \overline{P}A\overline{S}$（换质位法）$\rightarrow \overline{S}I\overline{P}$（限量换位法）$\rightarrow \neg \overline{S}E\overline{P}$（矛盾关系对当推理）$\rightarrow \neg \overline{S}AP$（换质法）

至此，本章直接推理的有效式已全部给出，如表 5-2 所示：

表 5-2　直接推理的有效式

推理类型	推理名称	推理有效式
直言对当关系推理	矛盾关系对当推理	SAP→¬SOP　¬SAP→SOP SOP→¬SAP　¬SOP→SAP SEP→¬SIP　¬SEP→SIP SIP→¬SEP　¬SIP→SEP
	差等关系对当推理	SAP→SIP　¬SIP→¬SAP SEP→SOP　¬SOP→¬SEP
	反对关系对当推理	SAP→¬SEP SEP→¬SAP
	下反对关系对当推理	¬SIP→SOP ¬SOP→SIP
换质法	换质法推理	$SAP \rightarrow SE\overline{P}$ $SEP \rightarrow SA\overline{P}$ $SIP \rightarrow SO\overline{P}$ $SOP \rightarrow SI\overline{P}$
换位法	换位法推理	SEP→PES SIP→PIS SAP→PIS（限量）
换质位法	换质位法推理	$SAP \rightarrow \overline{P}A\overline{S}$ $SOP \rightarrow \overline{P}O\overline{S}$ $SEP \rightarrow \overline{P}O\overline{S}$（限量）

三、文恩图判定直接推理有效性

文恩图是直观刻画直言命题形式的一种图示方法（见本章第一节所述），因此，以直言命题为前提的各种推理的逻辑有效性，都可以通过文恩图来刻画与判定。

由于古典逻辑不考虑空类，各种直言命题推理都以命题中的词项所指称的对象是存在的为前提。因此，用文恩图判定直言命题推理有效性时，必须预先设定所有直言命题的主项与谓项是非空的类。如果按照现代逻辑考虑空类来处理，则古典逻辑中的许多有效的推理形式是无效的。例如，在对当关系中，如果 S 类是空类，则除矛盾关系推理外，其他关系的对当推理都是无效的。

由于空与非空是互相矛盾的，因而表示空与非空的符号（即“影线”与“ + ”号）不得在同一区域内出现，即两种符号不能重叠。

（一）文恩图判定对当关系推理形式的有效性

以 SAP 为例。当 SAP 为真时，如何有效地确定 SEP、SIP、SOP 的真值情况？现用文恩图说明和判定如下：当 SAP 为真时，S 与 P 的关系如图 5-6 所示：

图中画影线的区域表示 S 与非 P 的相交部分是空的，这一区域就不能再出现“+”符号，也就是说不是 P 的 S 不存在，或者说不属于 P 类的 S 类没有元素。这与 SOP 所述 S 类中至少有一个元素不在 P 类中矛盾，即 SOP 为假。因此，SAP→¬ SOP 是有效的。由于已预设 S 类是非空的，则 S 与 P 相交的部分就是非空的，故在这一区域画上“+”符号，表示存在 S 是 P，或者说 S 类中至少有一个元素包含于 P 类中，即 SIP 为真。因此，SAP→ SIP 是有效的。既然 S 与 P 相交的部分是有元素的，该区域就不能再出现影线，即 SEP 为假。因此，SAP→¬ SEP 是有效的。

其他对当关系推理有效性的判定，可根据相应的文恩图参照上述方法作出。

（二）文恩图判定换质法推理形式的有效性

以 SOP 为例。当 SOP 为真时，如何有效地进行换质？现用文恩图说明和判定如下：当 SOP 为真时，S 与 P 的关系如图 5-7 所示：

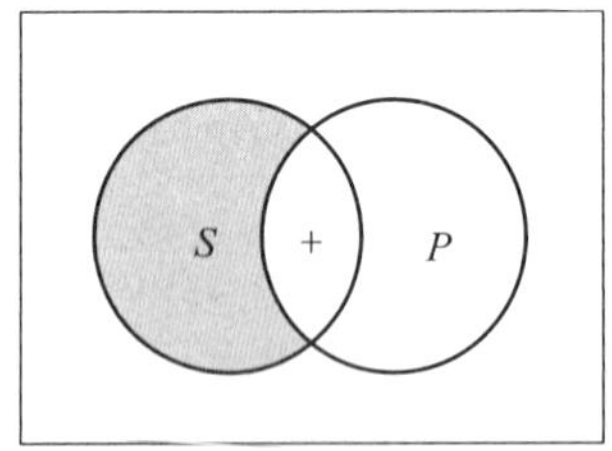

图 5-6　SAP 为真的文恩图解

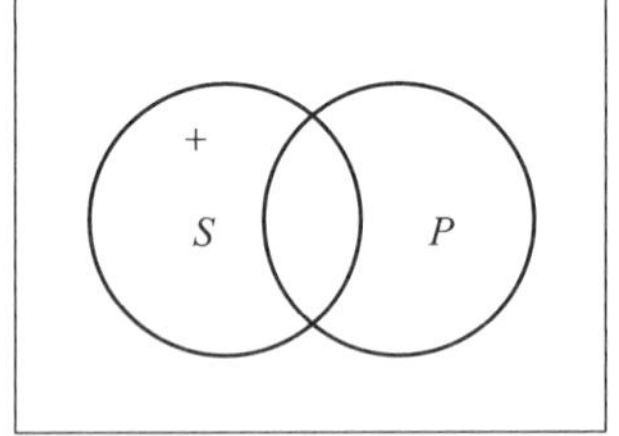

图 5-7　SOP 为真的文恩图解

图中“+”表示 S 类中至少有一个元素不在 P 类中，即 S 类至少有元素包含于 $\overline{P}$类中，也就是说 $SI\overline{P}$为真。因此，SOP→$SI\overline{P}$是有效的。

其他换质法推理有效性的判定，可根据相应的文恩图作出。

（三）文恩图判定换位法推理形式的有效性

以 SEP 为例。当 SEP 为真时，S 与 P 的关系如图 5-8 所示：

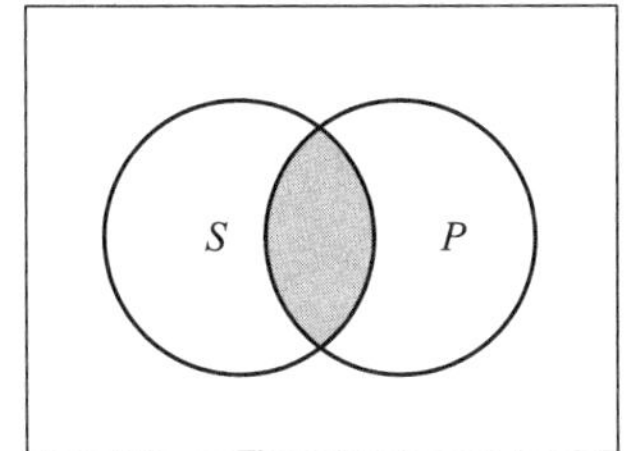

图 5-8 SEP 为真的文恩图解

由于 S 类的全部元素和 P 类的全部元素是相互排斥的，图中的影线表示 S 与 P 的相交部分是空的，也就是 P 类的全部元素和 S 类的全部元素是相互排斥的，即所有 P 不是 S 为真。因此，SEP→PES 是有效的。

其他换位法推理有效性的判定，可根据相应的文恩图作出。

第四节 直言三段论

三段论是最早成为逻辑学研究对象的一类推理。亚里士多德已建立了完备的三段论理论。

一、三段论的形式特征

（一）三段论的大项、小项和中项

一般而言，三段论是指从两个前提推出一个结论的演绎推理。本节探讨的是基于直言命题性质的直言三段论。直言三段论定义为：

由三个直言命题构成的演绎推理，其中包含且仅包含三个不同词项，每个词项在其构成命题中恰好出现两次。

【例 1】法律是保护公民正当权益的，

民法是法律，

所以，民法是保护公民正当权益的。

三段论形式的特征，表现在以下两个方面：

第一，三段论都是由三个直言命题构成的，其中两个是前提，一个是结论；

第二，在三段论的前提和结论中一共出现三个不同的词项，每个词项恰好各出现两次。

作为结论的主项的词项称为小项，一般用 S 表示；作为结论的谓项的词项称为大项，一般用 P 表示；在两个前提中各出现一次的词项称为中项，一般用 M 表示。

为了研究方便，对前提中的两个命题也加以区分：含有大项的前提称为大前提，含有小项的前提称为小前提。需要强调的是，无论两个前提在具体的论证中出现的顺序如何，大前提和小前提的名称都是确定的，因为大前提称为“大前提”是因为它包含大项，小前提称为“小前提”是因为它包含小项。

在上述三段论中，“民法”是小项，“保护公民正当权益的”是大项，“法律”是中项。“法律是保护公民正当权益的”是大前提，“民法是法律”是小前提。上述三段论的推理形式是：

凡 M 是 P，
凡 S 是 M，
———————
凡 S 是 P。

此推理形式符号化为：

MAP
SAM
———————
SAP

该推理形式也可用蕴涵式表示为：

$MAP \wedge SAM \rightarrow SAP$

在三段论中，中项在前提中起着十分重要的媒介作用。只有通过它的联系，才能确定小项和大项外延间的相容或排斥关系。所以，在前提中一共出现三个不同的词项，其中一个词项在两个前提中各出现一次，起着联结大项和小项的作用。否则就不构成一个三段论。

（二）三段论的格和式

三段论在形式上的特征称为格和式。

在三段论的前提中，中项既可以作主项，也可以作谓项。因此，根据中项在两个前提中所占据位置的不同，从而形成了结构不同的三段论形式，这称为三段论的格。三段论共有四个不同的格。

第一格：中项在大前提中作主项，在小前提中作谓项。其形式为：

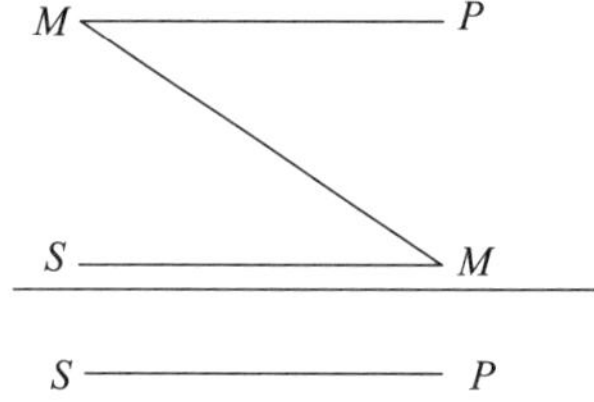

第二格：中项在大、小前提中都作谓项。其形式为：

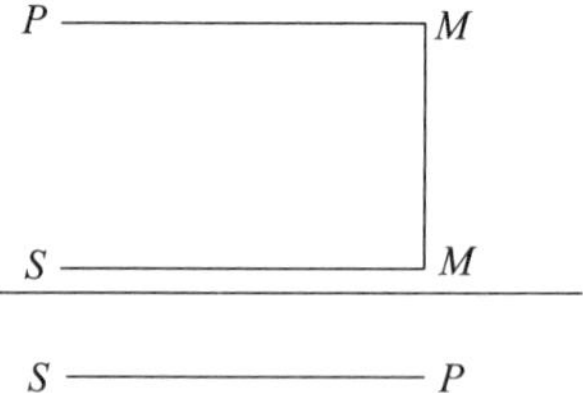

第三格：中项在大、小前提中都作主项。其形式为：

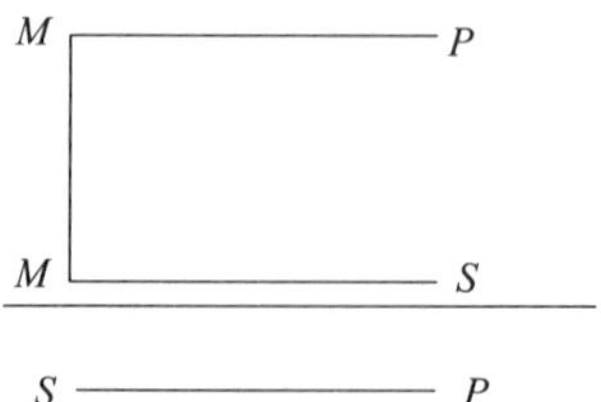

第四格：中项在大前提中作谓项，在小前提中作主项。其形式为：

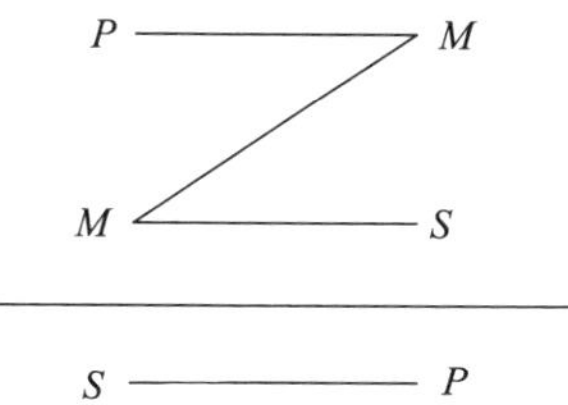

三段论的式是由组成三段论的直言命题的具体种类决定的。在各个格的三段论中，组成三段论的三个命题分别是 A、E、I、O 中的一种。由于组成三段论的三个命题类型不同，从而形成三段论不同的式。【例 1】推理符号化为：

MAP
SAM
———
SAP

由于其中的三个命题都是 A 命题，就称为 AAA 式。此式表明该三段论的大、小前提和结论都是 A 命题。

三段论的格和式共同决定了一个三段论的具体形式。如上例的 AAA 式是属于第一格的，所以称为第一格 AAA 式，记为 AAA_1。三段论的格和式确定了，则三段论的形式也就确定了。再如：

【例 2】所有病毒都不是完全的生命体，
所有细菌都是完全的生命体，
所以，所有细菌都不是病毒。

该推理符号化为：

PEM
SAM
———
SEP

可以看出，这一推理是三段论第二格 EAE 式，记为 EAE_2。

在三段论的每一格中，大前提、小前提和结论都有 A、E、I、O 四种可能的情况，其排列组合的数目是 4×4×4＝64。也就是说，每个格共有 64 个不同的式，四个格共有 64×4＝256 个不同的式。但其中绝大部分是不能得出必然性结论的无效式，其中只有 24 个是有效的式。

二、三段论有效性的判定

（一）基本规则

一般而言，一个三段论并不能真正推得其结论。也就是说，三段论推理没有类似直接推理的给定的有效式。为帮助人们避免常见的错误，制定了若干规则用来作为判定三段论是否有效的根据。这样的规则称为三段论的基本规则。符合这些规则，就能保证三段论是有效的。掌握这些规则也可以加深我们对三段论特征的理解。

违反任何一条基本规则都会导致论证错误，这种错误称为三段论谬误，属于形式谬误。三段论的基本规则可以概括为以下三条：

规则 1：中项至少要周延一次；

规则 2：前提中不周延的词项在结论中也不得周延；

规则 3：前提和结论中否定命题的个数相等。

三条规则中，规则 1 是对中项的要求。这条规则要求中项的两次出现至少有一次是以全部外延和另一个词项（大项或小项）具有外延关系。只有这样，中项才能为确定小项和大项的某种外延关系起到媒介作用。如果中项在两个前提中都不周延，就可能出现这样的情况：小项与中项的一部分外延具有外延关系，大项与中项的另一部分外延具有外延关系，这样就不能通过中项来确定小项与大项之间的外延关系，即中项不能起到媒介作用。由此，也就不能建立有效的推理形式。

【例 3】犯罪行为是违法行为，

张三的行为是违法行为，

所以，张三的行为是犯罪行为。

这个三段论的结论不是必然的。原因是中项“违法行为”在两个前提中都是不周延的，因此大项“犯罪行为”和小项“张三的行为”无法通过中项“违法行为”确定它们之间的外延关系，所以得不出必然的结论。

如果中项在两个前提中都不周延，就犯了“中项不周延”的谬误。

规则 2 是对大项和小项的要求。如果大项或小项在前提中不周延，而在结论中周延了，即在前提中陈述了一个词项的部分外延，而在结论中陈述了该词项的全部外延，则结论的陈述就超出了前提所陈述的范围，因此，结论不被前提所蕴涵。

违反这条规则的错误称为“词项不当周延”。

如果大项在前提中不周延而在结论中周延，就犯了“大项不当周延”的谬误。

【例 4】凡审判员都是司法工作者，

张三不是审判员，

所以，张三不是司法工作者。

这个推理犯了“大项不当周延”的谬误。

如果小项在前提中不周延而在结论中周延，就犯了“小项不当周延”的谬误。

【例 5】凡大学生都是在高校学习的，

凡大学生都是学生，

所以，凡学生都是在高校学习的。

这个推理犯了“小项不当周延”的谬误。

规则 3 是针对三段论中的三个命题的质的。这条规则包括的要求分析如下：

第一，两个前提不能都是否定命题。

如果两个前提都是否定命题，则前提中所陈述的大项和小项的外延分别和中项的全部或部分外延具有排斥的关系。这样，中项就不能起到媒介作用，即无法通过中项来确定大项和小项之间的外延关系，也就不能得出任何确定的结论。

【例 6】凡审判员都不是律师，

张三不是审判员，

所以，张三是（或者不是）律师。

在【例 6】中，因为两个前提都是否定命题，作为中项的“审判员”在两个前提中与“张三”和“律师”的外延关系都是相互排斥的，因此我们就无法通过“审判员”的外延来确定“张三”和“律师”的外延关系。也就是说，我们既不能得出“张三是律师”的结论，也不能得出“张三不是律师”的结论。

如果从两个否定命题得出结论，就犯了“两否定前提”的谬误。

第二，前提中有一否定命题，则结论必为否定命题。

如果前提中有一个是否定命题，因为两个前提不能都是否定命题，则另一个前提必须是肯定命题。这样，就有两种可能：或者大项和中项是排斥关系，或者小项和中项是排斥关系。因而通过中项的媒介作用，大项和小项之间一定是排斥关系，所以结论是否定的。

如果前提中有一否定命题而得出肯定命题的结论，就犯了“结论不当肯定”的谬误。

第三，两个前提都是肯定命题，则结论必为肯定命题。

如果两个前提都是肯定命题，则中项与大项和小项之间没有相互排斥的关系，这样，通过中项的媒介作用，大项和小项之间也不会有相互排斥的关系，从而结论是肯定的。

如果两个前提都是肯定的而得出否定命题的结论，就犯了“结论不当否定”的谬误。

以上三段论的三条基本规则对于判定三段论有效是基本的，并且是充分的。任何一个三段论，如果遵守了这三条规则，这个三段论就是有效的；如果违反了其中任何一条规则，这个三段论就是无效的。

（二）导出规则

为了应用的方便，根据三段论的三条基本规则，还可以推导出若干导出规则。导出规则是从基本规则推导出来的，因此可以用基本规则来证明。

导出规则 1：两个前提都是特称命题，则不能得出结论；

导出规则 2：前提中有一特称命题，则结论必为特称命题。

导出规则 1 证明如下：

当两个前提都是特称命题时，有三种可能情况：

（1）两个前提都是特称肯定命题。这时，前提中所有的词项都不周延，从而中项在两个前提中都不周延，根据基本规则 1，不得结论。

（2）两个前提都是特称否定命题。根据基本规则 3，不得结论。

（3）两个前提一个是特称肯定命题，一个是特称否定命题。这时，前提中只有特称否定命题的谓项是周延的，即前提中只有一个周延的项。根据基本规则 1，这个周延的项必须是中项，因而大项在前提中就不周延。但根据基本规则 3，结论必为否定命题，因而大项在结论中周延，这就违反了基本规则 2，不得结论。

总之，在任何情况下，两个特称命题前提都不能得出有效的结论。

导出规则 2 证明如下：

当前提中有一个特称命题时，有三种可能情况：

（1）两个前提都是肯定命题。这时，前提中只有全称肯定命题的主项是周延的，即前提中只有一个周延的项。根据基本规则 1，这个周延的项必须是中项，因而小项在前提中不能周延。根据基本规则 2，小项在结论中也不得周延，因而结论必为特称命题。

（2）两个前提都是否定命题。根据基本规则 3，不得结论。

（3）两个前提一个是肯定命题，一个是否定命题。这时，前提中命题的组合可能是 AO 或者 EI，这两种情况下前提中都是有两个周延的项。根据基本规则 1，其中一个周延的项必须是中项；根据基本规则 3，结论必为否定命题，因而大项在结论中周延；又根据基本规则 2，大项在前提中也必须周延，因而另一个周延的项必须是大项。因此，小项在前提中就不能周延，根据基本规则 2，小项在结论中也不得周延，因而结论必为特称命题。

总之，如果前提中有一特称命题，则结论必为特称命题。

遵守三段论的导出规则，只是三段论形式有效的必要条件。仅仅遵守导出规则，不保证三段论是有效的；但如果违反了导出规则，则必然会违反三段论的基本规则，该三段论的形式就是无效的。

（三）文恩图

第三节介绍了由两个相交的圆圈构成的文恩图如何判定直接推理的有效性，在这里将介绍如何用文恩图检验三段论的有效性。由于三段论有三个不同的词项，因而文恩图需要用三个两两相交的圆圈表示三个词项外延间的关系，由此形成 8 个不同的区域，如图 5-9 所示：

在检验一个具体三段论时，第一步将该三段论符号化。第二步，将三段论的两个前提在文恩图中表达出来，确定图中哪些区域是空的，哪些区域是非空的。图解前提时，必须先图解全称命题，后图解特称命题。第三步，根据图解的结果，看 S 和 P 之间有没有确定的关系，也就是分析三段论的结论是否蕴涵在图解中。如果结论蕴涵在图解中，即说明能由前提必然得出此结论，则该三段论式就是有效的；如果结论没有蕴涵在图解中，即说明由前提不能必然地得出结论，则该三段论式就是无效的。

【例 7】凡犯罪行为都是危害社会的行为，

行贿行为是犯罪行为，

所以，行贿行为是危害社会的行为。

这是第一格的 AAA 式，其推理形式如下：

$$\frac{\begin{array}{c}MAP\\SAM\end{array}}{SAP}$$

根据推理形式中的两个前提，如图 5-10 所示：

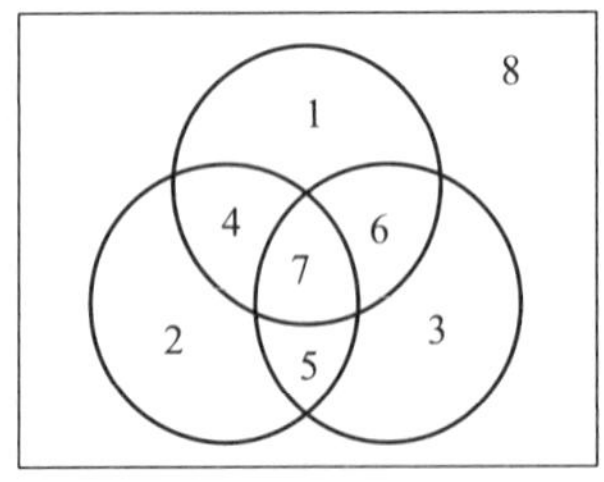

图 5-9　三个词项外延关系的文恩图解

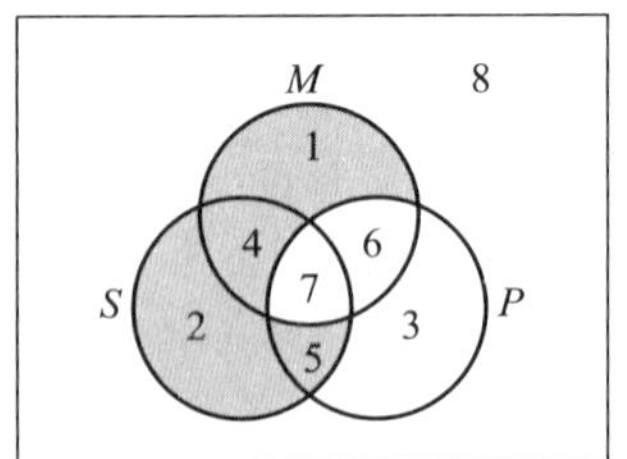

图 5-10　【例 7】的文恩图解判定

由大前提 MAP 确定 $M\cap\overline{P}$（1、4 区）是空的；由小前提 SAM 确定 $S\cap\overline{M}$（2、5 区）是空的；根据以上图解的结果，$S\cap\overline{P}$（4、2 区）是空的。这说明三段论的结论 SAP 蕴涵在图解中，也就是说，由前提能必然得出此结论。所以，该三段论式是有效的。

【例 8】凡正当防卫都不是违法行为，

有些伤害他人的行为是违法行为，

所以，有些伤害他人的行为不是正当防卫。

这是第二格的 EIO 式，其推理形式如下：

PEM

SIM

———

SOP

根据推理形式中的两个前提，如图 5-11 所示：

由大前提 PEM 确定 $P\cap M$（6、7 区）是空的；由小前提 SIM 确定 $S\cap M$（4 区）是存在的（非空的）；根据以上图解结果 $S\cap\overline{P}$（4 区）是存在的（非空的）。这就说明三段论的结论 SOP 蕴涵在图解中，也就是说，由前提能必然得出此结论。所以该三段论式是有效的。

【例 9】受贿是谋私利的行为，

受贿不是贪污，

所以，贪污不是谋私利的行为。

这是第三格的 AEE 式，其推理形式如下：

MAP

MES

———

SEP

根据推理形式中的两个前提，如图 5-12 所示：

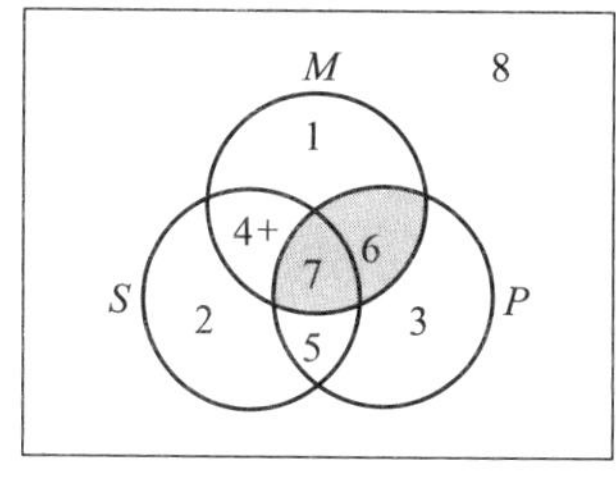

图 5-11 【例 8】的文恩图解判定

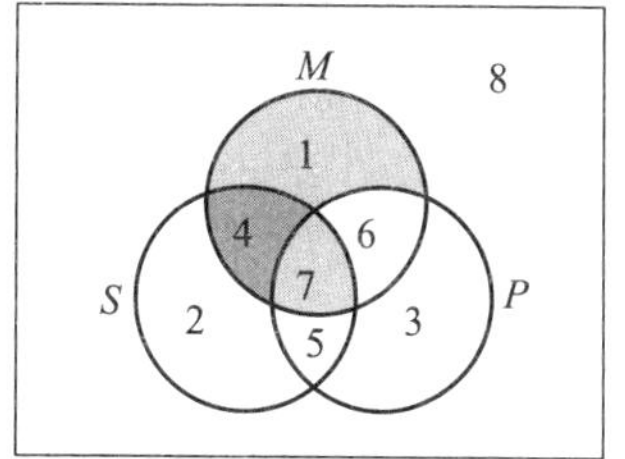

图 5-12 【例 9】的文恩图解判定

由大前提 MAP 确定 $M\cap\overline{P}$（1、4 区）是空的；由小前提 MES 确定 $M\cap S$（4、7 区）是空的。根据图解的结果，无法确定 $S\cap P$（5 区）是空的，这就说明三段论的结论 SEP 没有蕴涵在图解中，也就是说，由前提不能必然得出此结论。所以该三段论式是无效式。

【例 10】联想是心理过程，

心理过程是思维活动的过程，

所以，有些思维活动的过程是联想。

这是第四格的 AAI 式，其推理形式如下：

PAM

MAS

———

SIP

根据推理式中的两个前提，如图 5-13 所示：

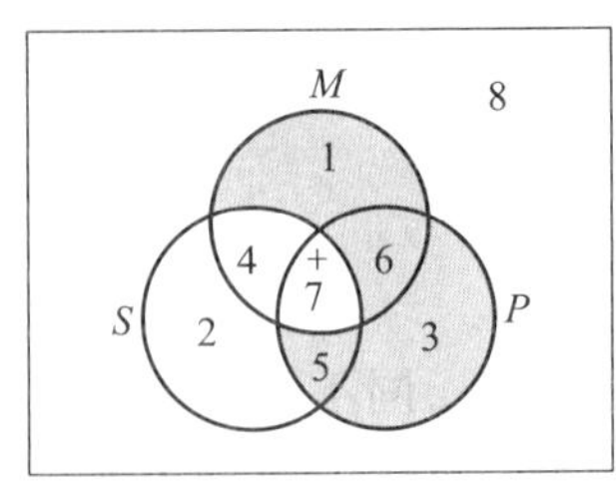

图 5-13 【例 10】的文恩图解判定

由大前提 PAM 确定 $P\cap\overline{M}$（3、5 区）是空的，由小前提 MAS 确定 $M\cap\overline{S}$（1、6 区）是空的。由于 P 的 6、3、5 区都是空的，则剩下的 7 区就不能是空的了，因为已设 P 是非空的。根据以上图解的结果，确定 $S\cap P$（7 区）是存在的。这就说明，三段论的结论“SIP”蕴涵在图解中，也就是说，由前提能必然得出此结论。所以该三段论式是有效的。

每一个三段论式都可以用上述图解法判定是否有效。

（四）关于主项非空的预设

如前所述，在古典逻辑中有一个理论预设，即命题的主项是非空的。在此预设下，三段论共有下述 24 个有效式：

第一格：AAA、AAI、AII、EAE、EAO、EIO。

第二格：AEE、AEO、AOO、EAE、EAO、EIO。

第三格：AAI、AII、EAO、EIO、IAI、OAO。

第四格：AAI、AEE、AEO、EAO、EIO、IAI。

在现代逻辑中，由于考虑了空类，每一个项都可以是空的，因而只有下述 15 个有效式：

第一格：AAA、AII、EAE、EIO。

第二格：AEE、AOO、EAE、EIO。

第三格：AII、EIO、IAI、OAO。

第四格：AEE、EIO、IAI。

这就是说，在考虑空类的现代逻辑中，凡是在前提中没有特称命题而结论为特称命题的三段论式，都是无效的。例如：

【例 11】所有方的圆是方的，

所有方的圆是圆的，

所以，有的圆的是方的。

从现代逻辑来看，这一推理的结论所表达的意思是：至少有一个事物，它既是圆的又是方的。显然，这是自相矛盾的，世界上没有任何一个这样的事物。所以，上述推理的结论是假的。但上述推理的两个前提都是真的，因为主项为空类的任何特称命题都是假的，根据矛盾关系，主项为空类的任何全称命题都是真的。上述推理从两个真前提推出了假结论，由此可见，该推理形式不是一个有效式。

从古典逻辑来看，上述推理形式是：

MAP

MAS

———

SIP

这是三段论第三格的 AAI 式。由于古典逻辑不考虑空类，其词项变项不适用于空类，所以该三段论式是一个有效式。

古典逻辑为了解决主项空类所带来的理论问题，采用了主项非空的预设。这一预设解决了一些问题，但是又引发另一些严重的问题，例如上述从真前提推出假结论的推理，在这一预设下却判定为有效的形式。这一问题是理论内部无法解决的。所以，当我们判定一个三段论是否有效时，需要选择一个立场，即现代还是古典。通过前面分析可知，本章采用的是古典的立场。

三、省略三段论

在人们的日常思维和交往中，推理、论证是用来交流思想的，而交流总是在特定的语境中进行的，交际双方已经在某种程度上具备了共同的背景知识。如果在特定的场合中，某些信息是交流双方所共知的、共同接受的或不言自明的，至少当交流信息的一方认为是这样的时候，在交际过程中就会不明确说出。这就是推理在语言表达上的省略。在具体的交流中，既有可能省略前提，也有可能省略结论。省略前提的推理通常可以描述为：本来“A 并且 C 可以推出 B”，由于 C 属于（或被认为属于）共同的背景知识，所以在表达时被省略了。表达出来的推理就成了：因为 A 所以 B。

在日常思维中，我们表述三段论很少用一个大前提、小前提和结论齐备并且排列整齐的完整形式，一般都使用省略的形式。

【例 12】大气污染问题是非常重要的问题，因为它直接关系到我们的生存状况。

这两句话之间实际上有推理关系，而这种推理关系的建立需要补充另外一个命题作为大前提：

凡是直接关系到我们的生存状况的都是非常重要的问题。

又如：

【例 13】大学生的主要任务是学习，所以你的主要任务也是如此。

这里省略了小前提：

你是大学生。

再如：

【例 14】以欺诈手段订立的合同是无效的，而该合同是以欺诈手段订立的。

显然，这里省略了结论：

该合同是无效的。

下面通过一个具体的案例来说明省略三段论在审判中的应用。

【例 15】2001 年 8 月 13 日，最高人民法院作出的一项司法解释引起人们的极大关注：“根据本案事实，陈晓琪等以侵犯姓名权的手段，侵犯了齐玉苓依据宪法规定所享有的受教育的基本权利，并造成了具体的损害后果，应承担相应的民事责任。”

这一司法解释是针对山东省高级人民法院（1999）鲁民经字第 528 号《关于齐玉苓与陈晓琪、陈克政、山东省济宁市商业学校、山东省滕州市教育委员会姓名权纠纷一案的请示》所进行的批复。

齐玉苓和陈晓琪原同为山东省滕州市第八中学初中毕业生。1990 年，17 岁的齐玉苓被山东省济宁市商业学校录取，而陈晓琪在中专预选考试中落选。但齐玉苓的录取通知书却被陈晓琪领走，陈晓琪从此变成了“齐玉苓”，到商业学校报到就读。1993 年毕业后，陈晓琪继续以齐的名字分配到中国银行滕州市支行工作。而齐玉苓进了工厂，后又下岗，不得不靠卖早点维持生计。据查，陈晓琪是原村党支部书记陈克政之女，她预考落选之后，在有关人员参与下采取了一系列冒充齐玉苓上学、工作的行为，直到 1999 年，得知真相的齐玉苓以侵害其姓名权和受教育权为由，将陈晓琪、陈克政、山东省济宁市商业学校、山东省滕州市第八中学、山东省滕州市教育委员会告上法庭，要求被告停止侵害，并赔偿经济损失和精神损失。最高人民法院针对此案作出了上述批复。

最高人民法院针对此案所作的这一批复隐含着这样一个法律前提：冒用他人姓名上学、侵害他人受教育的权利，并造成了具体的损害后果，应当承担民事责任。结合本案事实，最高人民法院进行如下推理，得出陈晓琪等应承担相应的民事责任的结论：

冒用他人姓名上学、侵害他人受教育的权利，并造成了具体的损害后果的应当承担民事责任。陈晓琪等冒用他人姓名上学、侵害他人受教育的权利，并造成了具体的损害后果，所以陈晓琪等应承担相应的民事责任。

上述推理是一个三段论推理，其中，认定的事实是小前提，隐含的前提是大前提，陈晓琪等应承担相应的民事责任是结论。

这是三段论推理第一格的 AAA 式。审判中所用的三段论推理一般都表现为这一形式，所以，这一形式通常被人们称为审判格。这一推理不同于一般三段论的特殊之处在于它的大前提并没有在推理中表述出来，而是被省略了。像这样省略了三段论中某一部分的推理，称为省略三段论。省略三段论的特点是：它有两个直言命题，其中出现三个不同的词项。三段论推理在实际应用中，大量的是以省略的形式出现的。为了表述的简洁，在不影响理解的前提下，人们往往在陈述中把那些众所周知的、不言而喻的、重复的内容省略。根据具体情况，既可以省略大前提，也可以省略小前提，甚至结论。如上例中，大前提陈述的是本案的法律依据，这一内容在小前提即认定的事实中陈述了，所以没必要再重复表述。

省略三段论虽然表述比较简练，符合语言的表达习惯，但由于某个部分被省略，所以容易隐藏错误，而不易被察觉。因此，有必要将省略三段论还原为完整的三段论。这样，就能够根据三段论的规则检验出这一省略三段论是否是有效的推理。省略式所包含的错误不外乎两个方面：一是内容方面的，即前提虚假或结论不当；二是形式方面的，即违反三段论的规则，推理形式是无效的。在这两种情形下，结论都没有得到前提的支持。因此，需要把省略的三段论还原为典型的、完整的形式，以便于检查出可能存在的错误。例如下述案例：

【例 16】李某做了变性手术，某晨报记者郝某经李某同意对其作了采访，并为李某拍了照片。后来郝某将采访后写的文章以李某的真实姓名发表在该晨报上，并配发了为李某拍摄的照片。文章见报后，郝某又将此文投到某杂志社发表。此文在李某工作所在地引起轰动。李某承受不了来自各方的舆论压力，被迫离开该地。此后，李某向法院起诉，称郝某文章的两次发表是对其个人隐私的大曝光，使其无法正常工作生活，侵害了他的名誉权。

郝某辩称：文章所涉及的情节和事实都是真实的，不构成侵犯名誉权。

郝某的答辩是否合理？他的答辩实际上构成一个省略三段论：

郝某的行为是宣扬他人真实情况的行为，所以郝某的行为不构成侵犯他人名誉权。

这一省略三段论隐含着这样一个前提：

凡宣扬他人真实情况的行为不构成侵犯他人名誉权。

这是一个形式正确的三段论，但是这一隐含的前提是不符合法律相关规定的。最高人民法院于 1988 年通过的《关于贯彻执行〈中华人民共和国民法通则〉若干问题的意见（试行)》第 140 条规定："以书面、口头等形式宣扬他人的隐私，或者捏造事实公然丑化他人人格，以及用侮辱、诽谤等形式损害他人名誉，造成一定影响的，应当认定为侵害公民名誉权的行为。"根据这一规定可以得知，以书面、口头等形式宣扬他人的隐私、损害了他人名誉并造成一定影响，是侵害公民名誉权的一种方式。所谓隐私，是指他人所不愿公开的真实情况。因此，可以得出这样的结论：有些宣扬他人真实情况的行为构成名誉侵权。所以，郝某答辩的隐含前提是与法律相关规定相矛盾的，是一个前提错误的省略三段论。

如果不加以分析，省略三段论中的错误往往不易被发现。经过还原为完整形式，就会将其内容上或形式上的错误揭露出来。

三段论的省略式还原的步骤如下：

第一步，分析省略的是什么，是前提还是结论。通过分析两个命题之间是并列关系还是推出关系，可以弄清楚这一点。如果两个命题是并列关系，则被省略的是结论；如果两个命题之间具有推导关系，则被省略的是前提之一。也可以根据自然语言中的标志性语词来确认。在"因为""由于"等语词后面的命题是前提，在"因此""所以""因而"等语词后面的命题是结论。如果一个省略式中没有上述语词标志，且两个命题中含有一个共同的词项，则这两个命题都是前提，而被省略的是结论。

第二步，如果省略的是前提，确定省略的是大前提还是小前提：含有结论主项的命题是小前提，含有结论谓项的命题是大前提。

第三步，补充被省略的部分：如果被省略的是大前提，则将结论的谓项（大项）与中项相联结，构成大前提；如果被省略的是小前提，则将结论的主项（小项）与中项相联结，构成小前提；如果被省略的是结论，则把小项与大项相联结，构成结论。

如何确定所补充命题的主项、谓项、联词和量词，这需要根据人们所处的语境、语言和思维的习惯、三段论的结构及其规则等来考虑。例如：

【例 17】他是法学专业的，所以，他是法学专家。

如果补充上"凡法学专业的都是法学专家"作为大前提，则符合三段论的基本规则，是有效的，但补充上的前提内容与实际不符；如果把大前提改换为"凡法学专家都是法学专业的"，内容是正确的，但这个三段论却犯了"中项不周延"的逻辑错误。由此可见，这个省略三段论或有内容错误或有逻辑错误。

需要强调的是，在论证中表达省略三段论的推理形式时，应当将被省略的命题的形式也表达出来，也就是说，要写出完整的三段论的形式，以便于检验推理的有效性。

四、复合三段论

三段论在实际应用中，往往表现为复杂的形式。这实际上是几个三段论的联合运用。这样的推理称为复合三段论，或称为三段论的复合式。

三段论的复合式主要表现为以下两种形式：

（一）连锁式三段论

在三段论中，当从两个前提得出一个结论以后，又以这个结论为前提，再增加一个前提，得出一个新的结论，而且还可能如此继续下去。这样的三段论称为连锁式三段论。组成连锁式三段论的这些三段论往往省略推理过程中的某些结论，甚至只保留最后的总结论。例如：

【例 18】凡是上课迟到的学生都是不尊重他人劳动的，

凡是不尊重他人劳动的学生也是不珍惜他人时间的，

凡是不珍惜他人时间的学生也是不珍惜自己时间的，

凡是不珍惜自己时间的学生都不是努力的学生，

所以，凡是上课迟到的学生都不是努力的学生。

这个复合三段论是由三个三段论构成的，可分解如下：

第一个三段论：由第一个和第二个前提推出结论“凡是上课迟到的学生都是不珍惜他人时间的”（被省略）。

第二个三段论：由第一个三段论的结论和第三个前提推出结论“凡是上课迟到的学生都是不珍惜自己时间的”（被省略）。

第三个三段论：由第二个三段论的结论和第四个前提推出最后的总结论“凡是上课迟到的学生都不是努力的学生”。

（二）带证式三段论

在三段论中，其两个前提或其中之一本身是一个省略的三段论，该省略三段论的结论是此三段论的前提。这样的三段论称为带证式三段论。例如：

【例 19】法学专业的学生都应该学习逻辑学，因为有助于思维严密、清晰的专业知识都是法学专业的学生应该学习的；

小张是法学专业的学生，

所以，小张应该学习逻辑学。

这个三段论的大前提带有一个证明，即一个省略的三段论，大前提是这个省略三段论的结论，补充为完整的形式为：

有助于思维严密、清晰的专业知识都是法学专业的学生应该学习的，

逻辑学是有助于思维严密、清晰的专业知识，

所以，法学专业的学生都应该学习逻辑学。

五、三段论在审判中的应用

一般情况下，法院审理案件都要经过查明事实、适用法律这样两步，然后对案件作出判

决。从逻辑的角度分析，这样的过程是运用三段论推理进行论证的过程。

在法庭判决中，引用的法律条文作为三段论的大前提，具体案件的事实作为三段论的小前提，得出的结论是法官对案件作出的判决。下面通过具体的案例来说明三段论在法庭审判中的应用。

【例 20】2003 年 12 月 9 日，河南省“11·12”系列杀人案在河南省平舆县公开审判，驻马店市中级人民法院当庭作出一审判决，被告人黄勇犯故意杀人罪，被判处死刑。

被告人黄勇，29 岁，因涉嫌故意杀人罪于 2003 年 11 月 12 日被刑事拘留，同年 11 月 22 日被逮捕。驻马店市人民检察院于 2003 年 11 月 28 日将本案起诉至驻马店市中级人民法院，该法院于 12 月 9 日开庭对本案进行公开审理。

法院经审理查明，黄勇自幼受暴力题材影视剧的影响，梦想成为一名职业杀手。2001 年夏，他将自己家中的轧面条机的机架改装成杀人器械，取名为“智能木马”。精心策划后，他决定向出入网吧、录像厅、游戏厅的男性青少年下手，实施自己的杀人计划。自 2001 年 9 月至 2003 年 11 月，黄勇先后从以上场所，以资助上学、帮助提高学习成绩、外出游玩和介绍工作为诱饵将被害人骗到自己家中，以被害人要想实现自己的愿望，必须经过“智能木马”测试为由，将其绑在木马上或先把被害人用酒灌醉，然后用布条将其勒死。至案发为止，黄勇共计杀死无辜青少年 17 人，轻伤 1 人。

法院审理后认为，黄勇在短短两年多的时间内，连续杀人，其犯罪性质恶劣，手段残忍，罪行极其严重，社会影响极坏。根据公开开庭查明的上述事实，依据当时《刑法》第 232 条、第 57 条第 1 款的规定，以故意杀人罪判处黄勇死刑，剥夺政治权利终身。

《刑法》第 232 条规定：故意杀人的，处死刑、无期徒刑或者十年以上有期徒刑，情节较轻的，处三年以上十年以下有期徒刑。

第 57 条第 1 款规定：对于被判处死刑、无期徒刑的犯罪分子，应当剥夺政治权利终身。

上述案件的审理过程是法院审理案件进行判决的一般形式。在上述法庭判决中，我国刑法的相关规定是推理的一般原则，构成三段论推理的大前提，查明的被告人的犯罪事实构成推理的小前提，然后得出此种罪行应如何判处的结论。上述判决可整理如下：

情节严重的故意杀人行为最高处以死刑且剥夺政治权利终身；

黄勇是故意杀人，且性质恶劣，手段残忍，罪行极其严重。

所以，判处黄勇死刑，剥夺政治权利终身。

这一推理的形式表示为：

凡 M 是 P，

凡 S 是 M，

所以，凡 S 是 P。

这是三段论推理第一格的 AAA 式，即前面谈到的法庭审判中常用的审判格。当然，法院在审判中也有可能用到三段论的其他形式。如下述案件：

【例 21】被告人孙某在某部队仓库任保管员期间，利用职务之便，多次盗窃电扇零件，价值 2000 多元，其中装配成电扇两台，其余藏在宿舍里。后再次窃取电扇机头时，被查获。

检察院认为，被告人身为仓库保管员，利用职务之便，监守自盗，窃取公共财物，数额较大，以贪污罪提起公诉。

法院经审理认为，贪污罪的构成必须具备国家工作人员和利用职务之便两个要件，而被告人的行为与其职务无关。被告人在仓库的职务是保管电风扇半成品（毛坯）零件，成品零件是由他人保管的。被告人利用进出仓库的条件，偷盗由他人保管的电风扇成品零件。所以被告人的行为不是利用职务便利监守自盗，而是乘仓库制度不严，盗窃他人保管的财物。被告人的行为不构成贪污罪，而是构成盗窃罪。

上述法院的判决首先运用三段论推理得出孙某的行为不构成贪污罪：

贪污罪是国家工作人员利用职务上的便利非法占有公共财物的行为；

孙某的行为不是利用职务便利非法占有公共财物的行为。

所以，孙某的行为不构成贪污罪。

这一推理的形式是：

凡 P 是 M，

凡 S 不是 M，

所以，凡 S 不是 P。

这是三段论推理第二格的 AEE 式。

接着法院运用三段论推理指出孙某的行为构成盗窃罪：

盗窃公私财物数额较大的或多次盗窃的行为构成盗窃罪；

孙某的行为是盗窃公私财物数额较大的或多次盗窃的行为。

所以，孙某的行为构成盗窃罪。

这一推理的形式是：

凡 M 是 P，

凡 S 是 M，

所以，凡 S 是 P。

这是三段论第一格的 AAA 式。

上述三段论第二格的 AEE 式在刑事审判中常用于确定某一行为不构成被指控的某一罪行，而第一格的 AAA 式常用于确定某一行为构成某一罪行。

【例 22】1973 年 11 月，美国马里兰州律师协会向马里兰州上诉法院提起诉讼，要求制裁阿格纽律师，此案引起广泛关注。

阿格纽是当时美国的风云人物，1969 年当选为尼克松政府的副总统。1973 年 10 月，马里兰联邦地区法院以偷税漏税罪判处阿格纽三年“无监督暂缓刑”，并罚款 1 万美元。为此，马里兰州律师协会为履行维护法律制度完整性的责任，向马里兰州上诉法院提起诉讼，要求从律师纪律方面对阿格纽加以制裁。

马里兰州上诉法院援引法律：凡本州律师被判犯有下列职业上的罪行——无能、欺诈、从事道德堕落的非法行为，导致执行律师事务中的不公正行为时，必须根据法官作出的有罪判决而取消其律师资格。法院认为，阿格纽的偷税漏税罪显然属于不道德的非法行为，在执行律师事务中必将导致不公。据此，法院作出撤销阿格纽的律师资格的判决。

在上述案例中，上诉法院作出判决的论证过程可以分析如下：

根据法律，凡本州律师被判犯有下列职业上的罪行——无能、欺诈、从事道德堕落的非法行为，导致执行律师事务中的不公正行为时，必须根据法官作出的有罪判决而取消其律师资格；

阿格纽的偷税漏税罪显然属于不道德的非法行为，在执行律师事务中必将导致不公。

因此，撤销阿格纽的律师资格。

上述实例中，上诉法院援引法律的相关规定作为推理的大前提，阿格纽（Agnew）的犯罪事实作为推理的小前提，运用的推理形式是三段论第一格的 AAA 式。

【本章知识结构图】

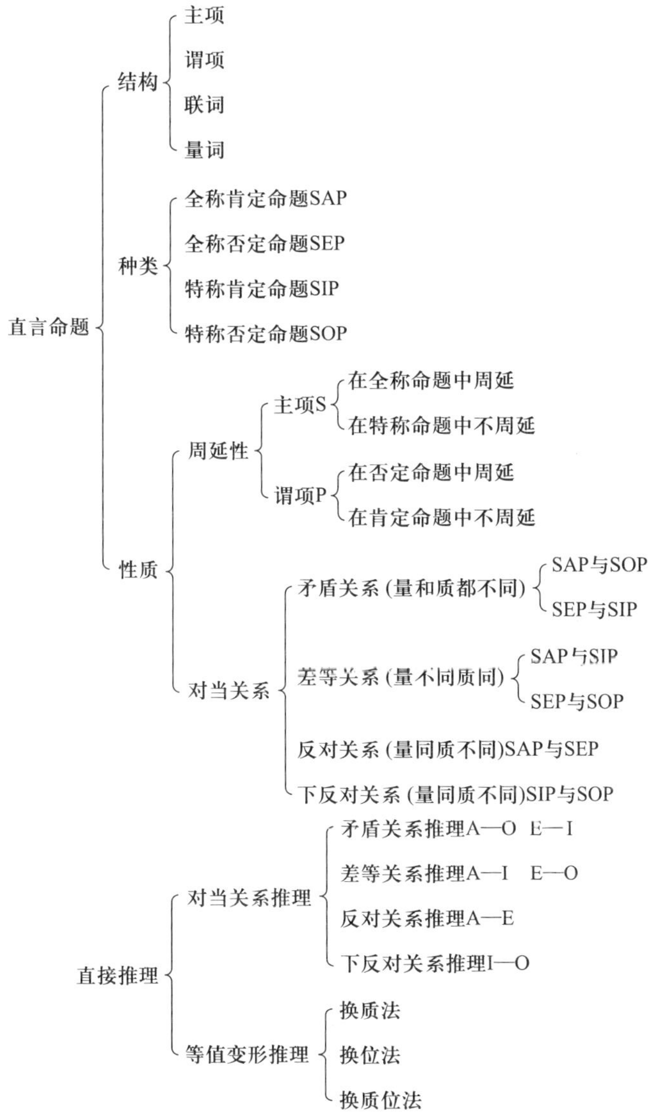

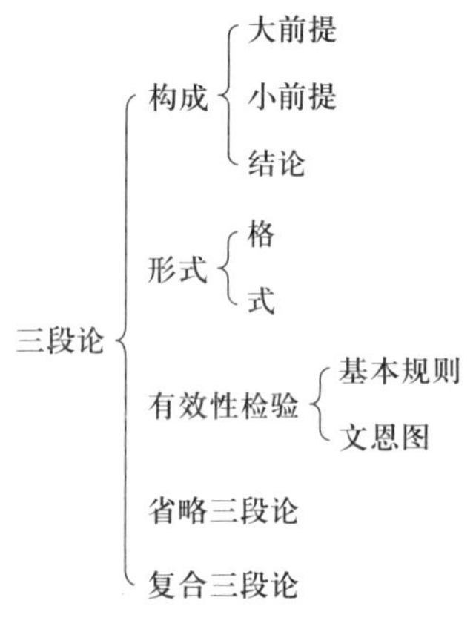

思考题

1. 什么是直言命题？直言命题是由哪些部分构成的？
2. 直言命题有哪些种类？它们各自的逻辑性质是什么？
3. 什么是直言命题的词项的周延性？直言命题的主、谓项的周延情况是怎样的？
4. 什么是直言命题的对当关系？直言命题的对当关系有哪几种？
5. 什么是换质法？
6. 什么是换位法？特称否定命题为什么不能进行换位法推理？
7. 什么是换质位法？特称肯定命题为什么不能进行换质位法推理？
8. 什么是直言三段论？它是由哪几部分构成的？
9. 三段论有哪些基本规则？违反这些规则会犯什么逻辑谬误？
10. 三段论有哪些导出规则？
11. 如何运用文恩图检验直接推理和三段论的有效性？
12. 什么是省略三段论？如何还原三段论的省略式？

练习题

一、下述陈述是否正确？请回答“是”或“否”。

1. “有的政客是说谎者”中“有的”指“仅有一些”。
2. “没有天才是墨守成规者”这个命题中的主项和谓项都是周延的。
3. 判定词项的周延性需要根据命题中词项的内容确定。
4. 全称命题的主项都是周延的。
5. 肯定命题的谓项都是不周延的。
6. 一个直言命题的谓项是周延的，表明它的质是否定的。
7. 一个直言命题主项是不周延的，表明它的量是特称的。
8. “亚里士多德是《工具论》的作者”这个命题的谓项是周延的。
9. 命题“证据不都是确实为真的”和“证据都不是确实为真的”之间是矛盾关系。
10. 对当关系中的反对关系是不可同真但可同假的关系。
11. 如果一个三段论符合导出规则那么该三段论是有效的。

12. 一个有效的三段论，已知大前提为真、结论为假，则其小前提为假。

13. 一个正确的三段论三个项都可以周延两次。

14. 根据现代逻辑理论，一个正确的三段论如果结论为特称命题，则前提中一定有特称命题。

二、写出下列直言命题的形式，并指出它的主项、谓项及其周延情况。

1. 任何困难都是可以克服的。
2. 火星上是没有氧气的。
3. 凡金属都不是非导体。
4. 黄河不是中国最长的河流。
5. 至少有一种金属不是固体。
6. 没有一种商品不是用来交换的。
7. 无罪的人都不适用“免予起诉”。
8. 中毒死亡者中，有的是自服中毒的。
9. 凡鸟都是卵生脊椎动物。
10. 我们当中有人不遵守诺言。

三、根据下列表达式，写出相应的直言命题形式。

1. 至少有 S 是 P。
2. 没有 S 是 P。
3. 存在 S 不是 P。
4. 没有 S 是非 P。
5. 有 S 是非 P。
6. 有非 S 是 P。

四、已知下列直言命题为真，请根据对当关系，指出与其同素材的其他三种直言命题的真值情况。

1. 凡正当防卫都是合法行为。
2. 凡侵略战争都不是正义的。
3. 有杀人罪是过失犯罪。
4. 有的证据不是合法取得的。

五、已知下列直言命题为假，请根据对当关系，指出与其同素材的其他三种直言命题的真值情况。

1. 所有法律都不是实体法。
2. 所有犯罪嫌疑人都是有罪的。
3. 至少有一种金属是绝缘体。
4. 有的律师不是法律工作者。

六、根据直言命题的对当关系，从下列已知为真的命题推出另一个必真的命题，并写出其推理形式。

1. 公民的民事权利能力一律平等。
2. 并非所有人都是完全民事行为能力人。

3. 流感疫苗不是完全有效的。
4. 并非所有制定法都不是成文法。
5. 有的合同是口头形式。
6. 并非有的羽毛是重的。
7. 有的天鹅不是白色的。
8. 并非有空难幸存者不是幸运的。

七、根据直言命题之间的真值关系，指出下列各组命题的真值情况。

1．已知“每一条河流都流向大海”为假，则：

(1)“有些河流不是流向大海的”为（　　）。

(2)“所有河流都是不流向大海的”为（　　）。

(3)“所有河流都不是流向大海的”为（　　）。

(4)“有些河流是不流向大海的”为（　　）。

2. 已知“有的摄影师不是艺术家”为真，则：

(1)“有的摄影师是非艺术家”为（　　）。

(2)“所有摄影师是非艺术家”为（　　）。

(3)“有的非艺术家不是非摄影师”为（　　）。

(4)“所有摄影师都是艺术家”为（　　）。

3. 已知“有些证人是没有作证能力的”为假，则：

(1)“所有证人都是没有作证能力的”为（　　）。

(2)“有些证人是有作证能力的”为（　　）。

(3)“有些证人不是没有作证能力的”为（　　）。

(4)“所有证人都是有作证能力的”为（　　）。

4. 已知“恐怖主义者都不是尊重生命的”为真，则：

(1)“恐怖主义者都是尊重生命的”为（　　）。

(2)“恐怖主义者都是不尊重生命的”为（　　）。

(3)“有些恐怖主义者不是尊重生命的”为（　　）。

(4)“有些不尊重生命的是恐怖主义者”为（　　）。

八、写出下列直接推理的形式，并指出它的种类。

1. 所有盗窃罪都是故意犯罪，所以，并非所有盗窃罪都不是故意犯罪。
2. 并非有盗窃罪不是故意犯罪，所以，所有盗窃罪都是故意犯罪。
3. 所有证据不都是真的，所以，有些证据不是真的。
4. 有些保管合同是无偿合同，所以，无偿合同中有些是保管合同。
5. 所有高脂肪饮食都不是高胆固醇饮食，所以，有些非高胆固醇饮食不是非高脂肪饮食。
6. 并非有些创造了巨大经济效益的产品不是高科技产品，所以，有些高科技产品能够创造巨大的经济效益。
7. 伤害罪是侵犯公民人身权利罪，所以，有些侵犯公民人身权利罪是伤害罪。
8. 证人都是精神上没有缺陷的人，所以，精神上有缺陷的人都是非证人。
9. 没有在胁迫下作出的承诺是有效契约，所以，没有有效契约是在胁迫下作出的承诺。

10. 有的远距离星系不是肉眼可见的星体，所以，有的非肉眼可见的星体不是非远距离星系。

九、写出下列三段论的推理形式，并指出它的格和式。

1. 任何犯罪行为都是危害社会的行为，某甲的行为是犯罪行为，所以，某甲的行为是危害社会的行为。

2. 紧急避险不是犯罪行为，紧急避险具有社会危害性，所以，有些有社会危害性的行为不是犯罪行为。

3. 特斯拉是发明家，而特斯拉未受过高等教育，所以，有些发明家未受过高等教育。

4. 受贿罪是犯罪，而犯罪是危害社会的行为，所以，有些危害社会的行为是受贿罪。

十、用三段论规则判定下列三段论形式是否有效。

1. MAP	2. MAP	3. MAP	4. PEM	5. PAM	6. PEM
SAM	SEM	SAM	SAM	SAM	SOM
SIP	SEP	SEP	SOP	SAP	SOP

7. PAM	8. PAM	9. POM	10. MIP	11. MAP	12. MIP
MAS	MES	MAS	MIS	MAS	MES
SAP	SOP	SOP	SIP	SIP	SOP

十一、用文恩图判定下列三段论式是否有效：

1. MAP	2. PAM	3. MAP	4. PEM
SIM	SEM	MAS	MAS
SIP	SOP	SAP	SEP

十二、分析下列问题：

1. 一个有效的三段论能否三个词项都周延两次？

2. 已知一个有效三段论的大项在前提中周延而在结论中不周延，它的推理形式应当是什么？

3. 一个有效的三段论，如果中项在两个前提中都是周延的，那么它的结论应当是什么命题？

4. 如果有效三段论的结论是全称命题，则它的中项不能两次周延。

5. 一个有效的三段论，如果大前提是特称命题，那么小前提是何种命题形式？

6. 某一有效三段论，其大前提为肯定命题，大项在前提和结论中都周延，小项在前提和结论中都不周延。写出其推理形式。

7. 已知一个有效的三段论是由“有 A 不是 B，有 C 不是 B，凡 A 是 C”这三个命题构成的，它的推理形式应当是什么？

8. 证明：有效三段论第一格大前提必须是全称命题。

十三、将下列省略三段论的省略部分补上，并写出它的推理形式。

1. 公园都是免费开放的，所以，公园都是公益设施。

2. 正当防卫不是犯罪行为，所以，他的行为不是犯罪行为。

3. 没有文化的军队是愚蠢的军队，而愚蠢的军队是不能战胜敌人的。

4. 某甲不是优秀的学生，因为优秀的学生是善于思考的学生。

5. 有些物种已经灭绝了，所以，有些物种是不适应环境的变化的。

十四、写出下列推理的推理形式，并判定其是否有效。

1. 凡公民都有自由迁徙权，所以，有些公民有自由迁徙权。

2. 中子星都是极端密集的物体，所以，非极端密集的物体都是非中子星。

3. 并非文学作品都有艺术性，所以，文学作品都没有艺术性。

4. 并非有些犯罪行为不是违法行为，所以，所有犯罪行为都是违法行为。

5. 有些科学家是艺术大师，所以，有些科学家不是艺术大师。

6. 所有石油泄漏都是环境危害事件，所以，所有环境危害事件都是石油泄漏。

7. 有些翡翠不是绿色的宝石，所以，有些绿色的宝石不是翡翠。

8. 访谈节目都不是信息的准确来源，所以，信息的准确来源都不是访谈节目。

9. 所有酒驾行为都是对公路上其他人的威胁，所以，非酒驾行为不是对公路上其他人的威胁。

10. 并非任何高强度工作是有利健康的，所以，有些高强度工作是有利健康的。

11. 并非未满 16 岁的人犯罪都不予刑事处罚，所以，有些未满 16 岁的人犯罪不予刑事处罚。

12. 有的强迫症行为是可治愈的，有的强迫症行为不会对生活有严重影响。所以，有的会对生活有严重影响的不是可治愈的。

13. 金属是导体，有的金属不是固体，所以，有的导体不是固体。

14. 中子是基本粒子，而中子是不带电的，所以，有些基本粒子是不带电的。

15. 受贿罪是犯罪，而收受小礼品行为不是犯罪，所以，收受小礼品行为不是受贿罪。

16. 民法不是刑法，刑法是法律，所以，有些法律不是民法。

17. 罪犯是了解案发现场情况的，某甲了解案发现场情况，所以，某甲是罪犯。

18. 珍珠不是金属，有的金属是很珍贵的，所以，珍珠不是很珍贵的。

19. 没有公务员是企业高管，他是企业高管，所以，他不是公务员。

20. 凡是犯报复陷害罪并且情节严重的，应处三年以下有期徒刑，某甲犯报复陷害罪并且情节严重，所以，某甲应处三年以下有期徒刑。

21. 有些熊猫是动物园中的动物，动物园中的动物是供人欣赏的动物，供人们欣赏的动物是应受到保护的动物，所以，有些熊猫是应受到保护的动物。

22. 银杏是银杏目植物，银杏目植物是裸子植物，裸子植物是以种子繁殖的植物，以种子繁殖的植物是高等植物，所以，银杏是高等植物。

十五、运用三段论的相关知识分析论述中包含的三段论推理，并写出其推理形式。

贝卡利亚依据卢梭的《社会契约论》，提出废除死刑的论点。社会契约论认为“人是生而自由的”，即人权天赋；国家权力来自人民的契约让渡，目的是为了保障个人权利。因此，人民只可能让渡出最少的一部分个人权利，怎么可能让渡出自己的生命权呢？所以，显然政府拥有死刑权不合理。

十六、运用直接推理和三段论的相关知识，分析下述言论存在哪些逻辑错误。

1. 美国著名作家马克·吐温（Mark Twain）在一次非正式场合上说：“美国国会中有些议员是狗娘养的。”

马克·吐温的话传到国会，议员们非常生气，纷纷要求马克·吐温澄清和道歉，否则就要诉诸法律。

几天之后，马克·吐温的声明在大报上登载出来了。声明说："日前本人在酒会上说美国国会中有些议员是狗娘养的。事后有人向我兴师问罪。经过再三考虑，深悔此言不妥，故特登报声明，把我的话修正如下：'美国国会中有些议员不是狗娘养的。'"

请从逻辑的角度分析马克·吐温的言论存在的问题。

2. 鲁迅在《论辩的魂灵》中，这样揭露了某种诡辩手法："你说甲生疮，甲是中国人，就是说中国人生疮了。既然中国人生疮，你是中国人，就是你生疮了。你既然也生疮，你就和甲一样。"

【练习题参考答案】

第六章　模态逻辑和规范逻辑

【本章导读】

本章阐述了模态逻辑、规范逻辑的基本内容。模态逻辑部分阐述了模态命题的特征和种类、模态对当推理、模态与非模态命题推理、必然化推理、模态命题及其推理在法律工作中的应用等内容；规范逻辑部分阐述了规范命题的特征和种类、规范对当推理、必须化推理、规范强弱推理、规范命题及其推理在法律工作中的应用等内容。

第一节　模态逻辑

一、模态命题

（一）模态命题的特征

模态命题就是陈述事物情况的必然性或可能性的命题。

直言命题只是关于事物情况存在或不存在的陈述。但有些事物情况的存在或不存在是必然的，有些事物情况的存在或不存在是可能的。陈述这种必然性或可能性的命题就是模态命题。

【例 1】（1）违反规律的行为必然要付出代价。

（2）地球上可能来过外星人。

（3）该辩护人的意见不可能正确。

模态命题都含有“必然”或“可能”等模态词，不含有模态词的命题是非模态命题。模态命题是在非模态命题的基础上，加上模态词而构成的。模态词可以加在命题的中间，也可以加在命题的前面或后面。如【例 1】（2）也可表述为：“可能地球上来过外星人。”在分析模态命题的形式时，将模态词放在命题变项 p、q……的前面。上述三个模态命题的形式为：

（1）必然 p。

（2）可能 q。

（3）不可能 r。

在模态逻辑中，一般用符号“□”表示“必然”，用符号“◇”表示“可能”。这样，上述三个模态命题可以符号化为：

（1）$\Box p$。

（2）$\Diamond q$。

（3）$\neg\Diamond r$。

（二）模态命题的种类

根据命题中包含的模态词的不同，可以将模态命题分为必然命题和可能命题。

必然命题就是陈述事物情况的必然性的命题。在自然语言中，通常用“必然”“必定”“一定”等语词作为必然模态词。根据模态词所作用的命题是肯定命题还是否定命题，又可将必然命题分为必然肯定命题和必然否定命题。

必然肯定命题就是陈述事物情况必然存在的命题。

【例 2】地球必然围绕太阳运行。

上述必然肯定命题的形式是：

必然 p。

符号化为：

$\Box p$。

必然否定命题就是陈述事物情况必然不存在的命题。

【例 3】客观规律必然不以人们的意志为转移。

上述必然否定命题的形式是：

必然不 p。

符号化为：

$\Box\neg p$。

可能命题就是陈述事物情况可能性的命题。

在自然语言中，通常用“可能”“或许”“也许”“大概”等语词作为可能模态词。根据模态词所作用的命题是肯定命题还是否定命题，又可将可能命题分为可能肯定命题和可能否定命题。

可能肯定命题就是陈述事物情况可能存在的命题。

【例 4】未来人类移民外太空是可能的。

上述可能肯定命题的形式是：

可能 p。

可符号化为：

$\Diamond p$。

可能否定命题就是陈述事物情况可能不存在的命题。

【例 5】寒冷的天气可能不会到来。

上述可能否定命题的形式是：

可能不 p。

可符号化为：$\Diamond\neg p$。

（三）模态命题的真值

命题是有真假的。对于非模态命题来说，如果命题所陈述的情况符合客观实际，这个命题就是真的；如果命题所陈述的情况不符合客观实际，这个命题就是假的。也就是说，确定非模态命题的真假是以现实世界的情况作为判定根据的。而模态命题不仅仅陈述事物情况，还陈述事物情况的必然性或可能性，因而确定一个模态命题的真假就不能仅仅局限于现实世界这个参照系。模态命题的真假与它所包含的非模态命题的真假有关，但不能完全由它所包含的非模态命题的真假来决定。

例如，“事物发展变化”是真的，“事物必然发展变化”也是真的；如果某甲事实上买彩票中了奖，那么“某甲买彩票中奖”是真的，“某甲买彩票必然中奖”却未必是真的。由此可见，当p为真时，必然p并不一定为真，而是可真可假。

又如，“事物静止不变”是假的，“事物可能静止不变”也是假的；如果某乙事实上买彩票没有中奖，那么“某乙买彩票中奖”是假的，“某乙买彩票可能中奖”却是真的。由此可见，当p为假时，可能p并不一定为假，而是可真可假。

可见，必然p的真值并不是简单地依赖于p的真值，而取决于p真是否具有必然性；同样地，可能p的真值并不是简单地依赖于p的真值，而是取决于p真是否具有可能性。

模态命题是将一个模态词作用在一个非模态命题上得到的，要确定模态命题的真假，关键在于对所增加的模态词作出解释。模态词不是真值联结词，因此不能用真值表刻画模态命题的真值情况。如何确定模态命题的真假呢？这就需要引进“可能世界”这个概念。

“可能世界”这个概念是由莱布尼兹（Leibniz）首先提出来的。所谓“可能世界”，从直观上理解，就是指能够由人们合乎逻辑地设想出来的各种情况或场合。凡是不违反逻辑即不包含逻辑矛盾的，能够由人们主观设想、想象出来的情况或场合，都是可能世界。如文学作品中虚构的故事或情节，虽然它们在现实世界中并不一定存在，但它们都能由人们所想象，而且在逻辑上是可能的，所以也是可能世界。现实世界只是许许多多可能世界中的一个可能世界。

根据命题p在每个可能世界中的真假，就可以确定模态命题“必然p”和“可能p”的真假。

当p在所有可能世界中都真时，“必然p”就是真的，否则就是假的。

当p在所有可能世界中都假时，“必然非p”就是真的，否则就是假的。

当p至少在一个可能世界中为真时，“可能p”就是真的，否则就是假的。

当p至少在一个可能世界中为假时，“可能非p”就是真的，否则就是假的。

各种模态命题的真值情况如表6-1所示：

表6-1　模态命题的真值表

模态命题的种类	p在所有可能世界中为真	p在所有可能世界中有真有假	p在所有可能世界中为假
必然p	1	0	0
必然不p	0	0	1
可能p	1	1	0
可能不p	0	1	1

二、模态对当推理

与直言命题一样，同一素材的□p、□¬p、◇p、◇¬p四种模态命题之间也有确定的真值关系，这种真值关系称为模态对当关系。模态对当推理就是根据模态对当关系进行的演绎推理。

模态对当关系也可以用对当方阵图表示。如图6-1所示：

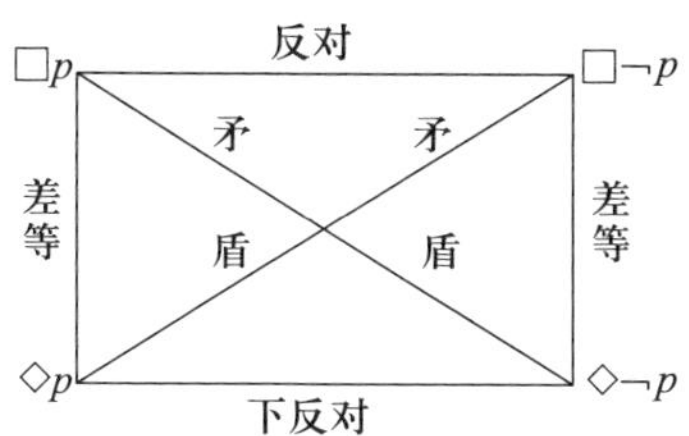

图 6-1　模态命题的对当方阵

模态对当推理共有四种类型，分别说明如下：

（一）矛盾关系对当推理

模态命题间的矛盾关系是指□p 与◇¬p 之间、□¬p 与◇p 之间的真值关系。

□p 与◇¬p 之间的真值情况是：

当□p 为真时，p 在所有可能世界中为真，这时，◇¬p 为假；

当□p 为假时，p 在至少一个可能世界中为假，这时，◇¬p 为真；

当◇¬p 为真时，p 至少在一个可能世界中为假，这时，□p 为假；

当◇¬p 为假时，p 在所有可能世界中为真，这时，□p 为真。

根据上述情况，□p 与◇¬p 之间可以确定的推理有效式是：

□p→¬◇¬p

¬□p→◇¬p

◇¬p→¬□p

¬◇¬p→□p

矛盾关系的模态命题之间既不同真也不同假，因而，一个命题和它的矛盾命题的负命题真值相同，即一个命题和它的矛盾命题的负命题具有等价关系。即：

□p⇔¬◇¬p

¬□p⇔◇¬p

□¬p 与◇p 之间的真值情况是：

当□¬p 为真时，p 在所有可能世界中为假，这时，◇p 为假；

当□¬p 为假时，p 在至少一个可能世界中为真，这时，◇p 为真；

当◇p 为真时，p 在至少一个可能世界中为真，这时，□¬p 为假；

当◇p 为假时，p 在所有可能世界中为假，这时，□¬p 为真。

根据上述情况，□¬p 与◇p 之间可以确定的推理有效式是：

□¬p→¬◇p

¬□¬p→◇p

◇p→¬□¬p

¬◇p→□¬p

矛盾关系的模态命题之间既不同真也不同假，因而，一个命题和它的矛盾命题的负命题真值相同，即一个命题和它的矛盾命题的负命题具有等价关系。即：

□¬p⇔¬◇p

¬□¬p⇔◇p

□p 与◇¬p 之间、□¬p 与◇p 之间具有矛盾关系，它们既不可同真也不可同假。因此，根据它们之间的矛盾关系，可以由其中一个命题为真推知另一命题为假，也可以由其中一个命题为假推知另一命题为真。

【例 6】客观事物必然发展变化，所以，客观事物不可能不发展变化。

其推理形式是：

□p→¬◇¬p

【例 7】某甲不可能是这个案件的作案人，所以，某甲必然不是这个案件的作案人。

其推理形式是：

¬◇p→□¬p

根据模态命题间的矛盾关系，可以用“必然”给“可能”下定义，或用“可能”给“必然”下定义如下：

$\Diamond p =_{df} \neg\Box\neg p$

$\Box p =_{df} \neg\Diamond\neg p$

（二）差等关系对当推理

模态命题间的差等关系是指□p 与◇p 之间、□¬p 与◇¬p 之间的真值关系。

□p 与◇p 之间的真值情况是：

当□p 为真时，p 在所有可能世界中为真，这时，◇p 为真；

当□p 为假时，p 至少在一个可能世界中为假，这时，◇p 可真可假；

当◇p 为真时，p 至少在一个可能世界中为真，这时，□p 可真可假；

当◇p 为假时，p 在所有可能世界中为假，这时，□p 为假。

根据上述情况，□p 与◇p 之间可以确定的推理有效式是：

□p→◇p

¬◇p→¬□p

□¬p 与◇¬p 之间的真值情况是：

当□¬p 为真时，p 在所有可能世界中为假，这时，◇¬p 为真；

当□¬p 为假时，p 至少在一个可能世界中为真，这时，◇¬p 可真可假；

当◇¬p 为真时，p 至少在一个可能世界中为假，这时，□¬p 可真可假；

当◇¬p 为假时，p 在所有可能世界中为真，这时，□¬p 为假。

根据上述情况，□¬p 与◇¬p 之间可以确定的推理有效式是：

□¬p→◇¬p

¬◇¬p→¬□¬p

因此，根据模态命题间的差等关系，可以由必然命题为真推知可能命题为真，也可以由可能命题为假推知必然命题为假。但是，不能由必然命题为假推知可能命题的真值，也不能由可能命题为真推知必然命题的真值。

【例 8】人类社会必然向前发展，所以，人类社会可能向前发展。

其推理形式是：

□p→◇p

【例 9】并非人可能不犯错误，所以，并非人必然不犯错误。

其推理形式是：

$$\neg\Diamond\neg p\rightarrow\neg\Box\neg p$$

（三）反对关系对当推理

模态命题间的反对关系是指□p 与□¬p 之间的真值关系。

□p 与□¬p 之间的真值情况是：

当□p 为真时，p 在所有可能世界中为真，这时，□¬p 为假；

当□p 为假时，p 至少在一个可能世界中为假，这时，□¬p 可真可假；

当□¬p 为真时，p 在所有可能世界中为假，这时，□p 为假；

当□¬p 为假时，p 至少在一个可能世界中为真，这时，□p 可真可假。

根据上述情况，□p 与□¬p 之间可以确定的推理有效式是：

$$\Box p\rightarrow\neg\Box\neg p$$

$$\Box\neg p\rightarrow\neg\Box p$$

因此，□p 与□¬p 之间是不可同真但可同假的关系。根据它们之间的反对关系，可以由某一命题为真推知另一命题为假。但是，不能由某一命题为假推知另一命题的真值。

【例 10】水往低处流是必然的，所以，水不必然不往低处流。

其推理形式是：

$$\Box p\rightarrow\neg\Box\neg p$$

（四）下反对关系对当推理

模态命题间的下反对关系是指◇p 与◇¬p 之间的真值关系。

◇p 与◇¬p 之间的真值情况是：

当◇p 为假时，p 在所有可能世界中为假，这时，◇¬p 为真。

当◇¬p 为假时，p 在所有可能世界中为真，这时，◇p 为真。

当◇p 为真时，p 至少在一个可能世界中为真，这时，◇¬p 可真可假。

当◇¬p 为真时，p 至少在一个可能世界中为假，这时，◇p 可真可假。

根据上述情况，◇p 与◇¬p 之间可以确定的推理有效式是：

$$\neg\Diamond p\rightarrow\Diamond\neg p$$

$$\neg\Diamond\neg p\rightarrow\Diamond p$$

◇p 与◇¬p 之间具有下反对关系，它们不可同假，但可同真。因此，根据它们之间的下反对关系，可以由某一命题为假推知另一命题为真。但是，不能由某一命题为真推知另一命题的真值。

【例 11】今天完成任务是不可能的，所以，今天可能完不成任务。

其推理形式是：

$$\neg\Diamond p\rightarrow\Diamond\neg p$$

三、模态与非模态命题推理

模态与非模态命题推理就是根据模态命题与非模态命题之间的真值关系进行的演绎推理。

我们所说的逻辑上的“必然”和“可能”，是指客观的必然性和可能性。凡具有客观必然性的东西，总是现实的东西，但现实的东西未必是具有客观必然性的东西。例如，“事物必然发展变化”为真，则“事物发展变化”也为真；但“某甲买彩票中奖”为真，则“某甲必然买彩票中奖”未必为真。因此，从逻辑上说，“必然 p”蕴涵“p”，反之则不然。

凡现实的东西，总是具有客观可能性的，但具有客观可能性的东西未必是现实的东西。例如，“某甲买彩票中奖”为真，则“某甲买彩票可能中奖”也为真；但“某甲买彩票可能中奖”为真，“某甲买彩票中奖”却未必为真。因此，从逻辑上说，“p”蕴涵“可能 p”，反之则不然。

模态命题与非模态命题之间的真值关系可表示如下：

$\Box p \rightarrow p$

$P \rightarrow \Diamond p$

从非模态命题的真值来说，p 真是指 p 在现实世界中为真，而现实世界是许多可能世界之一。因此，当$\Box p$为真，即 p 在所有可能世界中为真时，则 p 在现实世界中为真，即 p 为真。而当 p 为真，即 p 在现实世界中为真，则 p 至少在一个可能世界中为真，即$\Diamond p$为真。

根据上述关系就可以进行模态与非模态命题推理。

【例 12】地球上发生地壳运动是必然的，所以，地球上发生了地壳运动。

其推理形式是：

$\Box p \rightarrow p$

【例 13】月球上没有生命存在，所以，月球上可能没有生命存在。

其推理形式是：

$P \rightarrow \Diamond p$

四、必然化推理

必然化推理就是根据模态逻辑中的必然化规则所进行的演绎推理。

必然化规则：如果$\vdash A$，则$\vdash \Box A$。

这就是说，如果 A 是可证的公式，则$\Box A$也是可证的公式。

根据必然化规则，如果一个非模态命题是逻辑可证的，就可以由这个非模态命题的前提得出一个模态命题的结论。

【例 14】明天或者下雨或者不下雨，所以，明天必然或者下雨或者不下雨。

其推理形式为：

$\vdash (p \vee \neg p)$

$\vdash \Box (p \vee \neg p)$

必然化推理是模态推理中很重要的一种推理，运用必然化规则，可以把非模态推理中的许多推理形式引到模态推理中来。

五、模态命题及其推理在法律工作中的应用

在法律工作中，特别是在刑侦工作中，要经常应用模态命题表达事物情况的必然性或可能性。案情是已经发生的事实，要了解全部情况不是容易的事情。以现场勘察为例，往往由于案情复杂，现场遗留线索不多，或者一些细节尚未发现，因而对案件性质、作案时间、作案手段、作案人的特征等有关情况，很难作出确切的判断，只能用某些猜测性的可能命题来

表述。例如，由于掌握的事实材料不足，对某死亡案件只能作出“死者可能死于他杀”或“死者可能死于自杀”这一类的命题。有了确凿的证据，才能作出关于死者死因的判断。

在法律工作中必须注意模态命题的逻辑性质，不能把可能当成现实，更不能把可能作为定案的依据。在对犯罪行为定性时，也必须注意命题的模态性质。例如，对于未遂犯罪，就有必要确定是能犯的未遂，还是不能犯的未遂。这是以犯罪行为本身能否既遂为标准所作的区分。能犯未遂，是指犯罪人所实施的行为本身可能达到既遂，但由于意志以外的原因而未能完成犯罪；不能犯未遂，是指犯罪人所实施的行为本身就不可能既遂因而未能完成犯罪。从逻辑上看，“不可能”即是“必然不”，所以，两种未遂所具有的社会危害性的程度是不同的，在量刑上应加以区别。

在法律工作中还要掌握模态命题之间的逻辑关系，正确地进行模态推理。从必然命题可以推出可能命题，但从可能命题不能推出必然命题。对必然命题的否定只能得到可能否定命题，对可能命题的否定才能得到必然否定命题。例如，在刑侦工作中，否定了“某甲必然是凶手”，根据模态对当推理只能得出“某甲可能不是凶手”的结论，不能得出“某甲必然不是凶手”的结论，这意味着对某甲的侦查工作还要继续。如果否定了“某甲可能是凶手”，根据模态对当推理，就能得出“某甲必然不是凶手”的结论。

第二节　规范推理

一、规范命题

（一）规范命题的特征

规范命题就是陈述人们的行为规范的命题，又称道义命题。所谓行为规范就是指令人们在一定的情况或条件下必须如此或可以如此，禁止如此或不可以如此行为的规定，简称规范。例如，法律上、道德上、技术上的规定、义务、指令、禁令等都是行为规范。把这些规范陈述出来，就是规范命题。

【例 1】（1）年满 16 周岁的人犯罪，应当负刑事责任。

（2）禁止任何鼓吹战争的宣传。

（3）公民可以通过代理人实施民事法律行为。

任何规范都有制定者和承受者。任何规范都应当明确具有某种特征的人在某种情况或条件下必须或可以履行或不履行某种行为。规范命题是由两部分组成的，一个部分是陈述某种行为的命题，另一个部分是“必须”“禁止”“允许”等规范词。规范词可以放在命题中间，也可以放在命题的前面或后面。如【例 1】（3）也可表述为：“允许公民通过代理人实施民事法律行为。”在分析规范命题的形式时，将规范词放在命题变项 p、q……的前面。上述三个规范命题的形式为：

（1）必须 p。

（2）禁止 q。

（3）允许 r。

在规范逻辑中，用符号“O”表示“必须”，用符号“F”表示“禁止”，用符号“P”表示“允许”。这样，上述三个规范命题的形式就可以符号化为：

（1）Op。

（2）Fp。

（3）Pp。

（二）规范命题的种类

根据命题中包含的规范词的不同，可以将规范命题分为必须命题、禁止命题和允许命题。

必须命题就是陈述人们必须履行某种行为的命题。

在自然语言中，通常用“必须”“应当”“有义务”等语词作为必须规范词。根据规范词所作用的命题是肯定命题还是否定命题，又可将必须命题分为必须肯定命题和必须否定命题。

【例 2】（1）社会团体应当具备法人条件。

（2）成年子女有赡养扶助父母的义务。

（3）公安机关逮捕犯罪嫌疑人的时候，必须出示逮捕证。

上述都是必须肯定命题的实例。上述命题共同的形式是：

必须 p。

可符号化为：

Op。

必须否定命题的形式是：

必须不 p。

可符号化为：

$O\neg p$。

禁止命题就是陈述人们必须不履行某种行为的命题。

在自然语言中，通常用“禁止”“不得”“不准”“不许”“不可”等语词作为禁止规范词。根据规范词所作用的命题是肯定命题还是否定命题，又可将禁止命题分为禁止肯定命题和禁止否定命题。

【例 3】（1）禁止买卖、包办婚姻和其他干涉婚姻自由的行为。

（2）不准以任何借口剥夺被告人的上诉权。

（3）任何组织或者个人不得招用未满 16 周岁的未成年人。

上述都是禁止肯定命题的实例。上述命题共同的形式是：

禁止 p。

可符号化为：

Fp。

显然，“必须不 p”和“禁止 p”具有等价的含义。即：

$O\neg p \Leftrightarrow Fp$

禁止否定命题的形式是：

禁止不 p。

可符号化为：

$F\neg p$。

显然，“禁止不 p”和“必须 p”具有等价的含义。即：

$F\neg p \Leftrightarrow Op$

允许命题就是陈述人们可以履行某种行为的命题。在自然语言中，通常用“允许”“可以”“准予”“有权利”等语词作为允许规范词。根据规范词所作用的命题是肯定命题还是否定命题，又可将允许命题分为允许肯定命题和允许否定命题。

【例 4】(1) 允许当事人在法庭上提出新的证据。

(2) 民事法律行为可以采用口头形式。

(3) 公民有权对自己的发明申请领取荣誉证书、奖金或者其他奖励。

上述都是允许肯定命题的实例。上述命题共同的形式是：

允许 p。

可符号化为：

Pp。

【例 5】因不可抗力致使不能实现合同目的，允许当事人不履行合同。

上述是允许否定命题的实例。上述命题的形式是：

允许不 p。

可符号化为：

$P\neg p$。

(三) 规范命题与模态命题之间的联系

“模态”一词是英语词 modal 的音译，modal 一词源于拉丁词 modalis，意指形态、模式等。“模态”一词有广义和狭义之分。狭义的模态仅指“必然”“可能”这类模态词；广义的模态并不限于此，还包括规范模态、时间模态、认识模态等。狭义的模态命题仅指真势模态命题或真值模态命题，简称模态命题。

规范逻辑与模态逻辑的命题形式、推理形式和逻辑规律等非常相似，甚至有些规范逻辑系统就是以模态逻辑系统为基础而建立起来的。在这些规范逻辑系统中，规范命题是用模态命题来定义的。在模态命题的基础上，增加一个命题常项“S”，用以表示“受到惩罚”，就可以将各种规范命题定义如下：

1. Op 定义为：$\Box(\neg p\rightarrow S)$

这就是说，“必须 p”等值于“如果不履行 p 则受到惩罚，这是必然的”。

2. Fp 定义为：$\Box(p\rightarrow S)$

这就是说，“禁止 p”等值于“如果履行 p 则受到惩罚，这是必然的”。

3. Pp 定义为：$\neg\Box(p\rightarrow S)$

这就是说，“允许 p”等值于“如果履行 p 则受到惩罚，这不是必然的”。

由以上等值式可以看出，规范命题与模态命题之间存在某种密切的联系。

(四) 规范命题的真假

就行为规范本身来说，它是指令人们如何行为的规定，这些规定只有是否合理、是否有效力的问题，而没有真假问题。但是，作为陈述行为规范的规范命题来说，规范命题是有真假的。要判定一个规范命题的真假，就要看这个规范命题所陈述的规范是否有效力规范。如果这个规范命题所陈述的规范是有效力规范，它就是真的；如果这个规范命题所陈述的规范不是有效力规范，它就是假的。

所谓一个规范是有效力规范，就是指这个规范对其承受者是有约束力的，它能使规范承受者自觉或被迫地遵守它，如果违反了这个规范，就会受到某种惩罚或制裁。

【例 6】法律明文规定为犯罪行为的，依照法律定罪处刑；法律没有明文规定为犯罪行为的，不得定罪处刑。

这是我国《刑法》第 3 条的规定，当然是一个有效力的规范，因为有国家强制力保障实施，对我国全体公民都有效力。此法律条文的规定体现了我国刑法的罪刑法定原则，对任何人不得做有罪推定。这是一个有效力的规范，也就是说，这个规范命题是真的。

如果某个规范命题所陈述的行为规范事实上是无效力规范，它就是假的。例如："没有过错的行为不应当承担民事责任。"这个规范命题就是一个假命题。因为我国《民法典》第 1166 条规定："行为人造成他人民事权益损害，不论行为人有无过错，法律规定应当承担侵权责任的，依照其规定。"所以，上述规范命题所陈述的规范不符合我国民法的实际规定，它是无效力规范，陈述这个无效力规范的规范命题就是假的。

二、规范对当推理

同模态命题一样，同一素材的规范命题之间也有确定的真假关系，这种真假关系称为规范对当关系。规范对当推理就是根据规范对当关系进行的演绎推理。

对同一行为 p 而言，有作为和不作为两种，因此，每种规范命题都可以分为肯定和否定两种。即规范命题共有 Op、O ¬ p、Fp、F ¬ p、Pp、P ¬ p 六种。如前所述，"必须不 p"与"禁止 p"含义相同，"禁止不 p"与"必须 p"含义相同，它们之间是等价的，所以可以相互替换使用。即：

$$O\neg p \Leftrightarrow Fp$$

$$F\neg p \Leftrightarrow Op$$

因此，规范命题可以归结为 Op、Fp、Pp、P ¬ p 四种。这四种规范命题之间的对当关系也可以用对当方阵图表示。如图 6-2 所示：

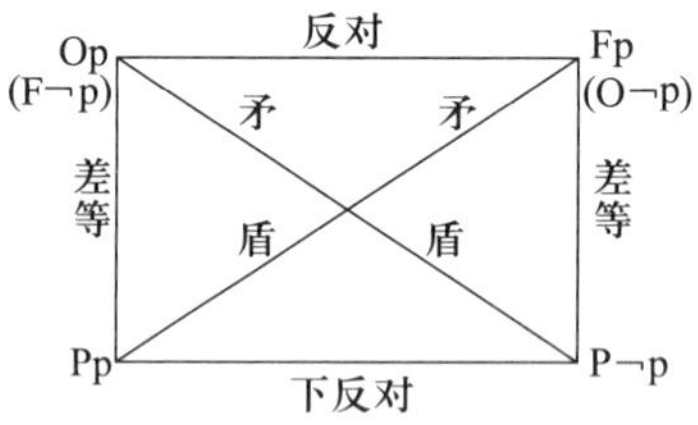

图 6-2　规范命题的对当方阵

同样，规范对当推理也有四种类型。分别说明如下：

（一）矛盾关系对当推理

规范命题之间的矛盾关系是指 Op、P ¬ p 之间和 Fp、Pp 之间的真值关系。

Op 与 P ¬ p 之间的真值情况是：

当 Op 为真时，必须 p 是有效的，就不允许不履行 p，因而 P ¬ p 为假；

当 Op 为假时，必须 p 是无效的，就得允许不履行 p，因而 P ¬ p 为真；

当 $P\neg p$ 为真时，允许不履行 p，则必须 p 就是无效的，因而 Op 为假；

当 $P\neg p$ 为假时，不允许不履行 p，则必须 p 就是有效的，因而 Op 为真。

根据上述情况，Op 与 $P\neg p$ 之间可以确定的推理有效式是：

$$Op\rightarrow\neg P\neg p$$

$$\neg Op\rightarrow P\neg p$$

$$P\neg p\rightarrow\neg Op$$

$$\neg P\neg p\rightarrow Op$$

Fp 与 Pp 之间的真值情况是：

当 Fp 为真时，禁止 p 是有效的，就不允许履行 p，因而 Pp 为假；

当 Fp 为假时，禁止 p 是无效的，就得允许履行 p，因而 Pp 为真；

当 Pp 为真时，允许履行 p，则禁止 p 就是无效的，因而 Fp 为假；

当 Pp 为假时，不允许履行 p，则禁止 p 就是有效的，因而 Fp 为真。

根据上述情况，Fp 与 Pp 之间可以确定的推理有效式是：

$$Fp\rightarrow\neg Pp$$

$$\neg Fp\rightarrow Pp$$

$$Pp\rightarrow\neg Fp$$

$$\neg Pp\rightarrow Fp$$

矛盾关系的规范命题之间既不同真也不同假，因而，一个规范命题和它的矛盾命题的负命题真值相同，即一个规范命题和它的矛盾命题的负命题是等值关系。根据以上有效式，可以得到下述等价关系：

$$Op\Leftrightarrow\neg P\neg p$$

$$P\neg p\Leftrightarrow\neg Op$$

$$Fp\Leftrightarrow\neg Pp$$

$$Pp\Leftrightarrow\neg Fp$$

因为规范命题之间的矛盾关系是不可同真并且不可同假的关系，所以，可以由某一命题为真推知另一命题为假，也可以由某一命题为假推知另一命题为真。

【例 7】不允许任何人有超越法律的特权，所以，禁止任何人有超越法律的特权。

这一推理的形式是：

$$\neg Pp\rightarrow Fp$$

【例 8】并非子女必须随父姓，所以，允许子女不随父姓。

这一推理的形式是：

$$\neg Op\rightarrow P\neg p$$

（二）差等关系对当推理

规范命题之间的差等关系是指 Op 与 Pp 之间、Fp 与 $P\neg p$ 之间的真值关系。

Op 与 Pp 之间的真值情况是：

当 Op 为真时，必须 p 是有效的，就得允许履行 p，因而 Pp 为真；

当 Op 为假时，必须 p 是无效的，可以允许履行 p，也可以不允许履行 p，因而 Pp 可真可假；

当 Pp 为真时，允许履行 p，而必须 p 可以有效也可以无效，因而 Op 可真可假；

当 Pp 为假时，不允许履行 p，则必须 p 就是无效的，因而 Op 为假。

根据上述情况，Op 与 Pp 之间可以确定的推理有效式是：

$$Op \to Pp$$

$$\neg Pp \to \neg Op$$

Fp 与 P ¬ p 之间的真值情况是：

当 Fp 为真时，禁止 p 是有效的，就得允许不履行 p，因而 P ¬ p 为真；

当 Fp 为假时，禁止 p 是无效的，可以允许不履行 p，也可以不允许不履行 p，因而 P ¬ p 可真可假；

当 P ¬ p 为真时，允许不履行 p，则禁止 p 可以有效也可以无效，因而 Fp 可真可假；

当 P ¬ p 为假时，不允许不履行 p，则禁止 p 就是无效的，因而 Fp 为假。

根据上述情况，Fp 与 P ¬ p 之间可以确定的推理有效式是：

$$Fp \to P\neg p$$

$$\neg P\neg p \to \neg Fp$$

因此，根据规范命题之间的差等关系，可以由必须命题或禁止命题为真推知允许命题为真，也可以由允许命题为假推知必须命题或禁止命题为假；但是，不能由必须命题或禁止命题为假推知允许命题的真假，也不能由允许命题为真推知必须命题或禁止命题的真假。

【例 9】知道案情的人都有作证的义务，所以，允许知道案情的人作证。

这一推理的形式是：

$$Op \to Pp$$

【例 10】公共场所禁止吸烟，所以，公共场所允许不吸烟。

这一推理的形式是：

$$Fp \to P\neg p$$

（三）反对关系对当推理

规范命题之间的反对关系是指 Op 与 Fp 之间的真值关系。

Op 与 Fp 之间的真值情况是：

当 Op 为真时，必须 p 是有效的，就得允许履行 p，则禁止 p 就是无效的，因而 Fp 为假；

当 Op 为假时，必须 p 是无效的，而禁止 p 可以有效也可以无效，因而 Fp 可真可假；

当 Fp 为真时，禁止 p 是有效的，就得允许不履行 p，则必须 p 就是无效的，因而 Op 为假；

当 Fp 为假时，禁止 p 是无效的，而必须 p 可以有效也可以无效，因而 Op 可真可假。

根据上述情况，Op 与 Fp 之间可以确定的推理有效式是：

$$Op \to \neg Fp$$

$$Fp \to \neg Op$$

因此，根据规范命题之间的反对关系，可以由某一命题为真推知另一命题为假；但是，不能由某一命题为假推知另一命题的真假。

【例 11】禁止使用现金或者实物进行易制毒化学品交易，所以，不应当使用现金或者实物进行易制毒化学品交易。

这一推理的形式是：

$$Fp \rightarrow \neg Op$$

（四）下反对关系对当推理

规范命题之间的下反对关系是指 Pp 与 P ¬ p 之间的真值关系。

Pp 与 P ¬ p 之间的真值情况是：

当 Pp 为假时，不允许履行 p，就得允许不履行 p，因而 P ¬ p 为真；

当 Pp 为真时，允许履行 p，同时，可以允许不履行 p，也可以不允许不履行 p，因而，P ¬ p 可真可假；

当 P ¬ p 为假时，不允许不履行 p，就得允许履行 p，因而 Pp 为真；

当 P ¬ p 为真时，允许不履行 p，同时，可以允许履行 p，也可以不允许履行 p，因而，Pp 可真可假。

根据上述情况，Pp 与 P ¬ p 之间可以确定的推理有效式是：

$$\neg Pp \rightarrow P\neg p$$

$$\neg P\neg p \rightarrow Pp$$

因此，根据规范命题之间的下反对关系，可以由某一命题为假推知另一命题为真；但是，不能由某一命题为真推知另一命题的真假。

【例 12】未经人民法院依法判决，对任何人都不允许确定为有罪；所以，未经人民法院依法判决，允许对任何人不确定为有罪。

这一推理的形式是：

$$\neg Pp \rightarrow P\neg p$$

三、必须化推理

必须化推理就是根据规范逻辑中的必须化规则进行的演绎推理。由于必须化规则又称 O-必然化规则，因而必须化推理又称 O-必然化推理。

必须化规则：如果 $\vdash A$，则 $\vdash OA$。

这就是说，如果 A 是可证的公式，则 OA 也是可证的公式。但由于规范命题是陈述人们行为规范的命题，因而只有当 A 是陈述人们行为的命题时，才能应用必须化规则进行推理。

根据必须化规则，如果一个非规范命题是逻辑可证的，就可以由这个非规范命题的前提得出一个规范命题的结论。

从上述必须化规则还可以导出以下三条规则：

（1）如果 $\vdash A\rightarrow B$，则 $\vdash OA\rightarrow OB$。

（2）如果 $\vdash A\rightarrow B$，则 $\vdash PA\rightarrow PB$。

（3）如果$\vdash A\rightarrow B$，则$\vdash FB\rightarrow FA$。

根据这三条导出规则，也可以进行必须化推理。

【例 13】如果所有证人都出庭作证，则有证人出庭作证；所以，如果必须所有证人都出庭作证，则必须有证人出庭作证。

其推理形式是：

$$\vdash SAP\rightarrow SIP$$
$$\vdash O(SAP)\rightarrow O(SIP)$$

【例 14】如果既判处某甲徒刑又没收某甲财产，则判处某甲徒刑；所以，如果允许既判处某甲徒刑又没收某甲财产，则允许判处某甲徒刑。

其推理形式是：

$$\vdash p\wedge q\rightarrow p$$
$$\vdash P(p\wedge q)\rightarrow Pp$$

【例 15】如果非法侵入公民的住宅并且非法搜查公民的住宅，则非法侵入公民的住宅；所以，如果禁止非法侵入公民的住宅，则禁止非法侵入公民的住宅并且非法搜查公民的住宅。

其推理形式是：

$$\vdash p\wedge q\rightarrow r$$
$$\vdash Fr\rightarrow F(p\wedge q)$$

同模态推理中的必然化推理一样，必须化推理也可以把非规范推理中的某些推理形式引到规范推理中来。

四、规范强弱推理

规范强弱推理，就是从一个较强或较弱的规范推出一个较弱或较强的规范的推理。这种推理是从规范制定者的意图出发，既然有权制定这一规范的人制定了前一个较强或较弱的规范，就更有理由制定一个较弱或较强的规范，因而由前一个规范可以推出后一个规范。规范强弱推理有以下两种：

（一）由强到弱的规范推理

由强到弱的规范推理就是由一个较强的规范推出一个较弱的规范的推理。由强到弱的规范推理适用于必须规范和允许规范。它的根据是：从规范制定者的意图看，如果必须履行或允许履行一个较强的行为，就更有理由必须履行或允许履行比这个行为较弱的行为。

【例 16】为了满足工农业生产的需要和城市居民生活的需要，明文规定某市供电局必须负责全市的电力供应。那么，根据同一个意图，该市供电局，就更有理由必须负责该市某个区的电力供应，从而推出：该市供电局必须负责该市某个区的电力供应。

这是由前一个较强的必须规范推出后一个较弱的必须规范。

【例 17】为了充分开发和利用土地资源，法律明文规定，公民和集体可以承包经营集体所有的或者国家所有由集体使用的土地。那么，根据同一个意图，就更有理由允许公民和集体承包经营集体所有或者国家所有的荒山、荒地，从而推出：允许公民和集体承包经营集体所有或者国家所有的荒山、荒地。

这是由前一个较强的允许规范推出后一个较弱的允许规范。

（二）由弱到强的规范推理

由弱到强的规范推理就是由一个较弱的规范推出一个较强的规范的推理。由弱到强的规范推理适用于禁止规范。它的根据是：从规范制定者的意图看，如果禁止履行一个较弱的行为，就更有理由禁止履行一个比这个行为较强的行为。

【例 18】某公园的管理者，为了保护草坪不受损坏，明令禁止游园人践踏草坪。那么，根据同一个意图，就更有理由禁止游园人挖掘草坪，因为挖掘草坪，会给草坪造成更大的损坏，从而推出：禁止游园人挖掘草坪。

这是由前一个较弱的禁止规范推出后一个较强的禁止规范。

由于规范强弱推理要从规范制定者的意图出发，如果规范制定者曾经公开明确地表示过制定这个规范的意图，那么进行规范强弱的推理就容易进行；如果规范制定者没有公开明确地表示过制定这个规范的意图，这就要依靠推论者的分析和推测。由于价值观的差异，导致推论者推测的意图并不一定就是规范制定者的真正意图。即使推测的意图同制定者的意图一致，但对于什么行为是强的，什么行为是弱的，往往也没有一个清晰的标准。因此，推论出来的规范，并不一定就是被该规范制定者所认可的规范。

由于上述原因，规范强弱推理与前述规范推理不同，它不是演绎推理，而是归纳论证，其结论有一定的或然性。

五、规范命题及其推理在法律工作中的应用

法律规定了公民以及其他主体的权利和义务。所以，这些法律规定都是规范命题。一般来说，法律条文中规定的义务都是必须履行的，表述这些义务要应用必须命题；法律条文中规定的犯罪行为和其他违法行为都是被禁止的，表述这些禁令要应用禁止命题；法律条文中规定的权利或自由都是被允许的，表述这些权利或自由要应用允许命题。

规范逻辑研究了各种规范词的逻辑性质，研究了各种规范命题的逻辑性质，研究了规范命题之间的各种逻辑关系，研究了规范命题之间的推理关系。因此，掌握规范命题及其推理的有关逻辑知识，对于正确制定法律、正确理解和解释法律、正确适用法律，都是有所帮助的。例如，由于“允许 p”和“允许不 p”是下反对关系，它们是可以同真的。因而，对于法律所赋予的权利和自由，既允许履行又允许不履行，这是符合推理规则的，也都是合乎法律规定的。由于“必须 p”和“允许不 p”是矛盾关系，它们是不可同真的。因而，对于法律所规定的义务，不允许不履行。如果不履行这些行为，就是不合法的，就要受到法律的制裁。由于“禁止 p”和“允许 p”是矛盾关系，它们是不能同真的。因而，对于法律所禁止的犯罪行为和违法行为是不允许履行的。如果履行了这些行为，就是不合法的，就要受到法律的制裁。

为了正确地制定法律、解释法律和适用法律，深入地研究法律规范词的逻辑性质、法律规范命题的逻辑性质、法律规范命题之间的逻辑关系以及法律规范推理的逻辑理论十分重要。对这些问题以及法律领域中的其他逻辑问题进行研究，是法律逻辑的重要任务。法律逻辑的深入研究，将为完善立法、完善司法提供强有力的逻辑工具。

【本章知识结构图】

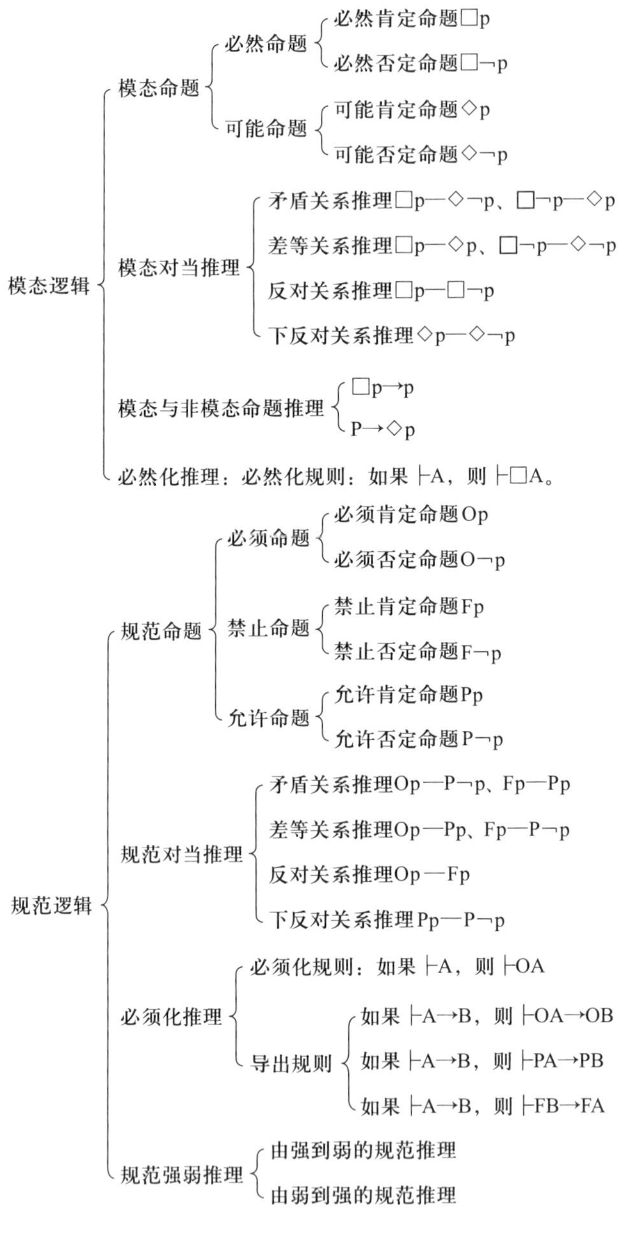

思 考 题

1. 什么是模态命题？模态命题有哪些种类？
2. 什么是可能世界？如何借助可能世界的概念来确定模态命题的真假？
3. 模态对当关系有哪几种？各种模态对当关系具有怎样的真假关系？
4. 模态与非模态命题推理有哪些有效式？

5. 必然化规则是什么？
6. 什么是规范命题？规范命题有哪些种类？
7. 规范命题与模态命题之间有何联系？
8. 如何确定规范命题的真假？
9. 规范对当关系有哪几种？各种规范对当关系具有怎样的真假关系？
10. 必须化规则有哪些？
11. 规范强弱推理有哪几类？

练　习　题

一、根据命题之间的真假关系，分析下列各组命题的真假情况。

1. 已知："某甲必然是案犯"为假，则：
(1)"某甲不必然不是案犯"为（　　）。
(2)"某甲不可能不是案犯"为（　　）。
(3)"某甲不可能是案犯"为（　　）。
(4)"某甲不是案犯"为（　　）。

2. 已知："案件判决正确是可能的"为真，则：
(1)"案件判决必然不正确"为（　　）。
(2)"案件判决不可能正确"为（　　）。
(3)"案件判决正确是必然的"为（　　）。
(4)"案件判决可能不正确"为（　　）。

3. 已知："以非法手段收集的证据不得作为处罚的根据"为真，则：
(1)"不允许以非法手段收集的证据作为处罚的根据"为（　　）。
(2)"允许不以非法手段收集的证据作为处罚的根据"为（　　）。
(3)"禁止以非法手段收集的证据作为处罚的根据"为（　　）。
(4)"必须以非法手段收集的证据作为处罚的根据"为（　　）。

4. 已知："当事人协商一致，可以变更合同"为真，则：
(1)"当事人协商一致，不禁止变更合同"为（　　）。
(2)"当事人协商一致，必须不变更合同"为（　　）。
(3)"当事人协商一致，允许不变更合同"为（　　）。
(4)"当事人协商一致，必须变更合同"为（　　）。

二、写出下列推理的形式，并判定它是否有效。

1. 被告人不必然上诉，所以，被告人可能不上诉。

2. 科学技术的进步不可能不带来社会的进步，所以，科学技术的进步可能带来社会的进步。

3. 罪犯不必然不说谎，所以，罪犯不可能不说谎。

4. 某甲不必然完成任务，所以，某甲必然完不成任务。

5. 某甲生了病，所以，某甲可能生病。

6. 当事人行使权利、履行义务应当遵循诚实信用原则，所以，允许当事人行使权利、履行义务遵循诚实信用原则。

7. 允许遵守公共秩序，所以，不允许不遵守公共秩序。

8. 不禁止当事人委托代理人订立合同，所以，当事人必须委托代理人订立合同。

9. 签订劳动合同应当采用书面形式，所以，禁止签订劳动合同不采用书面形式。

10. 禁止在私人交往和通信中涉及国家秘密，所以，不允许在私人交往和通信中涉及国家秘密。

11. 被告或者有罪或者无罪，所以，被告必然或者有罪或者无罪。

12. 子女或者随父姓或者不随父姓，所以，子女必须或者随父姓或者不随父姓。

13. 考生必须于1月2日上午8时参加考试，所以，考生必须于1月2日上午8时以前携带准考证进入考场。

14. 禁止在阅览室内大声说话，所以，禁止在阅览室内发表演讲。

【练习题参考答案】

第七章　归纳逻辑

【本章导读】

归纳逻辑以归纳论证为研究对象，论证的特征是前提和结论的联系是或然的，前提真只是为结论真提供支持，当前提为真时结论有可能成立。研究归纳论证的必要性在于，它是人们认识外界必须依靠的一种论证方法。归纳论证评价的标准是前提对结论的支持程度，即归纳强度。研究归纳论证的目标是提高归纳论证的可信服性。

本章讲述了四种主要的归纳推理类型：溯因推理、归纳推理、求因果联系五法和类比推理，主要从推理的形式特征、如何提高归纳强度及推理的应用这几个方面进行了分析。

第一节　概　　述

如第一章所述，建立论证就是建立前提和结论之间的推理关系。前提对结论的支持有两种完全不同的方式，因此形成了两种不同的论证方式，即演绎论证和归纳论证。这一划分的根据是：演绎论证是以必然性推理为依据的论证，而归纳论证是以可能性推理为依据的论证。演绎推理的特征是前提蕴涵结论，能保证从真前提得到真结论。也就是说，如果前提真并且推理形式符合推理规则，那么所得到的结论一定为真。因此演绎推理称为必然性推理。不同于演绎论证，归纳论证是以可能性推理为依据的论证。归纳推理的特征是前提不蕴涵结论，前提真不能保证结论必然真。具体而言，归纳论证是说，当前提为真时为结论真提供支持，结论有可能成立。由于推理的前提和结论在真假方面的联系不是必然的，而是或然的，所以归纳论证可称为或然性论证。

既然人们不能通过归纳论证从前提为真必然得到结论为真，那么，我们为何还要研究它们、学习它们呢？简单的回答是：归纳论证是人们生活的向导和科学发现的工具，在许多场合，它甚至是唯一能依靠和使用的工具。因为在社会生活和科学探索活动中有许多不确定的因素和未知的领域。无论是个人、群体还是整个社会都不能对未来、不知道的过去和不能触及的现在中的许多事情进行精确的预测和推断。但是为了生存和进步，又必须对这样的事情进行预测和推断，以便指导下一步的认识和实践。在这些情形中演绎推理往往无用武之地，因为它需要已知前提与结论的必然联系。而人们往往得不到这样的联系，所以别无选择，只能依赖归纳论证。

【例 1】气象台每天发布天气预报，总是对次日的降水情况赋予某个概率。

人们根据气象台发布的天气预报指导第二天的活动，对那些从事与天气有关的工作和活动的人们尤为重要。要求天气预报精确预测第二天是否有雨是不现实的苛求。

归纳论证的目标是寻求事实的汇集和结论之间的联系，有可能是关于某类对象的一般规律的结果，也有可能是某种因果关系的结果，甚至是一种通过思维的跳跃获得的某种联想。

当这样的方法被总结出来，用于某个领域如医学、社会学、法学等实践领域时，就可以为实践活动提供某种方法论的指导。在科学研究中，尤其是医学、生物学、气象学、天文学、法学和经济学等学科中归纳论证起着相当重要的作用。

演绎论证和归纳论证是性质不同的论证，因而评价的标准也是不同的。在各种类型的演绎论证中，我们都总结了一系列推理规则，从而把有效的推理和其他无效的推理区别开来。研究归纳论证的目的也要提供一系列规则，帮助我们对归纳论证作出评价，对归纳论证的归纳强度作出评价。这样，具体的论证就更有可能为支持结论的得出寻求到更好的前提。如果一个归纳论证是归纳强的，并且其前提都是真的，则称此论证是可信服的论证。可信服的论证可以评价为好的或者成功的归纳论证。所以，如果论证不是可信服的，也就是说，或者此论证是归纳弱的，或者其前提并非都是真的。即使其结论可能是真的，其结论的真实性也不是由该论证所支持的。

由于归纳论证的前提与结论的联系是或然的，所以不能用“有效”或“无效”的标准来评价。由于归纳论证的前提在一定程度上为其结论提供支持，所以关于归纳论证讨论的是在什么情况下，其结论是归纳强的，从而区别于那些归纳弱的。也就是说，归纳论证评价的标准是归纳强度和可信服性。

【例 2】有这样两个推理：

（1）从一个袋子里取出一枚硬币是一角的，推出取出的下一枚硬币还是一角的。

（2）从一个袋子里取出的硬币到目前为止都是一角的，推出取出的下一枚硬币还是一角的。

尽管有可能第一个推理的结论是真的而第二个推理的结论是假的，但第二个推理是强式的，而第一个推理是弱式的，因为第二个推理中前提给予结论的支持度要高。我们要寻求的是可信服度高的论证，谨慎对待可信服性低的论证。

第二节 溯因推理

一、溯因推理概述

溯因推理是一种从结果推测导致其发生的原因或条件的归纳论证。

【例 1】某三岁幼儿突然发烧了，医生初步诊断为急性肺炎。

这样由“幼儿发烧”现象而得出“急性肺炎”的结论的思维过程就是溯因推理。

依照现象发生的本来情形，总是先有原因或条件，然后有现象或结果。而上述思维过程是从观察到的现象出发去推测导致该现象的原因。“溯因”一词的含义，正是就它是和事物发生的过程是相反的，是由结果到其原因或条件“倒着推”这个角度而言的。溯因推理在逻辑结构上包括以下要素：（1）观察到的待解释的现象；（2）导致待解释的现象的可能的原因或条件作为结论；（3）结论蕴涵待解释的现象，这是相对于推理者的已知的一般规律或常识（在表述中通常被省略）。如果用 P 表示观察到的待解释的现象，用 C 表示溯因推理中推测的导致现象的原因或条件，那么，溯因推理可以用下列公式表示：

P　　待解释的现象
C→P　推理者已知的一般性知识

C　　待解释的现象的原因或条件

从形式上看，溯因推理的逻辑形式与假言推理的肯定后件式具有同一逻辑形式，即从肯定蕴涵命题的后件到肯定蕴涵命题的前件，所以，这种形式不具有逻辑必然性，溯因推理的结论是或然的。

溯因推理的结论是可错的，原因在于因果联系及条件关系的复杂性。一个现象的出现总是有其原因或条件的，但原因或条件可能是多种多样的。如上例中的“幼儿发烧”现象，可能由急性肺炎引起，也可能由支气管炎、注射疫苗等原因引起。由于一果多因现象的存在，任何一个原因存在，都会有相应的结果存在；但有特定的结果，却未必每个原因都出现。基于每一个相关的因果联系或条件的一般知识，都可以推测出一个可能的原因或条件。到底哪一个可能的原因或条件是真实的呢？这就依赖于相关知识的佐证和检验。拥有与观察到的现象（结果）的因果联系或条件联系的知识越多，对相关结论检验越严格，溯因推理结论的可靠性程度越高。

运用溯因推理去猜测现象的原因或条件，所受到的逻辑规则的制约程度小，因而灵活性较大。它是一种颇具创造性的思维方法。

由于运用溯因推理所作的关于现象间因果联系或条件联系的探讨不具有必然性，在运用溯因推理时要注意两点：（1）猜测的结论和待解释的现象之间要有逻辑相关性，即从前者可以推出后者；（2）猜测的结论应是可经检验的。否则，从猜测结论中不能导出可经检验的命题，该结论就不能为解释现象提供任何说明。

二、溯因推理的应用

不能因为溯因推理是一种推测就把它与胡乱猜测混为一谈，它有科学依据。也不能因为溯因推理是可错的而否认其价值，这种推理具有实践意义。因为在生活、工作、科研中我们所能看到的往往是结果，常常需要由结果推测其产生的原因或条件。事实上，溯因推理在科学研究、天文观测、考古发掘、医疗诊断、刑事侦查等领域都有广泛的应用。

【例 2】美国生物学家沃森和克里克在解释 DNA 物质是怎样在结构上同生物学功能相适应时，运用溯因推理先得出了多个可能的结论，进而通过检验、筛选得出了正确的结论。1952 年，沃森和克里克狂热地展开了对 DNA 分子的基本形式的研究。可供选择的方案本身已缩减到两链或三链分子。他们对 DNA 物质结构方式提出了以下四种猜测：

H_1碱基朝外而糖—磷酸骨架朝内的二链式；

H_2碱基朝内而糖—磷酸骨架朝外的二链式；

H_3碱基朝外而糖—磷酸骨架朝内的三链式；

H_4碱基朝内而糖—磷酸骨架朝外的三链式。

在随后的研究中，沃森和克里克排除了 H_1、H_3和 H_4 三种猜测，保留了 H_2，找到了双链螺旋式 DNA 结构模型，即两个彼此缠绕的螺旋体，好像一种螺旋楼梯，楼梯由配对的碱基构成，糖—磷酸骨架在外侧，两条链彼此互补。这个模型完美地说明了遗传物质的遗传、生化和结构的主要特征。

在刑侦工作中，大量运用溯因推理。侦查人员总是利用对作案现场的勘察和已有的知识，通过溯因推理先对案情作出某些判断，然后再通过进一步的调查研究，逐步去验证已作出的判断。

【例 3】华裔犯罪鉴识专家李昌钰曾经侦破了一起碎木机杀人案。该案是从海莉·克拉夫兹失踪开始的。海莉·克拉夫兹是一家航空公司的空中小姐，她的丈夫理查德·克拉夫兹是另一家航空公司的飞行员。警局在接到海莉失踪的报案后立即着手调查，随着调查的展开，警方怀疑海莉被杀害，并把嫌疑对象锁定为其丈夫理查德。但理查德却矢口否认，并且通过了测谎实验。案件侦破工作陷入僵局，李昌钰受邀协助警方破案。他在听了简单的案情介绍并观看了克拉夫兹家的住房后，认为现场勘察的重点是克拉夫兹夫妇的卧室。经过他细致的观察，发现在双人床的弹簧床垫侧面表面有一小块长条状的痕迹（仅是色泽与周围略有些不同），经过一系列的实验证明这在很大程度上是被害人海莉受伤出血而留下的。据此，李昌钰判定卧室很可能是凶案现场。推断出卧室很可能是凶案现场的推导根据在于：

如果卧室是凶案现场，那么在卧室一定有作案的痕迹。

那么，发现和证明该痕迹在很大程度上是受害者受伤出血所留时，就可以溯因推得卧室有可能是凶案现场。同时，李昌钰又根据他多年的血痕鉴定经验，推断出这条血痕很可能是受害者在床边受伤后倒地的过程中形成的。这其中又包含着一个推导根据，即：

如果受害者在床边受伤后倒地，那么就会在床的边缘形成擦蹭血痕，并且形成此痕迹时与床垫外端的擦蹭角度大概为 10 度。

事实上，通过鉴定获得了这样的血痕形态，也就可以溯因推得血痕很可能是受害者在床边受伤后倒地的过程中形成的。李昌钰在此过程中始终没有把自己的推断绝对化，而是在科学检验的过程中逐渐提高推断的合理性。该案件以血痕这一线索为突破口，通过溯因推理和进一步调查取证获得侦破：失踪者海莉是被其丈夫理查德在卧室用棒球棒敲击头部致死，然后被理查德租用碎木机毁尸灭迹。

第三节 归纳推理

一、归纳推理概述

归纳推理这一概念被人们在不同意义上使用。广义的归纳推理指称所有的或然性推理，狭义的归纳推理指本节所述的这种推理类型。

归纳推理是这样一种或然性推理：由于发现某类对象中的许多个别对象都具有某种属性，而且没有发现相反的事例，从而得出该类对象中的每一个都具有这种属性的结论。

【例 1】人们早已知道，某些生物的活动是按时间的变化（昼夜交错或四季变更）来进行的，具有时间上的周期性节律，如鸡叫三遍天亮、青蛙冬眠春晓、大雁春来秋往、牵牛花破晓开放，等等。人们由此作出概括：凡生物的活动都受生物钟的支配，具有时间上的周期性节律。

这就是一个归纳推理。

如果用 S_1、S_2、……S_n 分别表示某类对象中不同的个体，用 P 表示对象所具有的属性，则归纳推理的形式表示为：

S_1 是 P，
S_2 是 P，
……
S_n 是 P，
……

所有 S 是 P

归纳推理的前提真并不能保证结论必然真。因为人们所观察到的事例是为数有限的，而且单凭观察所获得的经验是不能证明事件的必然性的。因为以往没有遇到相反的事例并不意味着相反的事例不存在，不能保证将来不会出现相反的事例；而一旦出现相反的事例，归纳推理的结论就会被推翻。事实上，人们根据归纳推理得出的许多结论后来都因遇到相反的事例而被证明是错误的。例如，在未发现澳洲有黑天鹅之前，我们一直认为“所有天鹅都是白色的”；在未发现印度有白乌鸦之前，我们一直认为“天下乌鸦一般黑”。数学家华罗庚在《数学归纳法》一书中，对归纳推理的或然性作了很好的说明：

“从一个袋子里摸出来的第一个是红玻璃球，第二个是红玻璃球，甚至第三个，第四个，第五个都是红玻璃球时，我们立刻就会猜想：‘是不是袋子里所有的球都是红玻璃球。’但是，当我们有一次摸出一个白玻璃球时，这个猜想失败了。这时，我们会出现另一个猜想：‘是不是袋里的东西全都是玻璃球。’当有一次摸出一个木球时，这个猜想又失败了。那时，我们又会出现第三个猜想：‘是不是袋里的东西都是球。’这个猜想对不对，还必须继续加以检验，要把袋里的东西全部摸出来，才能见个分晓。”①

归纳推理的客观依据问题，即人们为何能从个别经验事实得出普遍结论的问题是长久以来困惑人们的一个问题，这是认识论要解决的问题。归纳逻辑关心归纳推理是实际思维的有力工具，关心怎样才能正确地运用这种工具，得到可靠性程度较高的结论。

通常，归纳推理结论的可靠性程度与观察事例的数量、范围以及对观察对象的分析深度有直接关系。一般来说，观察的对象越多，考察的范围越广，归纳推理结论的可靠性程度越高。对观察对象的分析对于提高归纳推理结论的可靠性程度具有重要作用。例如，当观察到铜受热之后体积膨胀，铝受热之后体积膨胀，铁受热之后体积膨胀，便可运用归纳推理得出结论：所有金属受热之后都体积膨胀。在这个归纳推理得出结论的基础上，如果分析出上述物体受热之后，分子之间的凝聚力减弱，相应的分子之间的距离就会增加，从而导致体积膨胀。经过这样的分析，我们就有理由在更大的置信度上接受上述归纳推理的结论。这样的分析比起增加观察事例的数量更能提高归纳推理结论的可靠性程度。因为仅靠经验事实的累积是不能证明普遍结论的。

归纳推理的结论的可靠性程度不仅与对前提的考察范围及数量有关，还与推理结论断定的普遍性程度有关。结论断定的普遍性程度越低，其可靠性就越高；结论断定的普遍性程度

① 华罗庚：《数学归纳法》，上海教育出版社 1963 年版，第 8 页。

越高，其可靠性就越低。如上例得出的“生物活动都具有时间上的周期性节律”这一结论，是一个普遍性程度非常高的结论，范围涵盖了所有生物，这样的结论出错的可能性是非常大的。如果得出的结论是“动物活动都具有时间上的周期性节律”，后者涵盖的范围小于前者，得到前提的支持程度就要高于前者，即后者结论的可靠性程度要高于前者。再如，在关于“铜、铝、铁”的例子中，我们既可以将观察对象归入“金属”一类，也可以将观察对象归入“固体”一类。我们可以得出“所有金属受热之后都体积膨胀”的结论，也可以得出“所有固体受热之后都体积膨胀”的结论。后一结论比前一结论断定的普遍性程度更高，但得到前提的支持要弱于前一结论。

运用归纳推理，要正确对待相反事例。所谓“相反事例”，即不具有归纳推理结论所断言的性质的事例，与结论相矛盾的事例。一旦出现反例，结论就会被推翻，反例的出现与否决定归纳推理的命运。科学地运用归纳推理需要积极寻找与猜想相矛盾的事例。科学家们总是寻求一种决定性的判断，寻找机会推翻猜想，而且这样的机会越多他们越欢迎。假如威胁猜想甚至会推翻猜想的情形，最后经检验又和猜想相一致，那么，这个猜想的可靠性就会大大提高；如果反例真实而且数量很多，还可以由此归纳出与最初的猜想相反的结论。因而反例可以帮助我们修改或变更结论。积极寻找反例并引用它们来检验、修正结论是科学地运用归纳推理所应有的智识。

在运用归纳推理时，如果不注意扩大考察对象的范围，不注意结论断定的内容的多少，又不注意可能出现的相反事例，就作出一般性结论，其结论的可靠性就低，这样运用归纳推理就容易犯“轻率概括”“以偏概全”的错误。

【例 2】1936 年，美国《文艺文摘》对罗斯福和兰顿竞选总统进行民意调查。调查者打电话给 10 000 个美国选民，问他们在即将来临的总统选举中打算怎样投票。调查的样本包括各种回答者，他们来自各个州，有农村的和城镇的，有男人和女人。民意调查预示阿尔弗雷德·兰顿将彻底击败富兰克林·罗斯福。然而，事实上罗斯福却取得了压倒性的胜利。其原因是调查者通过打电话进行的调查，调查样本只代表了那时能够安装电话的人，而当时电话的普及率远没有现在这样高。

这样的归纳就是“以偏概全”。该调查的对象从数量上看似乎很多，调查的范围似乎也很广，但在当时拥有电话的人群并不具有代表性，由拥有电话的选民的观点推广到所有选民，显然是有失偏颇的，其结论的可靠性程度很低。

归纳推理还有一种特殊情形，称为完全归纳推理，其推理形式表示为：

S_1是 P，

S_2是 P，

……

S_n是 P，

S_1、S_2、……S_n是 S 类的全部分子，

————————————————

所有 S 是 P。

【例 3】欧洲有矿藏，

亚洲有矿藏，

非洲有矿藏，
北美洲有矿藏，
南美洲有矿藏，
大洋洲有矿藏，
南极洲有矿藏，
欧洲，亚洲，非洲，北美洲，南美洲，大洋洲，南极洲是地球上的全部大洲，
所以，地球上所有大洲都有矿藏。

上例就是一个运用完全归纳推理的实例。由于完全归纳推理考察了某类对象中的每个对象而无例外，只要前提真则结论必真。所以，就前提和结论之间联系的性质而言，它属于演绎推理。由于完全归纳推理只有在研究对象确定而且数目有限时才可以采用，所以适用的范围是有限的，实践意义不大。实际思维中大量运用的是前面所述的不完全的归纳推理。本节所述的归纳推理指的是不完全归纳推理。

二、归纳推理的应用

进行归纳是人们日常生活的一种思维习惯，人们的日常生活离不开归纳推理。例如，人们在长期的生活实践中总结积累了很多生活常识，表达为关于生活各个方面的谚语。如“瑞雪兆丰年”“础润而雨，月晕而风”“鸟低飞，披蓑衣”等都是关于气象方面的。这些谚语都是人们根据生活中多次重复的事例，归纳概括出来，以便指导今后的生活。

归纳推理是科学研究中常用的推理形式。因为科学规律往往是以全称命题来表述的，而全称命题又往往是从各个个别命题中归纳而来的。可以说，科学离不开归纳。归纳推理反映了科学研究最一般的过程：我们观察到某类事物中一部分具有某种属性，同时又没有观察到反例，从而推断该类事物的全体都具有这一属性，由此形成全称形式的科学定理或定律。

【例 4】1827 年，英国的植物学家布朗在用显微镜研究植物的花粉粒子浸在水中的形状时，发现这些粒子都在做不规则的运动。后来，他又发现植物叶子的微粒在水中也会运动，甚至如玻璃、烟灰、泥土等无生命的物体的微粒也会在水上做不规则的运动。经过三个月的反复和细微的观察后，布朗作出结论：凡是能漂在水上的微粒都会做不规则的运动。

上述实例就是科学研究中常见的一个研究过程：首先观察个别事实，然后逐步积累相关知识，概括出一般性的结论，最后上升到理论形态。但是，上升到理论形态的结论是否正确，还需要在实践中不断检验、修正。

第四节 探求因果联系的方法

一、探求因果联系的方法概述

探求因果联系的方法，是指通过两类现象的个别事例来探求两类现象之间的因果联系的方法。为了学习探求因果联系的方法，首先要弄清楚什么是因果联系。

因果联系是世界万物间普遍联系的一个方面，也许是其中最重要的方面。如果某个现象的存在必然引起另一个现象发生，那么，这两个现象之间就具有因果联系。其中，引起某一

现象产生的现象叫作原因，被某一现象引起的现象叫作结果。例如，物体摩擦就会产生热量。“摩擦”和“生热”之间存在因果关系。其中，“摩擦”是“生热”的原因，“生热”是“摩擦”引起的结果。科学的一个重要任务就是把握事物之间的因果联系，以便掌握事物发生、发展的规律。

因果联系具有以下主要特征：

第一，普遍性。指任何现象都有它产生的原因，也有它所产生的结果，原因和结果总是如影随形、恒常伴随的。没有无因之果，也没有无果之因。但是，因果联系又是具体的、特定的，不是任何两个现象之间都存在因果联系。例如，认为某一自然灾害的发生和社会动荡之间有什么因果联系，这是没有根据的。即使是先后相继的现象之间，也并不一定存在因果关系。例如，电闪和雷鸣先后相继，但电闪并不是雷鸣的原因，两者有一个共同的原因：带电的云块之间的相互碰撞。

第二，确定性。这种确定性在质的方面表现为：在一定条件下，特定的原因会产生特定的结果。例如，在标准的大气压下，水的温度上升到100℃以上就会变成蒸气。因果联系的确定性在量的方面表现为：当原因发生一定量的变化时，结果也随之发生相应量的变化。例如，在标准大气压下，当水温上升到100℃之后，随着温度的升高，水变成蒸气的量也随之增大。

因果联系的知识在应用上十分重要。人们为了使追求的特定结果产生，总是先促成导致它的特定原因发生。如农民为了获得丰收而追求充足的阳光、适量的水分等。为了排除有害的结果，人们总是努力消除产生它的原因。如医生为了治病救人而遏制或消除某种病菌。司法实践中也大量运用因果联系的知识。如要使被告承担法律责任，就必须证明其违法事实与特定的危害结果之间存在因果关系。

正因为因果联系的普遍存在和大量应用，关于因果联系的认识就举足轻重。因果关系的上述特点为我们寻找因果关系提供了向导和依据。因果联系往往是先后相继的，人们在探寻因果联系时，就应该在被研究现象出现之前存在的各个情况中去寻求它的原因。这种在某个现象之前存在的情况叫作“先行情况”。人们也必须在被研究现象出现之后才出现的各个情况中去寻求它的结果。这种在某个现象之后出现的情况叫作“后行情况”。在以后的论述中我们将“先行情况”和“后行情况”统称为“有关情况”。因果联系不仅表现在质的方面，而且表现在量的方面，人们还从被研究现象量的变化和有关情况相应量的变化之间去寻求因果联系。由于因果联系是复杂多样的，在各个不同的领域，都有各自不同的探求因果联系的方法。

二、求因果联系五法

求因果联系五法是五种比较简单的但具有普遍意义的方法。其基本思路是：考察被研究现象出现的一些场合，在它的先行情况或恒常伴随的现象中去寻找它的可能的原因，然后有选择地安排某些事例或实验，排除一些不相干的现象或假设，最后得到比较可靠的结论。求因果联系五法包括求同法、求异法、求同求异并用法、共变法和剩余法这五种方法。这些方法是英国逻辑学家、法学家斯图加特·密尔所总结出来的，所以又称“密尔五法”。从逻辑的角度看，这五种方法都是探求因果联系的归纳推理。

（一）求同法

求同法是这样探求因果联系的：考察被研究现象出现的若干场合，如果其他有关情况都不相同，只有一个情况是共同的，那就得出结论，这个唯一相同的情况与被研究现象之间有因果联系。

求同法可以用公式表示如下：

场合	有关情况	被研究现象
(1)	A、B、C……	a
(2)	A、B、D……	a
(3)	A、C、E……	a
	……	

A与a之间有因果联系

上述公式中，以场合（1）为例，它表示某个具体的场合，在这个场合中，情况A、B、C…… 出现，现象a也出现。

如前所述，因果联系是先后相继的。如果情况A是现象a的原因，那么，情况A在先，现象a随后出现。据此，在现象a出现的场合中如果没有情况A出现，那么，可以断定：A和a之间没有因果联系。在上述公式中，场合（1）说明情况A、B、C……引起现象a；场合（2）说明情况C不是现象a的原因，因为这个场合C不出现但是现象a却出现了；场合（3）说明情况B不是现象a的原因，因为在这个场合中，情况B不出现但是现象a却出现了。比较三个场合，我们便得出结论：情况A与现象a之间有因果联系。

【例1】人们发现用不同材料制作、具有不同形状的摆，只要摆的长度相同，他们摆动时振动周期就相同，于是推断，摆长是摆动周期相同的原因。

上例中“摆长相同”是所考察的“摆动周期相同”的不同场合共同出现的因素，因此确定“摆长”与“摆动周期”之间有因果联系，这是运用求同法的体现。

通过几个被研究现象出现的场合中都缺少某种情况，我们也可以运用求同法，得出该情况与被研究现象之间有因果联系。

【例2】20世纪初，科学家为了了解甲状腺肿大的原因，对这种疾病流行的地区进行了调查研究，结果发现这些地区的人口、气候、地理位置等各不相同，但有一个共同情况，就是这些地区饮水中、土壤和水流中都缺碘。由此，科学家得出结论：缺碘是引起甲状腺肿大的原因。

科学家在考察甲状腺病流行的地区时，发现了这些地区出现的共同因素是“缺碘”，所以缺乏这一情况很可能与被研究问题有因果联系，这是求同法的运用。

求同法的特点是异中求同。在被研究的现象出现的几个场合中，其他有关情况都不相同，只有一个是相同的，从而得出结论：该情况与被研究现象之间有因果联系。

运用求同法获得的结论不必然为真。因为在观察到的几个场合中的那个共同情况，可能和所研究的现象毫无关系。还有，在观察到的几个场合中，可能包含被忽视的共同的有关情况，而这个被忽视的共同情况可能恰恰与被研究的现象之间有因果联系。

【例3】许多年以前，一些英国的细菌学家将乙基间苯二酚溶于丙烯乙二醇溶液中，制成混合液，用来进行消毒空气的实验。他们在广泛的实验中发现，在取得最好消毒效果的各种不同场合中，使用了乙基间苯二酚杀菌剂这一情况是共同的。因此，他们认为乙基间苯二酚是当时效果最好的空气灭菌剂。由于这次研究提出了运用这种方法防止空气传播疾病的可能，引起了人们很大的兴趣。可是，当其他人继续这项实验时，却发现上述用来进行空气消毒的混合液之所以特别有效，是由于丙烯乙二醇而不是乙基间苯二酚。

在实际生活和科学研究中，背景知识的缺乏以及科研条件的不足，有可能使我们不能恰当地选择相关情况或者把真正的原因当作不相关情况而忽略。为了提高求同法得出结论的归纳强度，要对各个场合中的共同情况加以分析，不仅要注意各场合中是否还有其他共同情况，也要注意各场合中唯一的共同情况是否的确与被研究的现象有因果联系。另外，要尽量增加可以比较的场合。观察的场合越多，结论的归纳强度越高。

（二）求异法

求异法是这样探求因果联系的：如果在被研究的现象出现和不出现的两个场合中，其他有关情况都相同，只有一个情况不同，该情况在被研究现象出现的场合出现，在被研究现象不出现的场合也不出现，那就得出该情况与被研究现象之间有因果联系的结论。

求异法可以用公式表示如下：

场合	有关情况	被研究现象
（1）	A、B、C	a
（2）	–、B、C	–

A 与 a 之间有因果联系

上述公式中的“–”表示某情况或某现象不出现。场合（1）说明 A、B、C 是 a 的原因，场合（2）说明 B、C 不是 a 的原因，因为情况 B、C 出现而现象 a 在这个场合不出现。比较场合（1）和场合（2）便可得出结论：情况 A 是现象 a 的原因。

【例 4】上海交通大学教授赵立平领导的实验室在临床研究中发现，有一种可以产生内毒素的条件致病菌，在一个体重达 175 千克的肥胖患者肠道里过度生长，占到总菌量的三分之一之多。经过一种特殊设计的营养配方干预以后，这种病菌数量很快下降到检测不出来的水平，患者的体重在将近半年里下降了 51.4 千克，高血糖、高血压和高血脂等症状也消失了。该实验室得出结论：肠道内条件致病菌的过度生长导致人体肥胖，并进一步提出了肠道菌群参与人体肥胖、糖尿病发生、发展的“慢性病的肠源性学说”。

赵立平领导的实验室比较了一个肥胖病人肠道内条件致病菌数量前后的变化情况，得出条件致病菌与人体肥胖有因果联系的结论，运用的就是求异法。

求异法的特点是同中求异。在被研究现象出现和不出现的两个场合中，其他有关情况都相同，只有一个先行情况不同，从而断定这种情况和被研究的现象之间有因果联系。由于求异法考察了被研究现象出现和不出现的正、反两个场合，而且要求除了正面场合中有某一情况而反面场合没有这一情况外，其他情况都相同。求异法对考察场合的要求是非常严格的，因而求异法得出结论的可靠性较高。这样严格的条件在实际生活中很难碰到，但在科学实验中却可以做到。求异法在科学研究中被广泛运用，科学实验中的对比试验的理论根据就是求异法。

【例 5】为了探究黄热病是否由带病毒的蚊子传播，科研人员设计了这样一个实验：在两间蚊子没法进入的房屋中，分别放置了黄热病人睡过的床单、用过的脸盆等器具，这些东西都染有黄热病人的呕吐物。这两个房间唯一不同的是其中一个房间里放置了叮咬过黄热病人的蚊子，另一个房间则没有。然后让两个身体状况相同的志愿者分别进入这两个房间起居生活，而且这两个志愿者被证明对黄热病没有免疫力。结果，几天以后，有蚊子的房间里的志愿者染上了黄热病，而没有蚊子的房间里的志愿者没有染上黄热病。由此得出结论：黄热病是由带病毒的蚊子传播的。

运用求异法获得的结论也是或然的，是有可能出错的。主要原因是“唯一不同的情况”找不准。在实验或考察中，很可能所确定的这个唯一不同的情况与被研究的现象之间并无实质联系。在这种情形下，即使在正、反两个场合中只找到一种情况不同，该情况和被研究的现象之间也没有因果联系。

【例 6】在对离体的青蛙心脏进行实验时，生理学家通常使用生理盐水作为灌注液。用这种方法可使青蛙的心脏继续保持约半小时的跳动。一次，在伦敦大学医院，生理学家格林发现他做实验用的青蛙心脏连续跳动了好几个小时，他非常惊讶。为了找到青蛙心脏跳动时间延长的原因，他分析了这次实验和以前的实验，他能想到的唯一可能的原因是季节的影响，因为似乎只有这一点才是前后实验之间的区别。于是他把这一结论写进实验报告。但后来他又发现，他的实验助手在后面这次实验中制作盐水溶液时，用的不是蒸馏水而是自来水。根据这条线索，他又断定是自来水中含有的某些微量元素引起青蛙的心脏跳动时间延长。后来的多次试验证明，格林的第二个结论是正确的。

格林的第一个结论之所以错误，就是由于在考察前后实验的场合时，没有找准确各个场合中“唯一不同的情况”。所以，在运用求异法时，为了提高结论的可靠性程度，要注意分析两个场合中有无其他差异情况，以便在确定其他情况都相同的基础上，真正确定“唯一不同的情况”。

（三）求同求异并用法

求同求异并用法是这样探求因果联系的：如果在被研究现象出现的几个场合中有某一情况出现，而在被研究现象不出现的几个场合中都没有这个情况出现，那就得出结论，该情况与被研究的现象之间有因果联系。

求同求异并用法可以用公式表示如下：

	场合	有关情况	被研究现象
第一组	（1）	A、B、C……	a
	（2）	A、B、D……	a
	（3）	A、C、E……	a
		……	
第二组	（1）	B、C、E……	–
	（2）	C、D、F……	–
	（3）	E、G、H……	–
		……	

A 与 a 之间有因果联系

【例 7】长期生活在海水中的鱼，尽管置身于咸水之中，而鱼肉却不是咸的，这是为什么呢？科学家们考察了海水中的鱼，发现它们在种类、体型、大小等方面都各不相同，但它们的鳃片上都有一个能排盐的特殊构造——氯化物分泌细胞组织。科学家们又考察了生活在淡水中的鱼，发现无论种类、体型、大小，各种不同的淡水鱼都没有这种氯化物分泌细胞组织。由此可见，氯化物分泌细胞组织能够排出海水中的盐分，具有氯化物分泌细胞组织是海水鱼长期生活于咸水之中而肉质不咸的原因。

科学家得出这一结论运用的就是求同求异并用法。

求同求异并用法的特点是考察了两组场合，一组是被研究现象出现的正面场合，一组是被研究现象不出现的反面场合；而求异法考察的是正反两个场合。通过对两组对象的考察，分析相同的情况，区别不同的情况，从而确定因果联系。具体来说，这一思维过程可以分为三步：第一步，考察被研究现象出现的一组场合，都有一个共同情况出现，这是一次求同。如上例中各种不同的海水鱼的鳃片上都有氯化物分泌细胞组织。第二步，考察被研究现象不出现的一组场合，都没有这种情况，这又是一次求同。如上例中各种不同的淡水鱼都没有这种氯化物分泌细胞组织。第三步，将上面考察的两组情况进行对比分析，发现被研究现象出现的场合都有某种情况出现，被研究现象不出现的场合都没有该种情况出现，这里运用的是一次求异。从而得出结论：该情况与被研究的现象之间有因果联系。如上例中的结论："氯化物分泌细胞组织能够排出海水中的盐分。"所以，求同求异并用法是运用了两次求同和一次求异得出结论的。

求同求异并用法不同于求同法和求异法的相继运用。这里的"求同求异"和求同法、求异法中的"求同""求异"不是在完全相同的意义上使用的。这里的"求同"是一次正面场合的求同，一次反面场合的求同；这里的"求异"也不像求异法中那样要求严格控制两个场合的情况，使得除了一个不同以外，其他都必须相同。所以，求同求异并用法运用起来往往比求异法更简单。在社会实践中，求同求异并用法比求异法得到更广泛的应用。在刑侦工作中，侦查人员常常运用这一方法寻找案情发生的因果联系。

【例 8】2012 年某县某乡村小学发生一起小学生集体中毒事件。该小学共 50 余名小学生在食用了学校免费提供的"营养餐"之后出现了恶心、呕吐、昏迷等中毒反应。经查证，该小学为孩子们提供两种类型的营养餐，一种是牛奶配面包，一种是豆浆配面包，由孩子们自选。凡是出现恶心、呕吐、昏迷反应的小学生均食用了"牛奶配面包"的营养餐，凡是食用了"豆浆配面包"的小学生均没有不良反应。警方据此推测：问题出在牛奶中。警方对剩下的牛奶进行检验，发现其中含有有毒物质呋喃丹。

运用求同求异并用法获得的结论也是或然的。与求异法一样，人们在考察相关情况时，可能忽视本是相关的情形。

【例 9】曾经有一个学生，每当上课时就头痛，而不上课就没有该症状。他就断定：上课是自己头痛的原因。但经医生检查，他有一副对自己不合适的近视眼镜，而且只有在上课时他才戴眼镜。实际上，不合适的眼镜才是他头痛的原因。

这个学生给自己的头痛寻找原因时用的是求同求异并用法，但他并没有准确地找到原因。

在运用求同求异并用法时应尽量在每组中考察更多的场合。因为所考察的场合越多，偶然、凑巧的情形就越容易被排除。另外，被研究现象不出现的那一组应尽量与被研究现象出现的场合相类似，以便两组场合进行比较。否则，被研究现象不出现的场合是大量的，但它们对于寻求因果联系的工作往往没有意义。

（四）共变法

共变法是这样探求因果联系的：如果在被研究现象发生变化的几个场合中，其他有关情况都不变化，唯有一种情况相应地发生变化，那就得出这种相应变化的情况与被研究现象之间有因果联系的结论。

共变法可以用公式表示如下：

场合	有关情况	被研究现象
（1）	A_1、B、C……	a_1
（2）	A_2、B、C……	a_2
（3）	A_3、B、C……	a_3
	……	

A与a之间有因果联系

在上述公式中，“a_1、a_2、a_3”和“A_1、A_2、A_3”分别表示被研究现象和某有关情况在不同场合中量上有变化。

前面介绍的三种求因果联系的方法要求考察被研究现象“出现”或“不出现”的情形。但很多时候被研究现象并不能处于纯粹的“出现”或“不出现”状态，如海洋的潮汐、黄金的价格、人的血压、犯罪率等。在寻求诸如这类事物的因果联系时，往往需要使用共变法。密尔自己举的应用这个方法的例子是关于海洋潮汐与月亮引力之间关系的推理。密尔提出：我们既不能把月亮移开以便确定这样做是否把潮汐也一起消除了；我们也不能证明月亮的出现是否伴随潮汐的唯一现象，因为与此同时总有星星出现，我们也不能把星星移走。但我们却能证明，潮汐随月亮的变化而变化。即月亮位置的变化总是引起潮汐时间、地点的变化。每次潮汐都有下述两件事之一出现：或者月亮在离潮汐出现的地方最近的位置上，或者月亮在离潮汐出现的地方最远的位置上。因而，我们得出结论：月亮是（或部分是）引起海洋潮汐现象的原因。

共变关系有同向共变和异向共变两种。所谓同向共变是指，如果原因作用的量一直递增，那么结果即被研究现象的量也随之递增。

【例10】在英国伦敦举行过一次关于船舶遇难后，落水的人在水中最多能坚持多长时间的学术讨论会。讨论的结果是，人在水中坚持的时间与水的温度有关。讨论会提供的数据是：当水温为0℃时，人可以在水中坚持15分钟；当水温为2.5℃时，人可以坚持30分钟；当水温为5℃时，人可以在水中坚持1个小时；当水温为10℃时，人可以在水中坚持3个小时；当水温为25℃时，人可以在水中活一昼夜以上。由此得出的结论是：水的温度越高，人在水中坚持的时间越长。

异向共变是指，如果原因作用的量一直递增，那么结果的量随之递减。

【例11】英国一个医学研究会，根据英国12个城市在三十年间水的硬度发生变化的情况，作了关于心脏病死亡率的研究报告。报告中谈道：在饮用水变硬的地方，心血管病的死亡率逐渐下降；而在饮用水变软的地方，心血管病的死亡率逐渐上升。由此，他们得出结论：饮用软水可能是患心脏病死亡的一个原因。

共变法的共变关系有时始终是同向的，有时始终是异向的；有时共变有一定的界限，到了临界点，共变关系就会消失，或者会发生反变。例如，科学家在研究低温下某些导体的性质时发现，在其他条件都不变的情况下，导体的电阻随导体温度的下降而减小，当温度下降到某一值时，导体的电阻突然消失，这就是超导现象。再如前述实例中得出的“水的温度”和“人在水中坚持的时间”之间的共变关系，并不是持续同向共变的，而是有临界点的，当到了临界点就会发生反变，随着水温的升高，人在水中能够停留的时间会逐渐变短。

共变法有其他求因果联系方法不可替代的作用。在社会生活或科学实验中，有些被研究现象不易或无法控制到“不出现”的状态，这时就不能使用求异法或求同求异并用法，因为这两种方法要求至少有一个场合被研究现象不出现；当不易或无法控制到“不出现”状态的有关情况较多时，就不能用求同法。在上述情况下，我们却可以使用共变法，使那些不易消除或无法消除的现象的属性发生数量或程度上的变化，从而确定它们之间的因果联系。

在日常生活和生产实践中，共变法被人们广泛地使用着。许多仪表如体温表、气压表、水表以及电表等都是根据共变法的原理制成的。人们运用共变法也发现了许多事物之间的因果联系。如抽烟与肺癌之间的因果联系、饮酒与肝硬化之间的因果联系。

运用共变法得出的结论是可错的，因为并不是任何有共变关系的现象间都有因果联系。在运用共变法时，我们要注意与被研究现象发生共变的情况是不是唯一的。如果除了我们注意到的情况外，还有其他与被研究现象共变的情况，而我们没有加以考察，那么，我们所得出结论的可靠性程度就降低了。

（五）剩余法

剩余法是这样探求因果联系的：如果已知某一复合现象与另一复合现象之间有因果联系，又知前一现象中某一部分和后一现象中某一部分之间有因果联系，那就得出前一现象的剩余部分和后一现象的剩余部分之间有因果联系的结论。

剩余法可以用公式表示如下：

A、B、C……与 a、b、c……之间有因果联系；
B 与 b 之间有因果联系；
C 与 c 之间有因果联系；
……

A 与 a 之间有因果关系

剩余法在某些科学领域，如天文学、物理学、化学等领域非常有用，历史上有很多应用剩余法成功的著名实例。

【例 12】根据牛顿万有引力定律，人们能预测任何行星在任何时候的准确位置。19 世纪 40 年代，天文学家计算出当时已知的各个天体对天王星的影响，从而计算出天王星的运行轨道。但是，根据观察，天王星实际运行轨道与计算出的运行轨道不符，而这一偏差不能归为计算误差。法国天文学家勒费里埃提出：天王星轨道的偏差是由某个尚未发现的天体的万有引力的影响所致。他还依据这种假设计算出了这个尚未发现的天体的位置。后来，果然在他预测的这个位置上发现了这颗新的行星——海王星（后来又用同样的方法发现了冥王星）。

【例 13】科学家早已知道，每种化学元素都有自己特定的光谱。1868 年，简孙和罗克耶尔在研究太阳光谱时发现，太阳光谱中有一条红线，一条青绿线，一条蓝线和一条黄线。红线、青绿线、蓝线是氢的光谱，而黄线表明什么呢？在当时已知的元素中，没有一种元素的光谱里有这样的黄线。于是他们推测，这条黄线是某种未知的天体物质的光谱。后来，果然发现了这种新的物质。他们把这种新发现的物质叫作氦。

尽管剩余法在科学领域的应用有许多成功的实例，但运用剩余法获得的结论不是必然的，是可错的。因为在复合情况 A、B、C……和复合现象 a、b、c……之间，必须能确定 B、C……和 b、c……之间有因果联系，而且剩余部分的结果 a 不可能由 B、C……引起。若剩余部分也是由 B、C……之一或共同作用而引起的，则关于 A 与 a 之间有因果联系的结论就是错误的。

剩余法一般被用来判明事物之间复杂的因果关系，而且必须在判明了被研究对象的全部原因中的一部分原因的基础上才能使用。因此，要在运用其他几种求因果联系方法的基础上使用。

在运用剩余法时还应注意，剩余部分的结果可能不是由单一原因引起的，而有可能是由复合原因引起的。

【例 14】法国科学家贝克勒尔发现铀具有放射性后，居里夫妇根据某些沥青铀矿样品的放射性比纯铀的放射性要大的事实，提出这些样品中一定还存在未知的放射性元素。但是，实际上样品中的未知的放射性元素不止一种。1898 年 7 月，他们从沥青矿中发现一种新的放射性元素，命名为钋。但是，经过多次实验，他们发现沥青中的放射性比铀和钋要强得多，他们推测沥青矿中还有一种未知的放射性元素。经过四年的艰辛实验，他们终于从 7 吨沥青铀矿中提炼出了 0.12 克新的放射性元素——镭。

探求因果联系的五种方法是人类认识和发现过程中的有效工具。求同法，可以根据若干不同场合中仅有的一种共同情况来推论该情况与被研究现象之间有因果联系；求异法，可以运用于人工控制的实验过程，人工实验可以选择、控制正、反两个场合，还可以重复进行，因而求异法的结论比求同法的结论可靠性程度高；求同求异并用法，既吸取了求同法与求异法的优点，也在正、反事例组中扩大了考察场合，这些都有助于提高结论的可靠性程度；共变法，可以依据现象之间一定量的共变关系进行定量分析，是其他方法所不可替代的一种方法；剩余法，渗透着选言推理否定肯定式的要求，所以这一结论的可靠性程度是较高的。

第五节　类比推理

一、类比推理概述

类比推理是根据两个或两类事物在某些属性上相同，从而推出它们在其他属性上也相同的推理。

如果用 A、B 分别表示两个或两类不同的事物，用 a_1、a_2、……a_n 分别表示几个不同的属性，类比推理的形式可以表示为：

A 有属性 a_1、a_2……a_n，b
B 有属性 a_1、a_2……a_n
―――――――――――――――
B 也有属性 b

【例 1】罗马体育馆的设计师分析研究了人的头盖骨的结构和功能。他发现，人的头盖骨由 8 块骨片组成，形薄、体轻，但却比较坚固，有很强的抗冲击能力。他在体育馆的设计中，用 1620 块形薄、体轻的构件组成颅形，作为体育馆的屋顶。按照这种设计施工，结果证明其结构是坚固的，达到了预期的效果。

罗马体育馆的设计师在从事这项设计工作时，就是在体育馆屋顶的结构和人头盖骨的结构和功能之间进行类比，既然体育馆的屋顶设计成类似于人的头盖骨的结构，人的头盖骨比较坚固，那么就可得出“体育馆的屋顶也应是坚固的”这一结论。

类比推理的结论是或然的。类比推理的客观依据是事物之间的同一性和相似性。正是由于事物的同一性、相似性，人们才能对事物进行概括，形成类概念，才能对事物作出比较，进行类推。然而，事物之间除了同一性、相似性，还存在差异性。虽然事物在某些属性上相同或相似，但无法保证它们在另一属性上也相同或相似。如果上述公式中的属性 b 恰好是事物 A 和事物 B 之间的差异，那么类比推理的结论就是错误的。

类比结论的可信服性程度取决于许多因素，例如两个或两类事物之间相同或相似属性的数量、它们之间相似方面的相关性、它们之间不相似方面的相关性。前提中两类事物间的相同或相似属性越多，结论的可信服性越高；类比对象间的相同属性（a_1、a_2……a_n）与类推属性（b）之间关系越密切，结论的可信服性越高；它们之间不相似方面是本质的还是非本质的，如果是本质的不相似，那就不能由此得出结论。其中最重要的是它们之间的已知相同或相似属性与推出属性之间的相关程度。只有推出属性与前提中的相同或相似属性之间有本质上的联系时，结论才会是可信服性高的。否则，仅依据两种事物外在的相似而推出其他属性也相似便容易得出错误的结论。

【例 2】20 世纪中期，有些科学家将火星和地球作类比，发现二者有许多相似的特征，如二者都是太阳系的行星、都有大气层、在一年中都有季节的变化，而且火星上大部分时间的温度适宜地球上某些已知生物的生存。而地球上有生物，从而推测火星上也有生物。

但是，当科学家作出这一类比推理的时候却忽视了火星和地球的本质差异，如至今并没有找到火星上有水存在的直接证据，而这一点是生物能够生存的必要条件。所以，这一类比推理的结论是不能得出的。

类比推理是通过对事物间的类比而得出结论，但类比不是类比推理。类比只是借助于事物间的某种相似性进行比较，以提出某种观点，或说明某种道理，但并没有以此为前提逻辑地得出新结论，因而不是类比推理。例如：

【例 3】(1)“金无足赤，人无完人。”

(2)“铁不用会生锈，水不流会发臭，人的智慧不用就会枯萎。”

在日常生活中，常常有人将两类毫无关系的事物放在一起比较，得出某种关于人生的道理。这一类言辞将两个或多个对象进行某种比较，这样的表述在修辞上比较形象、生动，往往也容易获得共鸣，但很难说“金”和“人”之间、“铁”“水”和“人”之间性质上有什么共同之处，在逻辑上有什么联系。特别需要指出的是，这一类言辞只是将两个或多个对象放在一起加以比较，并没有由此推出了什么结论。所以，这一类言辞不是类比推理，仅仅是类比。

类比推理也不同于语言表达中的比喻。比喻只是用具体的、为人熟知的知识去说明抽象的、深奥的道理，使人们容易理解和接受。比喻也没有推出新的结论，因而不是推理。

【例 4】一次，有人问笛卡尔："你学问那样广博，为什么还感叹自己的无知呢?"

笛卡尔说："哲学家芝诺不是解释过吗? 他曾画了一个圆圈，圆圈内是已掌握的知识，圆圈外是浩瀚无边的未知数。知识越多，圆圈越大，圆周也自然越长，这样它的边沿与外界空白的接触面也越大，因此未知部分当然显得更多了。"

笛卡尔在这里借用芝诺的比喻，用圆圈的大小比作拥有知识的多少，形象地解释了自己的谦虚。

二、类比推理的应用

类比推理在人们的认识中具有重要的意义。类比推理是人们在原有知识基础上扩展新知识的一种有用的方法，它能够使人们的认识从一个领域跳跃到另一个不同的领域。它可以启迪思维、开阔视野、提供线索，起到举一反三、触类旁通的作用。因此，类比推理是一种富有创造性的推理。历史上很多学者都对类比推理作出了很高的评价。如天文学家开普勒（Kepler）说过："我珍视类比胜于任何别的东西，它是我最可信赖的老师，它能揭示自然界的秘密。"[①] 康德（Kant）说过："每当理智缺乏可靠的思路时，类比这个方法往往能指引我们前进。"[②] 黑格尔（Hegel）则把类比推理誉为人类"理性的本能"，评价类比推理"在经验科学史上占有很高的地位"[③]。

在人们的日常生活和工作中类比推理的应用非常普遍。例如，当你所买的一双鞋穿起来很舒适，你下次买鞋很可能还会买同一品牌、同一号码的鞋，而且预测新买的鞋穿起来也会很舒适；根据同样的思维活动，人们会去购买同一作者的新书，因为该作者的其他作品让你受益；又如，某家电企业通过抽样调研测算出某中等城市的彩电年销售增长率为 4%，因此预测其他中等城市的年销售增长率也为 4%，从而作出下一年的生产销售计划。

在科学研究中，科学家在探索未知领域的事物及其性质的时候，往往借助类比推理获得创造性的启发和灵感，找到解决难题之道。不但在经验科学中如此，在理论科学中，甚至形式科学中也是如此。例如，在理论物理学中，卢瑟福（Rutherford）的原子模型就是根据太阳系行星模型推出来的；惠更斯（Huygens）的光的波动说是根据水波、声波的理论推出来的；数学家由三维空间有某些性质，推出 n 维空间也有这些性质。所以在某种程度上我们可以说，类比推理是新思想和新发现永不枯竭的源泉。

在现代科学中，模拟方法是一种重要的理论，即在实验室中模拟在自然界中出现的某些现象或过程，构造出相应的模型，从模型中探讨其规律。模拟方法的理论原理就是类比推理。

---

① ［匈］贝拉·弗格拉希：《逻辑学》，刘丕坤译，生活·读书·新知三联书店 1979 年版，第 317 页。

② ［德］康德：《宇宙发展史概论》，上海外国自然科学哲学著作编译组译，上海人民出版社 1972 年版，第 147 页。

③ 张铁声：《相似论——相似、同构、认知》，江苏科学技术出版社 1995 年版，第 181 页。

而仿生学的出现则是应用模拟方法的结果。仿生学是研究如何通过模仿生物的构造和功能原理来研制机械或各种新技术的科学技术。通过模拟生物的某些器官的构造，以期达到对其功能的模拟的目的。

【例 5】响尾蛇的鼻孔和眼睛之间有一个奇妙的感官——颊窝，颊窝被一片薄膜分成里外两部分，外面有一小孔通空气。这片薄膜上密密麻麻地布满了敏感的神经末梢，周围物体发生千分之一度的温差变化，响尾蛇都能觉察到。武器设计家以响尾蛇颊窝为原型，成功地设计和构造了响尾蛇颊窝的模型——热定位器。因为航空器的发动机在飞行中总要散发大量的热量，所以如果在导弹上安装上这种热定位器装置，导弹即能自动跟踪敌机，直至击毁敌机。

热定位器的发明，就是武器设计家对响尾蛇颊窝的结构的模拟，设计出类似结构的机器，以达到对其功能的模拟。自从仿生学出现后，各个领域的发明家发明出了很多非常有用的机器或装置，如：根据鹤的体态设计出了掘土机的悬臂；从毒气战幸存的野猪身上获得启示，模仿野猪的鼻子设计出了防毒面具；从蜘蛛、蚕等昆虫具有吐丝的能力受到启发发明了人造丝；等等。其中，对人类生活影响最广泛、最深远的可能就是计算机的发明了。

类比推理还有一个作用是其他推理无法替代的。有时人们不便或不可能对某个领域的对象进行研究，就研究相关相似领域的对象，然后进行类比推理。例如，医药学家要对某种有毒性的新药进行药理实验，以考察它对人类某种疾病的治疗作用。由于医疗道德等因素，医药学家不能一开始就对病人进行实验，所以，通常就用白鼠、猴子、大猩猩等做实验，然后通过类比推理来推断对人类疾病的疗效。

类比推理不仅是一种认识、发现的方法，也是理论证明的有用的方法。例如，伽利略（Galileo）曾运用类比推理向反对“地动说”的人释疑：

【例 6】反对哥白尼“地动说”的主要理由之一是所谓“塔的证据”。反对者认为，依据“地动说”，地球表面上任何地点都将在短暂时间内运动很远的距离，如果有一块石头从塔顶落下来，那么在下落的过程中，由于地球的运动，塔已经离开了原来的位置，因此石头应该下落在离塔基很远的位置，而实际看到的情形并非如此。伽利略指出，“塔的证据”不能成为反对“地动说”的理由。正如一条匀速航行的船，从桅杆顶上落下一件重物，总是落在桅杆脚下而不是落在船尾一样。

伽利略就是用匀速航行的船上的落体实例类比塔顶的重物落体，从而解释了塔顶的重物落体问题，为“地动说”提供了很好的辩护。

在法律工作中，类比推理非常有价值的应用领域是刑事侦查中的“模拟犯罪法”。在侦查活动中为了确定对案件侦破有重要意义的某一事实或现象是否存在，或者在某种条件下能否发生，而参照案件发生时的条件，将该事实或现象模拟再现。还原犯罪现场，以便与案情进行比对，这一思维过程的逻辑依据是类比推理。

【例 7】法医学史上第一起利用尼古丁进行谋杀的案件于 1850 年 11 月 20 日发生在比利时。死者的口、舌、喉和胃都有化学品灼伤的痕迹。最初推测死者为某种如硫酸这样的烈性液体从口中灌入致死，但经法医学家斯塔斯检验的结果表明，死者的胃、肠、膀胱的提取物内没有检出硫酸却检出了大量醋酸，但醋酸不能致人死命。斯塔斯猜测，大量的醋酸会把其他某种未知的毒物的作用掩盖起来。经过大量的实验，又从这些提取物中检出了尼古丁。但尼古丁不会引起死者口腔、食道发生烧灼伤。死者是否尼古丁致死？为何会发生口腔和食道的烧灼伤？斯塔斯猜测，死者很可能是因灌入尼古丁致死的，作案人为了掩盖尼古丁强烈的刺激气味，又往死者口中灌入了大量醋酸以致引起了口腔、食道的烧灼伤。为了检验这一推测，斯塔斯做了一组动物实验：他往一只狗的嘴里灌入尼古丁，把狗毒死，同时用完全相同的方法把另一只狗毒死，然后往它的嘴里灌醋酸。前一个实验表明，尼古丁不会将活体灼伤；在后一个实验里则见到了和死者嘴里一样的焦黑烧灼伤。后来的法庭审理中，被告人的供述与斯塔斯通过“模拟犯罪法”所得到的结论完全一致。

另外，在刑事侦查的过程中，刑侦人员对未侦破案件的调查，往往会通过已经掌握的材料，比对不同的案件。如果发现几起案件在作案时间、作案方式、使用的工具等方面具有相似性，根据类比推理，推出作案人是同一人，进行并案侦查，从而提高侦破工作的效率。

司法审判中常常使用类比推理。尤其是在判例法国家，遵循先例的原则要求对相同的案件作相同的判决，因而案件双方主体往往为了追求符合自己利益的结果援引不同的先例，或者针对特定的先例与争议案件是类似还是不同展开激烈争论。当一个判例的事实与当前审判案件的事实相似到要求有同样的结果时，法官作出的判决必须依照判例；而当一个判例的事实与当前审判案件的事实不同到要求有不同的结果时，法官作出的判决必须区别判例。遵循先例原则要求法官依照相似的判例，同样也要求他们区别不相似的判例。

【例 8】美国联邦法院大法官汤姆·C. 克拉克（Tom C. Clark）对类比推理的应用：

很多人强烈要求电影不应该在第一修正案的保护之下（《美国权利法案》第一条修正案：“国会不得制定关于下列事项的法律：剥夺言论自由或出版自由；或剥夺人民和平集会和向政府请愿伸冤的权利”），因为它们的生产、放映和展览是一种由私人利润主导着的大批量商业行为。我们坚决反对。那些书、报纸、杂志出版和售卖也是为了利润，但它们发表的自由受第一修正案的保护。我们不明白为什么出于利润的操作对电影就有不同的作用。所以，超现实主义的反政府影片不应受到任何政府部门的干预或审查。

在大陆法系国家，因为成文法具有滞后性，当审理法无明文规定的具体案件时，通常的做法是进行类推适用。所谓类推适用，就是对法无明文规定的具体案件，比附援引与其性质最相类似的现有法律规定进行适用。我国刑法的基本原则是“无罪推定”，法无明文规定的不认为是犯罪，所以在刑法中禁止使用类推适用，这也是现代法治国家通行的做法。

三、将类比推理限制在合理的范围内

应该时刻警醒的是，要谨慎地运用类比推理，警惕运用类比推理时可能导致的错误，避免陷入思维的误区。类比推理并不是单纯的逻辑推理过程，而是观察、认识、想象和推理等过程的复合。在类比推理中，蕴藏着丰富的心灵活动。丰富的心灵活动常常富于创造的能量，但也常常是危险的。人类历史上伟大的成就常靠丰富的想象为动力；可是，人类历史上巨大的错误也常源于丰富的想象。想象只是创造之源，但却不是思维有效性之保证。在科学研究或论证中，我们经常需要借助于类比推理；但同时从理性的角度考虑，又不能不将类比推理控制在一定范围之内。

【例 9】中医理论中有大量的“天人感应说”。将自然界和人体类比，自然界的现象在人体内都有对应的症候，“风寒暑湿燥火”无一不备。如中医认为，舌苔和自然界的青苔除了颜色，具有共同的性质。如果体内湿度大了，舌头就长出厚厚的白苔来；如果体内热了，舌苔就像烤干了一样发红。

这样的类比联想应该说是非常具有跨越性的，如果不加深究，好像有某种道理。问题是青苔和人体到底在何种意义上具有相同属性呢？如果不能证明这种相关性，那么将两者进行类比的点就不存在，进而进行类比推理就没有合理性。

这一类类比在实践中常常能够说服听众，很多人都容易接受一个生动的类比，而很少认真思考在用来比较的事物之间有没有相似之处。原因是面对复杂问题需要认真思考，而很多人出于思想上的懒惰，就会轻易接受下列形式的任何论证：

X是Y，正如A是B，其中X和Y是抽象的、陌生的，而A和B是熟悉的。

我们没有注意到的是，相信X是Y的唯一理由是，X和Y的关系与A和B的关系是可以相比的。究竟什么是可比的，什么是不可比的，这一点类比推理本身并不能给出答案，需要我们在进行类比时非常谨慎，不能任意得出结论；结论得出后也要慎重对待。办法是养成一种习惯，进行推理时首先思考意欲加以类比的对象之间在哪一点上相似，以这样的相似之处进行类比是否恰当。错误的类比常常经受不住这样的推敲。例如，培根（Bacon）在《论国家的真正伟大》里谈道：

【例10】“无论是生物体或是政治体，没有锻炼是不能健康的；对一个国家来说，一场正义的和荣誉的战争是真正的锻炼。不错，内战像寒热病的发热；可是对外战争就像运动的发热，有维持身体健康之效；因为在懒惰的和平环境中，勇气将要软化，生活将要腐化。”①

这一段文字，有可能会让我们认为对外战争对于国家是必要的。自古就有人把国家与个人或有机体作比较。培根这样类比的实质是将国家作拟人化处理，将国家想象为一个政治领域的“有机体”，从而和生物体相比较：

正如生物体，为了维持健康，需要锻炼，所以国家也需要锻炼；

对外战争之于国家犹如运动发热之于生物体；内战之于国家犹如寒热病发热之于生物体(意即一种不好的发热)。

请注意，培根先认定，国家的“真正的锻炼”是“一场正义的和荣誉的战争”，可是接下去说的时候不提“正义的和荣誉的”了，只是把“对外战争”区别于“内战”。国家是否可以和生物体相类比呢？这取决于国家是否和生物体在某一点上相类似。培根认为国家这样的“有机体”也具有类似生物体的性质：身体为了保持健康需要锻炼，国家也需要锻炼；对外战争对于国家就像锻炼对于我们的身体；内战对于国家就像发热对于我们的身体（意指一种不好的发热)。问题是政治体和有机体在生物性这一性质上是非常不同的，二者在这一点上是没有可比性的。

这种将国家类比为某种具体的事物进行思想与说服的实例非常常见。针对英国很多政治家喜欢把国家比喻成一艘船，逻辑学家斯泰宾（Stebbing）谈到：

“我们要询问的是，在一条遇险的船和危机之中的国家之间作类比是否恰当。如果拿‘国家之舟’这么一个修辞格里所包含的类比作为论据，那么这个论据的逻辑力量就完全要看：一方面，政府的地位是否可以比作船上的员工；另一方面，选民是否可以比做船上的乘客。

① ［英］L. S. 斯泰宾：《有效思维》，吕叔湘、李广荣译，商务印书馆1997年版，第109页。

在我看来，在这些互相比较的事物之间并没有什么有意义的相似之处。”①

我们知道，由类比而进行的推理，并不能保证结论的真；如果我们接受了由此推出的结论，应谨记这一结论只是或然地为真。或然地为真的结论有或然地为真的程度差别。所以，要时时注意把握好这个“度”。谨慎的思维者总是提防着那个关键的分界点。这个分界点是以是否合乎逻辑为界限的。虽然我们无法制定一些逻辑规则，让我们知道某一类比推理可以推到多远，但是要查出类比超出合理范围的那个点是需要逻辑思维的。

毫无疑问，类比推理是一种有用的思维方式，一个好的、恰当的类比能够帮助我们理解一个生疏的问题，作为进一步研究的路标，特别是可以帮助没有相关专业知识的人理解一些比较专业的、陌生的领域。然而我们必须记住，虽然可以用类比得出结论，可是它完全无力确立一个结论。它所提示的结论需要进一步论证。哪怕是一个很好的类比，也只能说启发我们得到一个结论，但不可能推导出必然的结论。所以，在进行类比推理时，我们必须时时警觉，将类比推理限制在合理的范围之内。

【本章知识结构图】

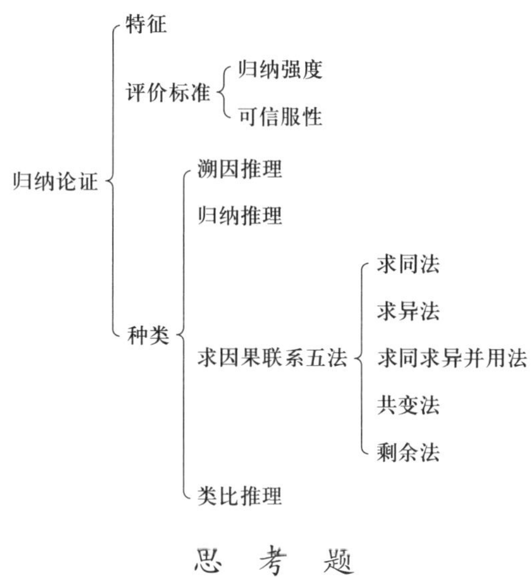

思　考　题

1. 演绎论证和归纳论证的主要区别是什么？

2. 为什么溯因推理的结论是可错的？怎么提高溯因推理的归纳强度？

3. 为什么归纳推理的结论是可错的？怎样提高归纳推理的归纳强度？

4. 求因果联系的方法有哪些？为什么求因果联系推理的结论是可错的？怎样提高每一种求因果联系推理的归纳强度？

5. 为什么类比推理结论是可错的？怎样提高类比推理的归纳强度？

---

① ［英］L. S. 斯泰宾：《有效思维》，吕叔湘、李广荣译，商务印书馆 1997 年版，第 105 页。

练　习　题

一、分析下述实例，指出各属于何种归纳论证。

1. 某市发生一起黄金首饰盗窃案。现场没有留下指纹。侦查人员推测，犯罪嫌疑人是一个经验丰富的盗窃老手。

2. 18 世纪时，人们对于热产生的原因还没有正确的认识。俄国科学家罗蒙诺索夫提出："热由运动产生。"在一次学术会议上，他为自己的观点辩护说：

"我们搓擦冻僵了的双手，手便慢慢暖和起来；我们使劲敲击冰冷的石块，石块能发出火光；我们用锤子不断地捶击铁块，铁块也会热得发烫——由此可知，运动能够产生热。"

3. 有的心理学家认为，盲人的听觉系统优于常人，盲人是靠敏锐的听觉感知周围的障碍物的。为了验证这一点，心理学家做实验，将盲人的耳朵塞住，或让他们赤脚在地毯上行走，他们便丧失了回避障碍物的能力。这个实验揭示出盲人具有高度发达的听觉能力。

4. 水稻能够进行光合作用，大豆能进行光合作用，松树能进行光合作用。所以，凡绿色植物都能进行光合作用。

5. 地球上的沙漠在不断地扩大。智利的北部自 1960 年以来，已有几百平方公里的土地被亚塔卡马沙漠吞噬，撒哈拉沙漠中某些部分每年向南蔓延达 50 公里。在过去五十年中，有 65 万平方公里的可耕地被吞没。印度有五分之一以上的土地正遭受着塔尔沙漠的蹂躏。在中东、阿根廷、伊朗、南非、中国和美国，一些肥沃的土地，也被沙漠逐渐侵占着。

6. 两个相同的白鼠被安置在相同的环境中做实验。给两只白鼠分别喂了数量相同的四种食物。另外，给其中一只喂了一种药而另一只没喂这种药。不久，喂了那种药的白鼠变得紧张和不安，而另一只则没有这种表现。于是，研究者得出结论，该药是引起紧张的原因。

7. 1960 年，英国有一个农场的 10 万只鸡，由于吃了发霉的花生而得癌症死去了。1963 年，有人用发霉的花生喂大白鼠、鱼、雪豹等动物，它们也患癌症死去。这些动物的品种、生理特征、生活条件等因素各不相同，而吃了发霉的花生这一点是相同的。由此得出结论：吃了发霉的花生是使这些动物致癌而死的原因。

8. 科学家在研究低温下某些导体的性质时发现，在其他条件都不变的情况下，导体的电阻随导体温度的下降而减小，当温度下降到某一值时，导体的电阻突然消失，这就是超导现象。由此得出结论：导体温度降低与导体电阻减小之间有因果联系。

9. 侦查实践表明，甲犯作案有一定动机，乙犯作案有一定动机，丙犯作案有一定动机……可见，犯罪分子作案都是有一定动机的。

10. 某食品研究中心的科研人员取两块同样的鲜牛肉，一块经过辐照，另一块没有经过辐照，然后同时放上大肠杆菌和沙门氏菌。结果发现，经过辐照的牛肉经过长时间仍然能够保持新鲜，而没有经过辐照的牛肉很快就腐烂了。由此科研人员得出结论，辐照的放射线能够有效杀灭细菌，从而延长牛肉的保鲜期。

11. 美国物理学家富兰克林发现，闪电与用摩擦方法产生电的现象有许多相似之处：它们都发光、光的颜色相同；电摩擦产生的电火花和闪电的形状都呈弯曲状；二者都是瞬时产生、所发的光都能使物体着火、都能熔解金属、都能杀死生物体等。于是他得出结论：闪电是空中的放电现象。后来，富兰克林和他儿子在费城做了著名的风筝实验，验证了他的结论。

12. 科研人员为了测定食用香菇的药用价值，做了如下试验：把志愿者分成甲、乙两组，而甲、乙两组中又有老年组和青年组两个分组。甲组中的两个组每人每天吃干香菇 9 克，鲜香菇 90 克。乙组中的两个分组则不食用。食用前分别对参加试验者的血清胆固醇进行测定，服用一周后再采血化验。结果发现，甲组中食用香菇的青年组血清胆固醇平均下降 20%，老年组平均下降 8%。乙组中的两个分组试验前后都没有明显变化。科技人员得出结论：食用香菇能够降低人的血清胆固醇。

13. 传说我国古代的鲁班有一次上山砍树，手指被野草的叶子划伤。他发现这些叶子的边缘有许多锋利的小齿，于是就在铁片上制作了许多相似的小齿，发明了人们沿用至今的锯子。

14. 科学家做过一个实验，他们将苜蓿切细，埋在秧苗两边，结果这些秧苗结出的果实比其他秧苗结出的果实多而且好。只靠苜蓿里的氮、磷、钾不可能产生这样的效果。于是科学家们推测，苜蓿里还有未知的营养元素。后来果然分离出 30 烷醇。实验证明，正是 30 烷醇刺激了秧苗生长。

15. 一位犯罪学家通过比较发现，就业率的波动和盗窃罪发案率的起伏之间有共变现象。当就业率升高的时候，盗窃率降低；当就业率降低的时候，盗窃率升高。这位犯罪学家得出结论：失业是引起盗窃率升高的原因。

16. 跳蚤为什么会跳呢？做个小实验吧。捉几只跳蚤，放进盛有少许沙子的玻璃瓶中，用橡皮塞塞紧。塞子上插有两根胶皮管，并用夹子夹死。一会儿跳蚤便钻进沙子里一动不动了。然后放开夹子，用嘴往瓶子里吹气，刹那间，跳蚤就欢蹦乱跳起来。用含 5%二氧化碳的空气注入，跳蚤的反应与用嘴吹时同样激烈。进一步实验证明，跳蚤的反应强度受二氧化碳浓度的控制，二氧化碳浓度越高，跳蚤越活跃。除跳蚤外，虱子、蚊子等也都具有对动物呼出的二氧化碳作出灵敏反应的本能。

17. 奥地利医生奥恩布鲁盖观察到他父亲经常用手指叩击木制的酒桶，从酒桶发出的响声中判断桶内有酒或者无酒，酒多或者酒少。由此推想，人的胸腔和酒桶类似，既然能从叩击酒桶发出的响声判断酒桶内酒的有无或者多少，那么，也可以从叩击人的胸腔发出的响声来判断人的胸腔内有无积液或者积液的多少。由此发明了叩诊法。

18. 施莱登观察到细胞是组成植物体的基本单位，他把这个信息告诉了施旺。施旺意识到既然植物体如此，动物体很可能也具有相同的构造。因此，他广泛地对动物的各种组织进行研究，发现动物体也是由细胞构成的。在此基础上施旺建立了细胞学说。

19. 来自荷兰的一项大型研究发现，与洗温水澡的人相比，那些洗冷水澡的人请病假的概率要小一些。一个超过 3000 人的群体被分成 4 组，被要求每天洗一个温水澡。但其中有一组被要求在淋浴结束前冲 30 秒冷水，另一组被要求冲 60 秒冷水，还有一组则被要求冲 90 秒冷水。而对照组则完全享受温水澡。这些参与研究者被要求在一个月时间里遵守这一规程。经过三个月的随访之后，研究人员发现，那些淋浴时采用冷水的小组，自诉的病假数量有了 29%的下降。有趣的是，使用冷水的时间长度对于病假的多少并没有影响。

20. 公民的隐私权不是绝对的，为了公共利益或更大的利益，在某种场合或从事某种特殊工作的人就必须放弃一部分隐私权，也就是人们常说的“两利相权取其重，两害相权取其轻”。例如，病人就要放弃身体某些部位的隐私权，暴露给医生检查，因为这是为了整个身体的健康；公民乘用公共交通工具，行李物品和个人身体，都要接受被检查探测，这是为了所有乘客的安全。同理，公务员放弃财产隐私权，也是为了公共利益，因为公务员的任何贪腐行为都是对公共利益的侵犯。

二、分析下列归纳论证，判断在什么情况下，该推理结论的可靠性程度较高，在什么情况下，结论的可靠性程度较低？

1. 美国脑神经科学家奥利弗·萨克在治疗嗜睡症过程中饱受挫折。1968 年，他决定试用一种叫作 L-杜朴敏的药。当年夏天，所有参与试验的沉睡几十年的病人在服用了这种药后都奇迹般地苏醒过来。于是，奥利弗·萨克得出结论：L-杜朴敏对嗜睡症有疗效。可是，当奥利弗·萨克在英国等其他地方用 L-杜朴敏试图治疗同样病人时却没有疗效。

2. 一个科学家对 1000 只供医学实验用的白鼠进行测试，发现它们的食物中缺乏维生素 D 时，每只白鼠都患有佝偻病。另一个科学家进行同一实验，从 10 种不同的动物中，各取 10 个不同的样品，实验结果同对白鼠的实验一样。两个科学家都得出结论：当缺乏维生素 D 时，所有的动物都会得佝偻病。

3. 对某工厂的生产线上生产的 4 双鞋进行检查，这些鞋是同一品牌、都是机制的。结果表明每双鞋中左鞋都比右鞋大。于是得出结论：如果检查第 5 双鞋，也是左鞋比右鞋大。再对另一合作社的 4 双鞋进行检查，这些鞋是由合作社中各种不同手艺的工人亲手制造的。结果也是每双鞋中左鞋都比右鞋大。于是得出结论：如果检查第 5 双鞋，也是左鞋比右鞋大。

4. 推理（1）：甲的轿车与乙的轿车有相同的外形，并且价钱也差不多，而甲的轿车的最高时速是 195 公里，因此，乙的轿车的最高时速也是 195 公里。

推理（2）：甲的轿车与乙的轿车有相同的自重和马力，性能和质量也差不多，而甲的轿车的最高时速是 195 公里，因此，乙的轿车的最高时速也是 195 公里。

三、运用归纳论证的有关知识回答下列问题。

1. 光线的照射，有助于缓解冬季忧郁症。研究人员曾对 9 名患者进行研究，他们均因冬季白天短而患上了冬季抑郁症。研究人员让患者在清早和傍晚各接受三小时伴有花香的强光照射。一周之内，7 名患者完全摆脱了抑郁，另外两人也表现出了显著的好转。由于光照会诱使身体以为夏季已经来临，这样便治好了冬季抑郁症。

以下哪项如果为真，最能削弱上述论证的结论？

A. 研究人员在强光照射时有意使用花香伴随，对于改善患上冬季抑郁症患者的症状有不小的作用。

B. 9 名患者中最先痊愈的 3 名均为女性。而对男性患者治疗的效果较为迟缓。

C. 该实验均在北半球的温带气候中，无法区分南北半球的实验差异，但也无法预先排除。

D. 强光照射对于皮肤的损害已经得到专门研究的证实，其中夏季比起冬季的危害性更大。

E. 每天六小时的非工作状态，改变了患者原来的生活环境，改善了他们的心态，这是对抑郁症患者的一种主要影响。

2. 京华大学的 30 名学生近日里答应参加一项旨在提高约会技巧的计划。在参加这项计划前一个月，他们平均已经有过一次约会。30 名学生被分为两组：第一组与 6 名不同的志愿者进行6次“实习性”约会，并从约会对象得到对其外表和行为的看法的反馈；第二组仅为对照组。在进行实习性约会前，每一组都要分别填写社交忧惧调查表，并对其社交的技巧评定分数。进行实习性约会后，第一组需要再次填写调查表。结果表明：第一组较之对照组表现出更少社交忧惧，在社交场合表现得更为自信，更易进行约会。显然，实际进行约会，能够提高我们社会交际的水平。

以下哪项如果为真，最可能质疑上述推断？

A. 这种训练计划能否普遍开展，专家们对此有不同的看法。

B. 参加这项训练计划的学生并非随机抽取的，但是所有报名的学生并不知道试验计划将要包括的内容。

C. 对照组在事后一直抱怨他们并不知道计划已经开始，因此，他们所填写的调查表因对未来有期待而填得比较悲观。

D. 填写社交忧惧调查表时，学生需要对约会的情况进行一定的回忆，男学生普遍对约会对象评价得较为客观，而女学生则显得比较感性。

E. 约会对象是志愿者，他们事先并不了解计划的全过程，也不认识约会的试验对象。

3. 在司法审判中，所谓肯定性误判是指把无罪者判为有罪，所谓否定性误判是指把有罪者判为无罪。肯定性误判就是所谓的错判，否定性误判就是所谓的错放。而司法公正的根本原则是“不放过一个坏人，不冤枉一个好人”。某法学家认为，目前，衡量一个法院在办案中对司法公正原则贯彻得是否足够好，就看它的肯定性误判率是否足够低。

以下哪项如果为真，能最有力地支持上述法学家的观点？

A. 宁可错判，不可错放，是左的思想在司法界的反映。

B. 错放造成的损失，大多是可以弥补的；而错判对被害人造成的伤害，是不可弥补的。

C. 各个法院的办案正确率普遍有明显的提高。

D. 各个法院的否定性误判率基本相同。

【练习题参考答案】

第八章　假说与侦查假设

【本章导读】

本章阐述了假说和侦查假设，包括假说的定义、假说的提出和检验的逻辑程序，侦查假设的定义、侦查假设的提出和检验的逻辑程序。重点掌握假说提出和检验的逻辑程序，假说的证实和证伪在逻辑上的不对称性。

第一节　假　　说

一、假说概述

（一）假说的定义

假说是人们对所研究的事物或现象作出的一种推测性解释、一种假定性说明。

人们在实践活动和科学研究中，经常需要解释一些事实或现象。解释某个事实或现象，就是说明这一特定事实或现象为什么发生，就是说明事物现象的本质、事物现象之间的联系及其规律性，等等。

例如，人类生存的地球是怎么形成的？恐龙为什么会灭绝？火星上到底有没有生命？人类是如何起源的？人类社会的动乱兴替是由什么原因造成的？这些自然现象或社会现象需要作出解释。虽然这些现象的本质及其内在联系都不是人们的感官能直接认识的，并且人们的认识又总是受到占有材料、思维能力和实践水平等限制。但是，人们的认识具有自觉能动性，在实践活动和科学研究中，人们能够借助假说或假说方法不断深入地探索自然界和社会的奥秘。

作为对未知现象或规律的一种推测性解释，假说分为科学假说和工作假设。所谓科学假说，是指根据已有的事实陈述和相关的科学理论，对未知事物或规律所作的推测性解释；工作假设是在实际工作中对某一特定事实而不是一类事物提出解释的假说，为了与科学假说相区别，通常把它称为假设。假说作为一种重要的探索性思维方法，在人们的认识过程中起着重要的作用。假说导致新实验或新观测，从而导致科学的新发现和新理论。可以说，假说是科学发现和科学发展的先导，没有假说就没有科学。工作假设的提出和检验没有科学假说那样复杂和影响深远，但它对实际工作的开展具有极大的推动作用。发现问题之后提出假设，就为解决问题指明了方向。侦查假设是一种工作假设。在刑事侦查中，侦查人员对所发生的案件，最初由于掌握事实材料不多，对整个案情或某一情节不能作出确定的判断，而只能进行猜想或推测。

假说是说明事物情况的，而事物情况纷繁复杂，因此，假说的内容广泛多样。假说可以是说明事物现象性质的，也可以是说明事物现象之间因果联系的，或是预见未来事物现象的，还可以是说明事物现象规律的。假说可以是说明个别事物情况的，也可以是说明一类事物情况的。假说可以是一个假说命题，也可以是一个假说体系或假说理论。

假说普遍存在于自然科学研究中。例如，牛顿（Newton）的微粒说和惠更斯的波动说是关于光的本性的假说；地球板块构造学说是关于火山、地震成因的假说；康德和拉普拉斯（Laplace）的星云假说、施密特（Schmitt）的俘获假说以及宇宙膨胀说和“塌缩——爆炸”循环说等是关于天体起源和演化的假说。

在社会科学研究领域以及法律工作中也在广泛使用假说。例如，达尔文的物种自然选择的假说即进化论是关于人类起源和进化的假说。又如，民法中的“宣告死亡”实质上就是一种假说。如果公民失踪达到一定期限，人民法院根据利害关系人的申请，依法宣告该公民死亡。“宣告死亡”实际上是假定死亡，是对失踪人在较长期不归后的一种推测性解释或假定。一旦被宣告死亡的公民生还，法院就要撤销其死亡宣告。

（二）假说的特征

假说是对事物现象及其联系的推测性解释，但并非任何一种推测都是假说。假说与臆想、迷信、猜测的不同之处在于：

第一，假说要以事实材料和科学理论为根据。

假说是以科学理论为前提、以事实材料为根据、合乎逻辑地提出来的，因此，假说具有一定的科学性。假说的提出要与已有的事实材料和人类知识总体没有矛盾。如果假说的内容不能完善或推翻某一科学理论，就不能违背这一科学理论。

【例1】在欧洲自13世纪就有人努力要发明永动机——一种不需外界输入能源、能量就能不断运动并且对外做功的机械。历史上先后出现了很多热衷于研制各种类型永动机的人，其中包括达·芬奇、焦耳这样的科学家。在热力学体系建立后，人们通过严谨的逻辑证明了永动机是违反热力学基本原理的设想。自此科学界不再接受有关永动机的研究报告。

第二，假说要有解释力。

假说的使命在于解释事实现象，假说要能够解释那些需要它解释的事实现象，要为所探索的问题提供答案或解释性说明。如果一个假说在解释某个事实现象方面是充分的、足够的，那么这个假说通常就会被人们所接受。

【例2】牛顿的微粒说成功地解释了光的直进、反射和折射现象。惠更斯的波动说成功地解释了干涉、衍射等现象，因而这两种假说都发展成为科学理论。又如牛顿的万有引力定律成功地解释了整个太阳系错综复杂的运动，并且和观察的结果相符合。

一般地，如果假说适用于各种情况，则可上升到理论范畴；如果深度够，则可上升到定律。

如果假说无法解释客观事物，或出现与假说相违的反证事例，这个假说就要修改，甚至会被否定。例如有一些学者，想用社会物质生活条件的某一方面——地理环境——的不同来解释复杂的社会现象，这就是“地理环境决定论”假说。但是，这个假说不仅在解释这一国家与那一国家地理环境相似但社会面貌为什么不同方面有困难，而且根本无法解释这样的事实：一个国家在相当长的时期内，自然地理环境并没有什么改变，革命不断发生、社会制度不断变更。又如另一些学者，想用社会生活条件的另一因素——人口密度——的不同，来解释复杂的社会现象，这种假说也碰到了事实的反驳。一个假说无法解释明显的客观事实，是不会被人们所认同的。

随着客观事物和科学技术的发展变化，假说的解释力也是不断发展变化的。

【例 3】月球是地球唯一的天然卫星，是离地球最近的天体。关于月球的成因，科学家提出了不同的假说：

（1）分裂说。这是最早解释月球起源的一种假说。这种假说认为，在太阳系形成的初期，月球本来是地球的一部分，后来由于地球转速太快，把地球赤道上一部分物质抛了出去，这些物质脱离地球后形成了月球，太平洋就是月球分裂出去时留下的遗迹。

（2）同源说。这种假说认为，地球和月球都是太阳系中浮动的星云，经过旋转和吸积而形成星体。它们的平均密度和化学成分不同，是由于原始星云中的金属粒子在形成行星之前早已凝聚。在吸积过程中，地球比月球相应要快一点，一开始便以铁为主要成分，而月球则是在地球形成后，由残余在地球周围的非金属物质聚集而成。

（3）俘获说。这种假说认为，一方面，月球和地球的平均密度相差很大，化学成分也不相同，它们可能是由太阳原始星云中不同部位的不同物质形成的。而另一方面，月球的平均密度却与陨石、小行星十分接近，所以月球本来只是太阳系中的一颗小行星，很可能是在围绕太阳运行中，由于运行到地球轨道附近，被地球的引力所俘获使它脱离原来的轨道而成为地球的卫星。还有一种接近俘获说的观点认为，地球不断把进入自己轨道的物质吸积到一起，久而久之，吸积的东西越来越多，最终形成了月球。

（4）大碰撞说。这是 20 世纪 80 年代关于月球成因的新假说。这种假说认为，在太阳系演化早期，形成了一个原始地球和一个火星般大小的天体，这两个天体在各自演化过程中，分别形成了以铁为主的金属核和由硅酸盐构成的幔和壳。大约在 45 亿年前，这两颗巨大行星发生了同方向擦撞，剧烈的碰撞不仅使火星大小的天体碎裂了，也改变了地球的运动状态，使地轴倾斜，使地球的地壳和地幔上一些物质汽化并以喷射状进入轨道。但这些气体和尘埃，并没有完全脱离地球的引力控制，它们通过相互吸积而结合起来，形成了月球，或是先形成了众多分离的“小月球”，再逐渐吸积形成今天我们看到的月球。由于月球是由原始地球中低密度的地壳和地幔组成的，因此所形成的月球密度必然比地球小得多，化学成分也不相同。

（5）新俘获说。近年来，随着现代行星演化理论的发展以及计算机技术的应用，又出现了一种月球起源的新学说，即新俘获说。新俘获说与过去的旧俘获说不同。旧俘获说仅从地球引力来考虑月球起源，而新俘获说是从整个太阳系行星形成过程来研究月球起源的。新俘获说认为太阳系九大行星及其卫星，都起源于原始太阳系星云。无数的小行星在星云气体中围绕太阳旋转，互相碰撞，逐渐吸积成长，形成大小不同的行星。地球和月球也是这样在星云气体中成长的。地球在形成过程中，曾有许多小天体飞到引力圈内来，并被地球不断“吞掉”。月球被俘获时间比其他小天体都晚，月球进入地球引力圈后，受到很多力的共同作用，既未掉到地球上来，也没跑到引力圈外去，始终在卫星轨道上运行。自从俘获月球后，地球再也没有俘获其他小天体，只有月球一个卫星。因为已有月球绕地球飞行，如果再有其他小天体飞来，依据天体力学原理，不会处于稳定状态，它不是掉到地球上来，就是飞出去，再不就是落到月球上去。行星俘获小天体是行星演化进程中的一种普遍现象，整个太阳系行星都是如此，只有金星是个例外。金星的自转速度太慢，不可能俘获行星，因此至今还孑然一身在太空漫游。

月球形成的前三种假说，都能或多或少地解释月球的化学成分、密度、结构、轨道及其他基本事实，但又各有缺陷。分裂说存在动力学上的致命弱点。根据计算，以地球的自转速度是无法将那样大的一块东西抛出去的，而且月球的位置又不在地球赤道面上。如果月球是地球抛出去的，那么二者的物质成分就应该是一致的。通过对“阿波罗 12 号”飞船从月球上带回来的岩石样本进行化验分析，人们发现二者相差非常远，月球要比地球古老得多。同源说也受到了同样的挑战。俘获说虽然能解释月球和地球在成分上的明显差异，但使用电子计算机的模拟表明，由于月球与地球质量相比达到 1∶81，远远超过太阳系中其他卫星与所绕转的行星的质量比，地球要俘获这样大的一颗星球作卫星几乎是不可能的；况且月球又在近圆的轨道上绕地球转动，质量相对巨大的月球被地球俘获后又要出现这样的一种运行状态，这种可能性几乎等于零。

大碰撞说在某种程度上兼容了前三种假说的优点，并得到了一些地质化学、地质物理学实验的支持，使得这一假说得到了改进和完善，成为当今很多人赞同的假说。

新俘获说从行星演化的整体上阐明了月球的起源以及被俘经过，是目前解释月球起源问题最有权威的学说。但这一新学说还有一些尚待研究的问题，使得人们对这一假说的发展和完善充满了期待。

第三，假说要具有可检验性。

假说是对某些事物情况的假定说明。假说具有推测性，含有想象和猜测的成分。假说是否把握了客观真理，是否确实可靠，是否正确，还有待于检验和证实。假说只有经受住客观事实和实践检验，才能成为科学意义上的假说。因此，假说要具有可检验性。科学假说可能在实践检验过程中，随着人类认识的进步和实践工具的发展，不断得到修正和完善，最终发展成为严密的科学理论。例如，哥白尼的太阳中心说，有力地打击了宗教神学的地球中心说，动摇了当时占统治地位的宗教神学观念，在很长一段时间里被认为是异端邪说。但哥白尼的假说具有可检验性，在实践检验的基础上，开普勒又修正了哥白尼假说的部分观点，即地球绕太阳运行的轨道不是圆形的，而是椭圆形的，使哥白尼假说得到发展和完善。又如，麦克斯韦尔（Maxwell）电磁波假说认为，电磁波是一种波动，并由此推断，电磁波应有反射、折射、衍射等现象。后来赫兹（Hertz）的实验证实了这些推断，有力地支持了电磁波假说。

假说被提出后，如果在实践中不能正确地解释相关现象，或者用这样的理论进行解释会得出与事实相矛盾的结论，那么这样的假说最终会被否定。

【例 4】形成于 17 世纪末、18 世纪初的一个解释燃烧现象甚至整个化学的学说——燃素说——认为：燃素是一种气态的物质，存在于一切可燃物质中；燃素在燃烧过程中从可燃物中飞散出来，与空气结合，从而发光发热，这就是火；油脂、蜡、木炭等都是极富燃素的物质，所以它们燃烧起来非常猛烈；而石头、木灰、黄金等都不含燃素，所以不能燃烧；物质发生化学变化，也可以归结为物质释放燃素或吸收燃素的过程。

在当时，燃素说不能自圆其说并受到最大责难的就是金属煅烧后增重的事实。随着人们对化学反应进行了更多的定量研究之后，更多与燃素说相矛盾的事实被揭示出来。到 18 世纪 70 年代，氧气被发现之后，燃烧的本质终于真相大白，燃素说退出了历史舞台。

如果不具有可检验性，经不起实践检验，经不起实验和事实材料的检验，这样的解释就不是科学假说。例如，有的神学家用风神发怒来解释刮风现象。可是“风神发怒”是一个不可检验的命题。谁见到过风神？怎么检验风神发怒呢？神学家们提不出任何检验的方法和证据，而只能指着呼啸的风说，风神正在发怒。宗教神学的解释是不具有可检验性的，因而它不是科学假说，必然要被科学所拒绝。

（三）假说的作用

假说在人们的认识过程中起着重要的作用。它是一种探索性的思维方法，是科学发现和科学发展的先导。正如恩格斯所说："只要自然科学在思维着，它的发展形式就是假说。"① 具有科学意义的假说不但能够正确地说明和解释已存在的事实或现象，完善已有的科学理论，而且能够科学地预见未知的事物或现象，促进并指导科学上的新观察、新实验，从而产生科学上的新发现和新理论。很多重大的科学理论的形成和发展过程都经过假说这个阶段，而一些重要的假说的证实，往往成为科学理论发展的重大突破口。例如，牛顿的万有引力定律不仅揭示了天体运动的规律，而且在天文学和宇宙航行计算方面有着广泛的应用。它为实际的天文观测提供了一套计算方法，可以只凭少数观测资料，就能算出长周期运行的天体运行轨道。科学史上哈雷彗星、天王星、海王星、冥王星的发现，都是应用万有引力定律取得的重大成就。

逻辑学不研究关于自然现象的假说或关于社会现象的假说的具体内容，不研究特定假说是否确实可靠，这是经验科学所要研究和解决的问题。从逻辑的角度研究假说方法，主要是研究提出假说和检验假说的逻辑方法。

二、假说的提出

对事物现象的本质、事物现象之间的因果联系或规律作出假定性说明是提出假说的过程。针对同一问题，有时会提出彼此不同、彼此竞争的假说，有时还提出相互对立的假说。在提出假说、形成假说的过程中，要以掌握的事实材料和已有的科学知识为前提，还要综合运用各种推理，特别是要应用各种归纳论证。归纳论证具有或然性，其结论是可错的，但归纳论证具有探索性和创造性，因而在形成假说过程中具有重要作用。

【例 5】著名的哥德巴赫猜想是根据不完全归纳推理获得的一个假说。1742 年，哥德巴赫写信给欧拉，提出所有偶数都能分解为两个素数之和。如

6=3+3，8=3+5，10=3+7，……

有人对偶数逐一进行验算，一直算到了 3 亿 3 千万，都表明猜想是成立的。但这个假说尚未得到数学的证明。

尽管由观察的现象到该现象的本质及其因果联系的推测性解释是非常富有创造性的，有时会出现一种不可言状的思维飞跃情形，因而有人认为这种创造性的解释来源于顿悟或灵感。但这种情形实际上是存储于潜意识中的长期思考的信息，后因某一因素的诱导而凸现出来。这种飞跃过程只不过是逻辑思维的积淀和另一种表现形式。例如，凯库勒提出苯分子的环状结构，虽然产生于睡梦惊醒的那一刻，但实际上是他对苯分子结构做了长期研究之后在那一刻受到环状手镯的启发而突然想到的。凯库勒在回忆他发现苯分子结构的经过时说道：有一

① ［德］恩格斯：《自然辩证法》，中共中央马克思恩格斯列宁斯大林著作编译局译，人民出版社，1971 年版，第 218 页。

次，他坐在车上昏昏欲睡，不久便进入了梦乡。在睡梦中，他似乎觉得碳原子都活了起来，在他眼前翩翩起舞……突然一条碳链如蛇一般地盘成一圈。凯库勒从梦中醒来时发现了答案：苯分子是一个环。在凯库勒的这一思维过程中，类比推理起了非常重要的作用。

假说的使命在于解释现象。对某事物现象作出解释，就是说明事物现象何以发生、何以如此。这个解释过程实际上是一个推理过程。推理的前提是说明事物现象何以发生的理由，推理的结论是要解释的事物现象的事实命题。

人们在提出假说时，通常把这个假说和已有的事实或一般性知识结合在一起，作为根据或理由，即作为推理的前提，然后从这些前提出发，合乎逻辑地推导出待解释的事实。一般地，提出假说的过程可以概括为：

（1）已确定某个事实（F）为真。但该事实没有得到解释或没有得到合理解释而需要重新解释。

（2）为解释 F 寻找根据，或为 F 提供理由。我们有某种可确认为真的一般性知识或事实（W），W 可作为解释 F 的根据，但仅靠 W 还不能推导出 F。

（3）提出假说命题（H），将 W 和 H 结合在一起就能推导出 F。

于是我们就得到这样一个推理过程：

$$H \wedge W \rightarrow F$$

$H \wedge W$ 是推理的前提，F 是推理的结论。在这里，尽管 H 是有待检验证实的，但推理的有效性能保证前提蕴涵结论，即如果前提为真，则结论为真。因此，如果上述推理是有效式，则提出的假说 H 就能圆满解释所研究的事实或现象；如果从 $H \wedge W$ 不能推出 F，则提出的假说 H 就不能充分解释所研究的事实或现象，需要对假说 H 进行修正完善或提出新假说。假说的使命在于解释现象。因此，上述推理式必须是有效的，否则就不能完成解释事物现象的目的。因此，在提出假说时，要保证把假说命题和已有的知识命题或事实命题结合在一起，这样就能合乎逻辑地推导出要解释的事实命题。

【例 6】1910 年，德国科学家魏格纳发现，大西洋两岸的地形之间具有交错的关系，特别是南美的东海岸和非洲的西海岸之间，相互对应，简直就可以拼合在一起。此后他通过大量研究，于 1912 年正式提出大陆漂移说。在此之前有人提出过类似的设想，但魏格纳使这一假说受到广泛重视。他说：任何人观察南大西洋的两对岸，一定会被巴西与非洲间海岸线轮廓的相似性所吸引。不仅圣罗克角附近巴西海岸的大直角突出和喀麦隆附近非洲海岸线的凹进完全吻合，而且自此以南一带，巴西海岸的每一个突出部分都和非洲海岸的每一个同样形状的海湾相呼应。反之，巴西海岸有一个海湾，非洲方面就有一个相应的突出部分。如果用罗盘仪在地球仪上测量一下，就可以看到双方的大小都是准确一致的。对该事实如何解释呢？两块陆地边缘的海岸线为什么会如此吻合一致呢？魏格纳设想：在古生代，地球上只有一块陆地，称为泛大陆，其周围是广阔的海洋。中生代开始由于天体引力和地球自转所产生的离心力，使泛大陆分裂成若干块，这一块块陆地像浮冰一样在水面上漂移，逐渐分开。他设想巴西与非洲这两块陆地早先是合在一起的，后来才漂移开来（即近代的“大陆漂移说”）。有了这个假说命题，然后结合一般性知识命题，就能合乎逻辑地解释上述事实。

将这个解释过程加以简化，可表示为：

（1）如果地球上的各大陆块都是原始泛大陆的整体破裂后漂移而成的，那么，相对应的各大陆块边缘的海岸线轮廓就会相吻合（一般性知识命题 W）；

（2）设想南美洲和非洲这两块大陆早先是合在一起的，后来才漂移开来（假说命题 H）；

（3）结论：南美洲东部的海岸线与非洲西部的海岸线彼此正相吻合（事实命题 F）。

在解释某个事实命题或现象的过程中，假说命题 H 是假定为真的命题，其真实性有待检验。只有检验 H 确实为真时，它对于解释事实或现象才具有真正的实际意义。

从观察到的现象到推测该现象的原因这个角度而言，提出假说和溯因推理具有逻辑同构性，只是在形成推测性解释的过程中，提出假说往往运用了多种归纳论证方法，如归纳推理、类比推理、求因果联系推理等。但溯因推理的结论往往仅依据推理者头脑中有关因果联系或条件联系的知识而推测。

正因为形成假说的过程往往借助于归纳论证，归纳论证导致创新和归纳论证结论是可错的，这是其本质特征的两个不同方面的表现。因为归纳论证结论是可错的，因而我们要对形成的假说进行科学的检验，进而验证、接受假说，或者修正、放弃假说，提出新的假说。

三、假说的检验

检验假说，是为了检验假说的真理性，而检验真理的唯一标准是社会实践，如科学实验等。科学假说一般是说明事物现象本质、规律的，因而它是概括性的、具有普遍性的。对于概括性的、具有普遍性的以及关于不可重复的事物情况的假说，是无法直接检验的。要检验科学假说是否成立，常用的方法是：先从假说引申出具体推断或推论；然后检验这些推断或推论是否与客观事实相符。这些具体推断或推论称为检验命题。这些检验命题是具体的，是可以直接加以检验的。如果从假说引申出来的具体推断或推论经检验不与事实相矛盾，则假说得到一些证据的支持；检验命题被证实的越多，则假说成立的可能性越大。如果从假说引申出来的具体推断或推论经检验与事实不相容，又没有理由确认其他前提为假，则该假说就不成立。此时，就要推翻旧假说，建立新假说。

假说的检验过程可概括如下：

（1）$H_1 \wedge W \rightarrow C_1$　　（引申出检验命题 C_1）

（2）$\neg C_1$　　（检验命题为假）

（3）$\neg(H_1 \wedge W)$　　（假言推理否定后件式）

（4）$\neg H_1 \vee \neg W$　　（德·摩根定律）

（5）W　　（W 为真）

（6）$\neg H_1$　　（选言推理否定肯定式）

（7）$H_2 \wedge W \rightarrow C_2$　　（提出新假说）

……

如果检验命题 C 和事实不相容，又没有理由确认前提 W 为假，则假说 H 被否证。

【例 7】根据星云假说，地球是从太阳分离出来的，它从炽热状态逐渐冷却和收缩，现在地球表面已经冷却并凝固，由此自然地引申出这一推断：地球日趋衰老，原始热量即将耗尽，地表在不断皱褶，生物将因地球本身热量的耗尽而灭绝。但是，这些推断与现代的地质学、古地理学所查明的大量事实是不相容的。现代科学材料证明：地球形成之初是“冷”的，只是由于放射性元素在地壳里的裂变分解，地壳才开始逐渐变热起来。由此就自然地引申出另一推断：地球发育的总趋势还在向体积增大和能量不断得到补给的方向发展。又如，根据星云假说，太阳本身不断地放射出能量，现在的太阳应该小于几十亿年前的太阳。但是，现代天体物理学的研究表明，几十亿年前的太阳和现在所见的并没有太大的变化……总之，越来越多的材料动摇了星云假说。在今天就天体的起源和进化已提出了许多新假说。

如果检验命题（C）与已知事实（W）没有矛盾，则假说（H）获得了一些证据的支持。检验命题被证实的越多，支持假说成立的证据就越多，假说成立的可能性就越大。尤其是关键性检验命题被证实，则假说就得到关键性或决定性证据的支持。因此，要尽可能多地从假说引申出更多的和更具关键性的检验命题。其过程如下：

$H \wedge W_1 \to C_1$

$H \wedge W_2 \to C_2$

$H \wedge W_3 \to C_3$

……

$H \wedge W_n \to C_n$

因为 C_1、C_2、C_3……C_n都是正确的，所以 H 也就可能是正确的。

检验命题被证实的越多，支持假说成立的事实或证据就越多。如果关键性检验命题被证实，则假说就得到关键性或决定性证据的支持。在这里，证据越多，只是表明假说成立的可能性越大，但这并不等于说假说就被证实。因为根据假言推理规则，不能从肯定后件进而肯定前件，即检验命题被证实为真，不能进而肯定假说被证实为真。

在假说的验证阶段，有的可以直接通过有关的科学观察和科学实验来检验假说是否正确。例如，达尔文进化论认为，人类是由类人猿进化而来的。由此推断：地层里存在类人猿的遗骸。到 1881 年，荷兰医生杜步亚果然在爪哇岛的地层中，发现了类人猿的一副头盖骨、大腿骨和几枚牙齿的化石。这个事实有力地支持了进化论。

而当假说不具备可直接检验的条件，比如那些概括性的、普遍性的以及关于不可重复的事物情况的假说，这时需要先从假说（H）和一般性知识命题或事实（W）逻辑地引申出某一推断（C），然后通过各种方法检验这些推断是否与客观事实相符。检验命题是具体的，是可以直接加以检验的。假说具有的可检验性特征有时并不等同于现实的检验性，有的假说尽管提出了检验命题，具备了逻辑上的可检验性，但是不一定具备技术上的可检验性。这样的假说还需要我们耐心地等待。

在科学研究中为了对某现象给予解释，经常提出多个彼此不同的假说，有时还提出相互对立、彼此竞争的假说。此时检验活动就要在多个假说中进行。要设计决定性实验来检验两个对立的假说。要在多个假说中筛选，淘汰错误的假说，保留正确概率较高的假说。如果在各个相互竞争的假说中只有一个经得起多次关键性的检验，而其余的假说都被否证，则这个假说就被视为是真实的而被接受或保留。

【例 8】1893 年英国物理学家瑞利在测定气体重量的时候，发现从空气中得到的氮比从氨及其他氮化物中制得的氮要重一些，每升气体大约相差 6 毫克。为了解释这一现象，瑞利设想了五种可能情况，即提出了五个假说：（1）由空气中得到的氮可能含有微量的氧；（2）由氨中得到的氮可能混杂了氢；（3）由空气中得到的氮可能含有密度较大的 N_3 分子；（4）由氨中得到的氮可能有一部分已经分散，所以密度减小了；（5）由空气中得到的氮中可能含有一种较重的未知气体。通过实验，排除了前四种可能情况，剩下最后一个假说。前四个假说被推翻了，剩下的假说就可以成立。这种检验是间接检验，运用了选言推理的否定肯定式。但这并不等于说该假说已被证实为真。因为我们还不能保证各个假说已穷尽了一切可能情况。为了证实这个假说，瑞利和另一位科学家拉塞姆一起查找资料，发现100年前卡文迪什对于这种未知气体已有预示。瑞利重复了卡文迪什的实验：使氧和氮在电火花作用下生成氧化氮，再用苛性钠吸收，剩下未被吸收的就是所要寻找的未知气体。后来，拉塞姆又用光谱分析法，找到了未知气体的谱线。这种气体不与其他物质化合，所以被命名为“氩”，是希腊文“懒惰”的意思。

一个假说，如果从它推出的多个检验命题都被证实为真，没有出现反例，这样的假说一般就被视为真而加以接受，并被称之为科学原理或科学理论。但是，根据假言推理的规则，检验命题为真，假说未必为真。证实一个假说和推翻一个假说在逻辑上是不对称的，证伪的破坏性远远大于证实。因为证实运用的是肯定后件式，这是一个无效推理形式；而证伪运用的是否定后件式，这是一个有效推理形式。因此，我们应该有意识地去冒假说被推翻的危险，应设法使我们提出的假说经受尽可能多的检验。

假说经过检验以后，大致有如下情形：

（1）证明了假说的正确。如门捷列夫提出的元素周期表。

（2）与假说的基本思想一致，而与某些细节不一致。如开普勒证实了哥白尼太阳中心说，但同时修正了行星绕太阳运行的轨道不是圆形的而是椭圆形的。板块构造说为大陆漂移说提供了合理的动力学解释，但同时摒弃了魏格纳的“天体引力”“离心力”。

（3）与假说的基本思想相违背，但与某些细节一致。如古代亚里士多德与托勒密根据日月星辰东升西落的直观印象，提出了“地心说”的假说，同时认为地球是球形和观测天文要用“视差动”的方法。后来的事实证明“地心说”的观点是错误的，而地球为“球形的”及“视差动”的方法则是正确的。

（4）证明假说不正确。如燃素说、星云假说的被否证。

所以，假说经检验后，或上升为科学理论，或被否证，或需要进行修正与完善。在假说的提出与验证过程中，应当以科学理论作指导，但不受传统观点的束缚；应当以科学事实为依据，但不受原有材料的限制；应当具有可检验性，但不局限于当代的科技水平；应当使假说的内容完善、严谨，但不求立即上升成为科学原理。

第二节　侦查假设

一、侦查假设概述

刑侦中的侦查假设也是一种假说。在刑事侦查中，侦查人员对所发生的案件，最初由于掌握事实材料不多，对整个案情或某一情节不能作出确定的判断，而只能进行猜想或推测。侦查假设就是在已掌握的事实材料和有关知识的基础上，结合过去积累的实践经验，针对刑事侦查需要弄清的事物情况作出的具有推测性或假定性的说明。刑事侦查的全过程，可以说就是侦查假设的提出、检验、证实的过程。

【例 1】1997 年 7 月 15 日，意大利著名时装大师范思哲在美国迈阿密城度假时遇害。案件发生时，凶手逃走得很快，现场没有任何抢劫的迹象。据目击者称，作案凶手是一名二十多岁的白人男子，头戴白色太阳帽，身穿白色或浅色上衣，深色短裤，身背一个背包。就在案发后不久，当地警方在范思哲住处附近发现一辆红色雪佛莱小货车。经目击者验证，车里遗留下来的衣服与杀害范思哲凶手所穿的衣服相同。警方证实这辆车是安德鲁·库纳南从新泽西州偷来的。这辆货车的主人是两个月前被杀害的一个守墓人，他是一个系列谋杀案的第四个受害者。警方根据调查以及目击者提供的情况，推断这是一次蓄谋已久的谋杀案，而且推断这些谋杀案和库纳南有关。库纳南是美国联邦调查局长期通缉的十大要犯之一，他在此之前被怀疑在 1997 年 4 月底至 5 月初的两周时间内连续杀死了四名男子。而刚刚遇害的范思哲是他的第五个受害者。

警方的这一推断就是一个侦查假设。

侦查人员在侦破案件的过程中，需要对与案情有关的很多方面作出侦查假设。侦查假设可以是关于案件性质的假设，可以是关于作案人数的假设，可以是关于作案时间、作案地点的假设，可以是关于作案目的、动机的假设，可以是关于作案工具、作案手段的假设，可以是关于作案过程的假设，等等。

二、侦查假设的提出

在刑事侦查中，任何案件总是在一定的时间、空间和条件下发生的，现场总会留下这样或那样的痕迹。深入勘查现场，搜集有关案件的种种事实材料（包括现场痕迹），并结合有关的经验和知识判断，是建立侦查假设的重要环节。事实材料越丰富，知识面越广，思路就越宽广，侦查假设的内容就越充实。例如，我们具备有关医学方面的知识，根据死者的生理特征，就可以推测死者的年龄；具备化学、药物等方面的知识，就可以对毒物的种类作出推测；具备关于脚印的知识，就可以推算出犯罪嫌疑人的身高、体重以及作案人数；根据脚印以及沾附的水迹、附着物等，就可以判断作案时间；根据脚印的分布情况，可以推测犯罪嫌疑人的行走路线及活动情况；等等。总之，经验越多，知识越丰富，事实材料越充分，就越能提出有价值的侦查假设，对刑侦工作就越有帮助。

侦查假设的提出有以下特点：

第一，现场侦查和分析是侦查假设的基础。

在刑事侦查中，建立哪些侦查假设，是由现场勘查和分析所要解决的问题来决定的。发现问题和提出问题是提出假设的起点，所以，侦查假设和科学假说一样，都是从发现问题开始的。但侦查假设与科学假说不同，后者一般是在原有理论与实践之间的矛盾中产生的，而前者的产生一般不是源于理论与实践之间的矛盾，而是源于现场勘查和分析所要解决的问题。

【例 2】2002 年 7 月，英国曼彻斯特市郊发生一起入室盗窃案，受害者理查德开的一家餐馆被盗。据理查德回忆，7 月 12 日的关店时间约为 23 点，关店后和妻子开车回家。13 日凌晨 1 点多，理查德接到餐馆附近居住的尼尔森的电话，得知自己的餐馆被盗。警方对尼尔森进行了询问。尼尔森叙述了当晚所见的一切：7 月 12 日晚 23 点 50 分左右，因和妻子吵架打算出门到酒吧喝酒，走出家门时看见距餐馆大约 150 米左右有两个陌生的人。第二天凌晨 1 点

40分开车回家又经过这家餐馆时，发现那两个陌生人不见了，餐馆大门上的巨大的锁也不见了。遂停下车查看，发现整个餐馆一片狼藉。于是，尼尔森立即给理查德打了电话。经过现场勘查，警方在案发现场发现了两种不同的足印；在餐馆对面的一处角落发现了一堆烟头和两种不同的足迹，并且确认，从足印的大小分析，这两种足迹都应该是成年男性的足印。通过与案发现场的足印比对，这两种足迹和现场的足迹是相同的。

根据受害人和目击证人的回忆，以及现场勘查的结果，警方作出了如下侦查假设：

（1）大概的作案时间为7月12日23点50分至次日凌晨1点40分。

（2）作案者有两名，均为吸烟的成年男性。

（3）他们的作案手段是在作案地点长时间蹲守，等周围无人出入后撬锁入室盗窃。

以上表明，没有现场勘查和分析，就不可能建立侦查假设。因此，这就要求侦查人员在勘查现场时，必须对现场痕迹具有敏锐的观察力和警觉性，并要进行详细的勘查和深入的分析，进而提出各种假设。

第二，尽可能穷尽一切可能性，是对侦查假设的要求。

侦查工作开始的阶段，由于掌握的事实材料有限，侦查重点一时难以确定。这时，应该把侦查视野放宽，对案情的假设尽可能穷尽一切可能性，不要遗漏。例如，关于刑事案件中的他杀溺死，有多种可能：将被害者打昏后扔入水中；给被害人服用安眠药或烈酒等，使其失去抵抗能力，然后将其投入水中溺死；两人同行，突然将被害人推入水中溺死；等等。穷尽列举，可以防止遗漏，避免顾此失彼，错失现场勘查的有价值信息；同时可以把各种假设加以比较，以便找出其中可能性较大的假设作为侦查重点。如果能够做到除一种可能之外，其余几种可能都被推翻，那么，剩下的一个假设就是唯一的可能了。

【例3】英国侦探小说家柯南·道尔的《四个签名》中有这样一段情节：房间的主人惨死在一张木椅上。福尔摩斯已经确定是谋杀，和他同行的医生华生却弄不明白："罪犯究竟是怎么进来的呢？门是锁着的，窗户又够不着。烟囱太窄，不能通过。"福尔摩斯说："当你考虑一切可能的因素，并且把绝对不可能的因素都除去以后，不管剩下的是什么，不管是多么难以相信的事，那不就是实情吗？我们知道，他不是从门进来的，不是从窗户进来的，也不是从烟囱进来的。我们也知道，他不会预先藏在屋里边，因为屋里没有藏身的地方。那么，他是从哪里进来的呢？"医生嚷道："他从屋顶那个洞进来的。"经检查，果然这一假设是真的。

关于侦查假设的"穷尽"，一种是用逻辑方法穷尽一切可能性。如盗窃案的种类无非是内盗、外盗、内外勾结三种。这种穷尽是按同一标准进行划分，只要划分正确，就会穷尽一切可能性。另一种是具体条件下的穷尽。如上述《四个签名》中的谋杀案，关于罪犯是从何处进来的问题，在那间屋子的具体情况下，只有上述几种可能。有的案件情况比较复杂，未必能做到穷尽。这时，对于经过了排除其他可能、剩下唯一可能的推断要特别慎重，以免找错办案的方向。

第三，侦破案件是侦查假设的归宿。

侦查假设的建立，始终围绕一个目标，即查明犯罪者及其罪行。如果提出的假设不符合客观事实，经不起检验，就要推翻这个假设，建立新的假设；如果提出的假设尚未被推翻，但也不能得到证实，就应扩展思路，寻找新线索，连续提出其他方面的假设，并寻求检验，以逐步接近侦破的目标。

【例 4】2007 年 1 月，巴西南部城市库里蒂巴市的一处居民楼发生火灾，事故没有造成人员伤亡。该民宅位于城乡交界处。据房主举报，作案人很可能是与自己有恩怨的玛拉迪蒙。警方首先以此为侦查的起点，将玛拉迪蒙作为调查的对象。经过调查，警方发现，玛拉迪蒙虽然有作案动机，但是并没有作案时间。因为案发之时，玛拉迪蒙在距离库里蒂巴市 50 公里以外的乡下探亲。这样，第一个侦查假设被推翻。侦查人员继续在现场勘查，发现大火的起火点位于房屋顶部的左上角。附近居民说，大火发生之前曾下过一场雷阵雨。还有人证实，有一次雷击的位置距离案发地点很近。根据这一线索，警方提出了新的侦查假设：火灾是由雷击引起的。侦查人员对房屋内的未被烧毁的家用电器进行技术侦查，结果发现，屋中冰箱所带的电磁证明，该房屋确实曾经被雷电击中过。因此警方得出结论：这次大火并非人为纵火，而是因为雷电击中房屋后瞬间增大的热量将可燃物引燃所致。

侦查假设的归宿在于侦破案件。这一过程，新旧假设交替，接连不断，直到破案为止。

三、侦查假设的检验

提高侦查假设的可靠性，首先要详细勘查现场，认真分析事实材料；其次要广泛进行检验。由于侦查假设是针对特定的人和事提出的，因此具有一定的可检验性。假定某人是一起盗窃案件的犯罪嫌疑人，接下来的侦查工作总是有可能证明这一假设是对还是错。假定犯罪嫌疑人会将赃物藏于何处，通过搜查也总能证明这一假设的真伪。每侦破一个案件，都意味着在该案侦查过程中提出的一系列侦查假设得到了验证。

在侦查假设检验的过程中，要涉及多方面的问题，如侦查技术、具体科学知识等。这里仅涉及其中的逻辑问题。

第一，对同一案情，提出多个假设，淘汰筛选，从中择优。

第一步，对同一案情提出多种解释，甚至提出相互对立的假设，这些假设必须是可检验的。第二步，检验假设，即从假设引申出检验命题，再检验这些推断和推论是否真实。如果某个检验命题与客观事实不符，则认为某假设是不成立的，是应被淘汰的；如果检验命题被证实为真，则认为相应的假设可能是真的，是可以被接受的。要在多个假设中筛选择优，淘汰错误的假设，在尚未被淘汰的假设中，选择概率较高的假设作为重点侦查方向。如果所提出的各个假设能够穷尽一切可能性，并且除了其中一个假设之外，其余假设都被推翻，那么，剩下的这个假设就被视为真的。

【例 5】在某地的森林和沼泽地段的铁路上，距最近村庄 4 公里处，发现一个人被火车轧成好几段，衣服也撕裂成碎片，散落在沿铁路路基两侧大约 85 米的距离内。碎尸和衣服上有火车车轮、机油和沙砾的痕迹。当地居民认出死者是附近工厂的一名工人。

在侦查人员勘查现场之前，当地行政负责人员看了现场并作出了结论：死者喝醉酒后沿铁路路基回家，不小心跌倒在路基上，没能在火车开来前爬起。当地医院的医生也到达现场，观察后得出结论：死者的唯一死因是火车轮子碾压所致，并开具了死亡证明，允许把尸体掩埋而不必进行解剖。

侦查人员到达现场后，并没有轻易接受这一结论，而是通过对现场的进一步勘查，提出了另外一种假设：死者是被他人杀害的，发现尸体的地方不是第一作案现场。

侦查人员是这样分析的：如果死者确系酒醉后独自返家，以致跌倒在铁路路基上，那么，他在跌倒之前，是怎么在夜晚从村里沿森林和沼泽地走了 4 公里多路，而他的鞋子却是完全干爽只有一点点灰尘呢？由此推断，死者不是自己走到这里的。

如果死者不是自己走到这里的，那么是如何到达这里的呢？侦查人员进一步提出这一假设：死者是被驮到这里的，而这个驮死者的人，很可能就是杀害他的凶手。

于是侦查人员对碎尸进行了勘验。在用纱布清洗死者胸部时，清楚地看到一处火车车轮无法碾压出的伤痕——一个铁锤状的锥形窟窿。经检验证明，这只有双刃刀子插入活体胸部才能造成。现场勘查的这一证据证实死者是被他人杀害致死，而不是被火车碾压致死。

作案人是谁呢？作案的动机又是什么？通过对死者进行调查，了解到如下事实：死者所在工厂比较偏僻，周围很少有陌生人到来；工厂的规模不大，厂里的工人彼此都很熟悉；死者性情暴躁，和他人时有矛盾发生。据此，侦查人员对于作案人提出假设：作案人可能是与死者熟识的人，而且曾经发生过矛盾。

通过对该厂工人的调查，发现当天下午下班后该厂的工人都回家了，没人有作案时间。至此，侦查工作陷入僵局。侦查人员于是将调查的人员扩大到工厂以外。经过调查发现，当地村庄的一名护林员李某与死者有矛盾。侦查人员作出假设：护林员李某可能是杀害死者的凶手。

后来经过进一步调查及李某的交代，案件终于得以侦破：李某趁死者酒醉，假装扶其回家，在路上用一把双刃匕首插入死者胸部，将其杀死。为了掩盖罪行，李某又肩扛尸体，通过森林和沼泽地来到铁路边，并把尸体扔在很快就有火车通过的铁路路基上。

在侦查工作中通常都提出多个假设。凡检验命题被证明为假的假设都被淘汰，而有较多事实支持的那些假设成立的概率就高。在尚未被淘汰的假设中，通常选择概率较高的假设作为重点侦查方向。围绕侦查方向，继续提出更深入、更具体的假设，新旧假设交替，直到假设被证实，侦查工作初步完成。

第二，从同一假设引申出多个检验命题，被证实的检验命题越多，则该假设成立的概率就越高。

【例 6】某单位女职工吴某晚上在单位值班时被害。侦查人员通过现场勘查，认为现场经过伪造，凶手应该是与死者非常熟悉的人，并进一步确定嫌疑对象是死者的丈夫梁某。为了确认这一假设，侦查人员进行了广泛的调查和检验。侦查人员作出了如下推断：

如果梁某是凶手，则梁某有充分的作案时间和条件。经调查，吴某上夜班后，家中只剩下梁某和 7 岁的男孩，行动方便。梁某和吴某同在一个单位，对单位的环境很熟悉，而且住家属宿舍，离单位很近。

如果梁某是凶手，那么梁某有作案动机。经调查梁某和吴某结婚后因为经济问题和孩子教育问题，经常发生争执，矛盾不断，甚至大打出手。又经进一步调查，发现梁某与一名女子有不正当关系，吴某也曾因这件事与梁某发生过激烈的冲突。这说明梁某有一定作案动机。

如果梁某是凶手，那么梁某会有反常现象。经调查，梁某得知其妻死后并不悲痛。案发当日，侦查人员向他了解平日他们家庭生活和夫妻关系时，梁某只讲他们夫妻关系和睦，而只字不提他们之间有矛盾发生。当听说吴某可能是被入室盗窃的人杀害时，梁某表情轻松；

当听说侦查人员认为他有作案的嫌疑时，梁某神色慌张，坐立不安。这些都表明梁某有反常现象。

如果梁某是凶手，那么梁某的衣服上会有被害人的血迹。经搜查，发现梁某穿的一件深色夹克衫的袖口处有一点血迹。经化验是近期沾上的人血，血型与死者相同。推断亦被证实。

以上推断一一查证落实。这表明梁某是凶手的假设成立的可能性很大。

一般地，要确认假设的真实性，要提高假设的可信度或概率，就要推出尽可能多的检验命题并加以检验。一方面，推出的检验命题越多，假设被推翻的可能性就越小；另一方面，被证实的检验命题越多，假设成立的概率也相应提高。与假说的检验同样道理，由于在假言推理中，肯定后件不能就肯定前件，而否定后件就得否定前件，因此，推翻假设和证实假设这两者在逻辑上是不对称的，即反驳或否证优于证实。

不过，侦查假设与假说不同，侦查假设是可以被证实的。科学假说一般是关于事物普遍规律的解释，表述这样的科学命题是全称命题，其主项的量是无限的。因此，我们无法用有限次检验或实例来确证关于无限数量事物的命题，即全称命题不能被证实。即使科学理论的命题已经多次被实践检验，也无法保证它永远不被实践所推翻。而侦查工作要弄清的事实不是一般的、普遍的事实，而是特定的、具体的事实；所要证实的命题不是全称命题，而是特称命题或单称命题。所以，侦查假设是可以被证实的。

【本章知识结构图】

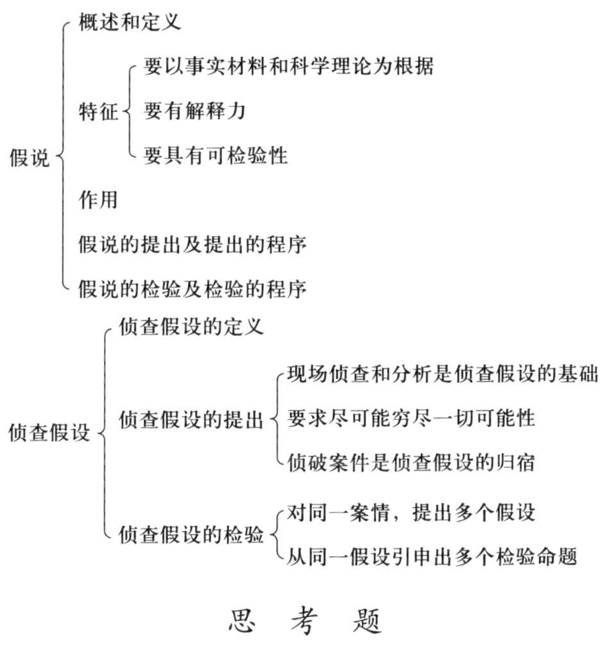

思　考　题

1. 什么是假说？假说具有什么特征？
2. 如何提出假说？如何检验假说？
3. 为什么说假说的检验命题被证实为真，不等于假说被证实为真？
4. 如何理解推翻假说与证实假说在逻辑上的不对称性？

5. 什么是侦查假设？侦查假设有些什么特点？

练 习 题

一、下例中提出了什么假说？是怎样提出来的？

科学家们一直关注探讨着一个问题：是什么原因使得恐龙在大约6500万年前全部灭绝？美国加利福尼亚大学的一项研究提出这样一个论断：这个控制世界达135 000 000年之久的巨霸遭到灭顶之灾是由于在离地球十分之一光年以内的一颗超新星爆炸引起的。论据是：古比欧地区岩石（那里的岩石是恐龙消失阶段最完整的记录）中金属铱的密集度，在恐龙消失期间骤然增加25倍。如果这种超新星爆炸，则会发出大量的辐射能和物质碎片到地球上来，致使岩石中金属铱的密度骤然增加许多倍，会使地球周围的臭氧层遭到暂时的破坏，会使地面上的温度骤然下降、普遍干旱和光合作用减弱，使许多生物不能生长从而使惯于在热带亚热带雨林中生长而食量又非常大的恐龙失去了生存的必要条件。

二、下例中新假说的内容是什么？是怎样提出来的？

1960年以来，我国科学家几次考察了青藏高原，观察到许多事实与原先关于青藏高原形成原因的假说（由于地槽堆积而构成山脉）不符合。于是人们提出新的假说：由于印度大陆分裂，一部分留在非洲，一部分向北漂移与欧亚大陆挤压，几个大陆板块相互挤压引起地面升高，从而形成了青藏高原。如果真是这样，应当能找到印度大陆分裂的证据。人们发现在非洲和我国西藏南部地区都存在一种缺翅虫，而这种缺翅虫扩散力很弱，它们只分布在很窄小的地区。非洲与我国西藏南部地区相距遥远，两地都存在这种缺翅虫，绝非是由于扩散造成的。于是人们认为，这是印度大陆分裂的结果。

三、指出下例提出了哪些假说？是怎样被检验的？

人们发现，蝙蝠在黑夜里能快速而准确地飞行而不会撞在任何东西上。为了解释这个现象，科学家们根据常识提出了这样一个假说：蝙蝠能在黑夜中避开障碍物飞行是由于它有特别强的视力。那么，由这个假说可知，如果把蝙蝠的眼睛蒙上，它在飞行中就会由于看不见东西而撞在障碍物上。为了检验这个假说，科学家们设计了一个小实验：在一暗室中系上许多纵横交错的钢丝，在每条钢丝上系上一个灵敏的铃子，让一些蝙蝠蒙上眼睛在这个暗室里飞行。蝙蝠如果撞上钢丝，铃子便会发出响声。可实验结果铃子不响，蝙蝠没有撞在钢丝上。从而推翻了原假说。科学家们想，蝙蝠是否有别的特异功能呢？是否无需眼睛就能辨别障碍物呢？于是，他们又提出了一个新的假说：蝙蝠能发出一种超声波，超声波遇到障碍物以后会发生反射，反射波被蝙蝠接收，便可知前方有障碍物。由此假说可推知：蝙蝠在飞行中会不断发出超声波。后来，科学家们用仪器把这种超声波探测出来了，从而证实了这一假说。

四、指出下述案例中侦查人员提出了什么侦查假设。

2002年11月13日早8时，北京市通州区公安分局接到报案：一家食品厂财务室的保险柜被盗，10余万元现金失窃。侦查人员经过勘查现场，将财务室里的物品进行痕迹提取，得到了犯罪嫌疑人作案时留下的足迹，犯罪嫌疑人作案时穿的是一双胶鞋。侦查人员获知该食品厂统一穿劳保服，员工在工作时间统一穿胶鞋。侦查人员确定：

（1）本案是一个犯罪嫌疑人作案；

（2）本案是内部熟人作案；

(3) 作案时间在凌晨 1 时到 3 时之间。

五、指出下述案例中警方提出了什么侦查假设。

2003 年 11 月 30 日晚 12 时左右，德国科隆警方接到报案，报案者是一家物资公司的员工艾尔·莫林。莫林对警方说，刚才有一个蒙面大盗持刀敲门入室，抢走现金 3000 余欧元。

警方现场勘查发现，莫林陈述的案件经过与现场环境之间有较大的出入：

(1) 晚上 12 点，是夜深人静之时，而独自一人在家的女性当事人居然开门让陌生人入室。

(2) 当时是阴天，无月光和星光，四周也没有任何光源，而作案人入室后立即关掉了灯。在现场一片漆黑的情况下，作案人居然能在较短的时间内准确地将藏好的现金找到。

(3) 莫林的房间周围有人居住，当时还有人没有熟睡，可没有人听到任何声响。

据此，警方分析这是一起假抢劫案。

【练习题参考答案】

阅读文献

1. 宋文坚主编:《逻辑学》,人民出版社 1998 年版。

2. 王路:《逻辑的观念》,商务印书馆 2000 年版。

3. 王路:《逻辑基础》,高等教育出版社 2019 年版。

4. 雍琦:《法律逻辑学》,法律出版社 2004 年版。

5. 王洪主编:《逻辑导论》,中国政法大学出版社 2010 年版。

6. 王洪主编:《法律逻辑学案例教程》,知识产权出版社 2001 年版。

7. 张大松、蒋新苗主编:《法律逻辑学教程》(第 2 版),高等教育出版社 2007 年版。

8. [美] 欧文·M. 柯匹、卡尔·科恩:《逻辑学导论》(第 13 版),张建军、潘天群、顿新国等译,中国人民大学出版社 2014 年版。

9. [美] Patrick J. Hurley:《逻辑学基础》,郑伟平、刘新文译,中国轻工业出版社 2017 年版。

10. [美] 加里·西伊、苏珊娜·努切泰利:逻辑思维简易入门(原书第 2 版),机械工业出版社 2013 年版。

11. [美] R. J. 克雷切:《大学生逻辑学》,宋文淦、李衍华、董志铁译,北京大学出版社 1989 年版。

12. [英] L. S. 斯泰宾:《有效思维》,吕叔湘、李广荣译,商务印书馆 1997 年版。

13. [奥] 伊尔玛·塔麦洛:《现代逻辑在法律中的应用》,李振江、张传新、柴盼盼译,中国法制出版社 2012 年版。

14. [美] 鲁格罗·亚狄瑟:《法律的逻辑——法官写给法律人的逻辑指引》,唐欣伟译,法律出版社 2007 年版。